Questions
and
Answers
Science

智慧百科丛书

自然的法则

探索科学之谜

U0781256

[美]詹姆斯·博比克 内奥米·巴拉班 著

郎淑华 等 译

上海科学技术文献出版社
Shanghai Scientific and Technological Literature Press

图书在版编目（CIP）数据

智慧百科. 自然的法则：探索科学之谜 /（美）詹姆斯·博比克，（美）内奥米·巴拉班著；郎淑华等译.
—上海：上海科学技术文献出版社，2025.
—ISBN 978-7-5439-9318-1

Ⅰ. Z228：N49

中国国家版本馆 CIP 数据核字第 2024GG7284 号

THE HANDY SCIENCE ANSWER BOOK, 3rd Edition
by Carnegie Library of Pittsburg, James E. Bobick and Naomi Balaban
Copyright 2003 by Carnegie Library of Pittsburg
Published by arrangement with Visible Ink Press c/o Nordlyset Literary Agency
through BARDON CHINESE CREATIVE AGENCY LIMITED
Simplified Chinese translation copyright © 2025
by Shanghai Scientific & Technological Literature Press
ALL RIGHTS RESERVED

图字：09-2024-0430

责任编辑：姚紫薇
封面设计：留白文化

自然的法则：探索科学之谜
ZIRAN DE FAZE: TANSUO KEXUE ZHIMI
[美]詹姆斯·博比克　内奥米·巴拉班　著　郎淑华　等译
出版发行：上海科学技术文献出版社
地　　址：上海市淮海中路 1329 号 4 楼
邮政编码：200031
经　　销：全国新华书店
印　　刷：商务印书馆上海印刷有限公司
开　　本：787mm×1092mm　1/16
印　　张：14.25
字　　数：251 000
版　　次：2025 年 4 月第 1 版　2025 年 4 月第 1 次印刷
书　　号：ISBN 978-7-5439-9318-1
定　　价：48.00 元
http://www.sstlp.com

目录

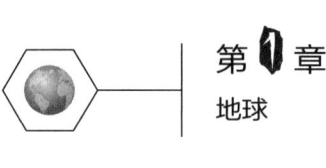

第1章 地球

空 气

🌐 地球大气层由哪些成分组成？

除了水蒸气和污染物质外，地球大气主要由 78% 的氮气、21% 的氧气，以及不到 1% 的氩气、0.03% 左右的二氧化碳等气体组成。此外，还有微量的氢、氖、氦、氪、氙、甲烷和臭氧等气体。地球最初的大气可能主要由氨和甲烷组成。大约 2 000 万年前，空气开始含有更多种类的元素。

🌐 地球大气层有多少层？

地球大气层是包围地球的"气体层"。根据大气温度随高度而变化的情况，大气自地球向上主要可分为 5 层：

1. 对流层：是最低层，平均厚度约为 7 英里（11 千米），从两极的 5 英里（8 千米）到赤道地区的 10 英里（16 千米）不等。大部分云和天气现象主要发生在这一层里。温度随海拔升高而降低。

2. 平流层：（在对流层之上）在距离地球表面 7～30 英里（11～48 千米）之间。臭氧层就处于这一层。太阳辐射的有害紫外线绝大部分被臭氧层吸收，臭氧层对人类和其他生物起到重要的保护作用。因此，臭氧层非常重要。平流层的温度随着海拔上升而略有升高，最高可达 32 ℉（0℃）。

3. 中间层：（在平流层以上）距离地面 30～55 英里（48～88 千米）的大气层。温度随海拔升高而降低，可降到 −130 ℉（−90℃）。

4. 热层：又称为"非均和层"，是距离地面 55～435 英里（88～700 千米）之间的大气层。温度随海拔升高而增加，最高可达到 2 696 ℉（1 475℃）。

5. 外气层：也称作"外逸圈""散逸层""逃逸层"，常指距离地球表面 435 英里（700 千米）以上的大气层。在这一层，温度已没有任何意义。

电离层：地球大气层上部高度为 30～250 英里（48～402 千米）的区域，与其他层有重叠。在这个区域中，空气在太阳光（主要是紫外线）照射下，高空气体分子或原子部分被电离为正离子和自由电子。被电离的层面可反射无线电波，从而使远距离无线电通信成为可能。电离层根据自由电子密度分为 3 层：其底层称为 D 层［35～55 英里（56～88 千米）］，以上依次为 E 层［亥维赛-肯涅利层，55～95 英里（88～153 千米）］和 F 层［阿普尔顿层，95～250 英里（153～402 千米）］。

🌐 什么是范艾伦带？

范艾伦辐射带（或区域）是地球赤道上方被地球磁场俘获的两个高能带电粒子区域，也叫磁层。第一个辐射带在地球表面以上几百英里（1 英里约 1.6 千米）延伸到约 2 000 英里（3 200 千米），第二个辐射带距离地面 9 000～12 000 英里（14 500～19 000 千米）。带电粒子主要由质子和电子组成，来自太阳风和宇宙射线。美国物理学家

詹姆斯·范艾伦在地球赤道上方发现了两个高能带电粒子区。图中为范艾伦（中间）与威廉·皮克林（William Pickering）和沃纳·冯·布劳恩（Wernher von Braun）举着美国首次成功发射的"探索者号"卫星的模型。

詹姆斯·范艾伦（James Van Allen）在 1958 年和 1959 年借助于人造地球卫星"探险者 1 号"和"先驱者 3 号"装载的辐射计数器，发现了这两个辐射带。辐射带因此就以范艾伦的姓氏命名。

在 1998 年，出现了一系列的大型太阳扰动，致使在内范艾伦辐射带和外范艾伦辐射带之间所谓的"狭槽区域"形成一条新范艾伦辐射带。随着太阳活动的减弱，新辐射带逐渐消失了。在同一时间，还会出现许多人造卫星的干扰，如星系 IV 卫星、铱卫星和其他一些卫星。人们在同一区域观测到暂时的新辐射带形成现象已不是第一次。然而，这种现象的出现需要太阳激烈活动很长时间，才能使这一区域聚集足够多的带电粒子。

为什么天空是蓝色的?

阳光与地球大气的相互作用，使天空呈蓝色。在外太空，因为那里没有大气，所以宇航员看到的是一片黑暗。太阳的白光由许多不同波长的光波组成。单独看来，每一种光波都对应着一种颜色。构成大气的空气分子和物质粒子在太阳光照向地球的时候将其截获并散射。太阳白光中的大部分蓝色被散射，因为蓝色光波的波长最短，所以被散射的蓝色远多于其他颜色。当大气粒子小于颜色的波长时，就会出现选择性的散射——大气粒子只散射一种颜色，因而大气就呈现那种颜色。蓝色光的波长尤其会受其影响，被空气中的粒子散射，成为可见光。这也是太阳看上去呈现黄色的原因（黄色等于太阳白光减去蓝光）。傍晚的太阳颜色之所以发红，是因为随着太阳落向地平线，阳光要穿过更多的大气，因而失去更多的蓝色。橙色和红色光波较长，成为阳光的大部分，最可能被空气粒子散射。

自然特征及其他

地球的质量是多少?

据推测，地球的质量为 5.79×10^{24} 千克。地球的平均密度是水的 5.515 倍。这是根据国际天文学联合会于 1964 年采用的椭圆参数计算得出的，并于 1967 年被国际大地测量学与地球物理学联合会认可。

地球的内部构造是怎样的？

地球内部被分成许多不同的层。最上面的一层是地壳，约占地球总体积的0.6%。地壳的厚度从海洋下方3.5～5英里（5～9千米），到厚实一些的山脉下面的50英里（80千米）不等。地壳主要由岩石构成，如花岗岩和玄武岩。

在地壳和地幔之间的分界面称为莫霍洛维奇不连续面，简称莫霍面，它是由克罗地亚地震学家安德里亚·莫霍洛维奇（Andrija Mohorovičié）于1909年发现，并以发现者的姓氏命名的。在莫霍面以下的部分是地幔，向下延深约1 800英里（2 900千米）的地幔约占地球总体积的82%。地幔主要由氧、铁、硅和镁构成。地幔大部分是固体，但是地幔的上层称作软流圈的部分，则有一部分是液体。

核-幔边界，也称为古登堡界面，是于1914年由德裔美国地震学家本诺·古登堡（Beno Gutenberg）从地震资料中推断得出，并以他的姓氏命名的。地核约占

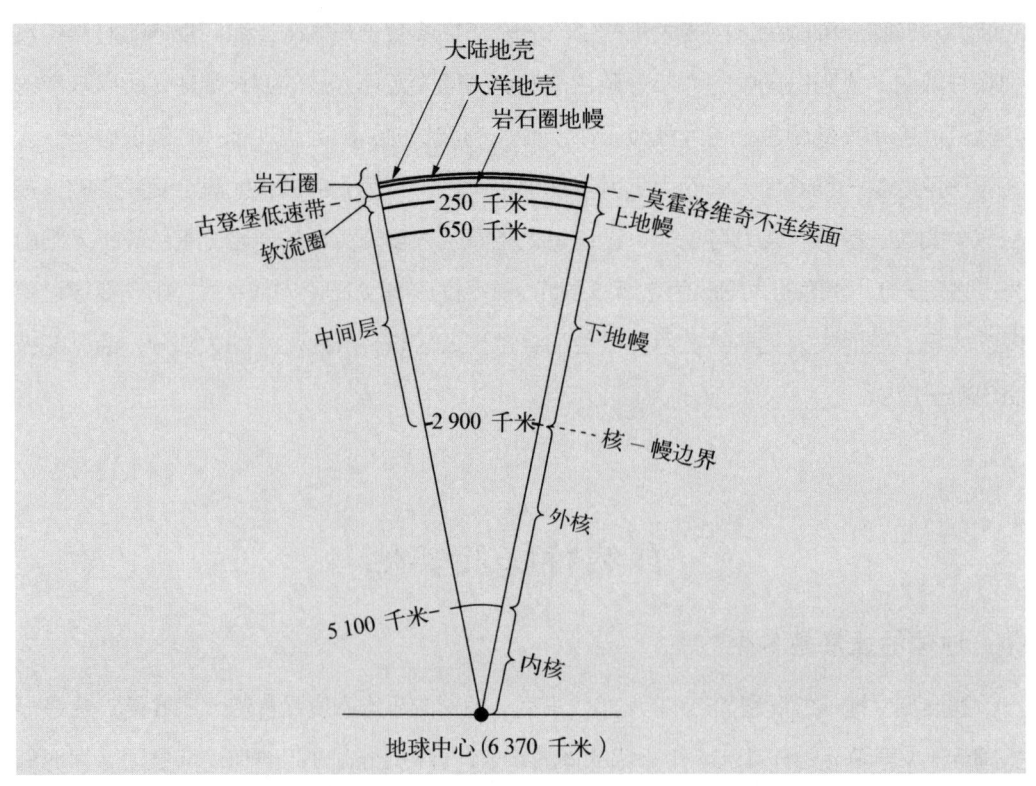

地球内部结构示意图。

地球体积的 17%，主要由镍和铁构成。地球外核是液态的，从地幔基底延伸至约 3 200 英里（5 155 千米）的深处。固体内核从外核底部一直延伸到地心，约 3 956 英里（6 371 千米）深。内核的温度估计约有 7 000 ℉（3 850℃）。

什么导致了天坑的形成？

天坑是出现于陆地表面上的凹陷，形状像井或漏斗。常见于碳酸岩地区，通常由地下水的溶解作用或地上溪流渗漏进入地下的石灰岩，引起地下岩石断裂或破碎而形成。洞穴顶部的塌陷也能造成大型天坑。天坑的直径可能达到数英里（1 英里约 1.6 千米）。

地球的中心是什么？

20 世纪 40 年代以来，地球物理学家认为，地球的内核部分是逐渐冷却并不断扩张的晶体状的铁、镍球体。内核在冷却过程中，向外核释放能量。外核称为"液态核"，由铁、镍和较轻的元素包括硫和氧构成。另一种称作"核地球模式"的学说认为，在地球中心有一个小核，也许有 5 英里（8 046.72 米）宽，由铀和钍构成，其周围是镍硅化合物。铀和钍就像自然核反应堆一样，以热的形式产生放射能量，这些能量反过来又驱使带电粒子产生地磁场。但这并非当前科学界广泛接受的观点。

地球的温度是如何随着地球深度的增加而变化的？

地球的温度随着地球深度的增加而上升。在深矿井和钻井中进行的测量表明，世界各地的地温增加的速度是因地而异的，深度每下降 1 千米，温度增加 59 ℉ ~ 167 ℉（15℃ ~ 75℃）不等。在深度超过 6.2 英里（10 千米）的钻孔以下，不可能进行实际温度测量。据推测，地球中心的温度能达到 5 778 K（5 500℃）或更高。

地球的最高点和最低点分别在哪里？

地球上陆地的最高点是珠穆朗玛峰（位于尼泊尔与我国西藏边界的喜马拉雅山）的峰顶，海拔 29 028 英尺（8 848 米），因雪的因素，误差在正负 10 英尺（3 米）之间。这个高度是由印度测量员在 1954 年测得，并得到美国国家地理学会认可的。在此之前，人们测得的珠穆朗玛峰的高度为 29 002 英尺（8 840 米）。

陆地上最低点是以色列和约旦之间的死海，在海平面以下 1 312 英里（399 米）。地球表面上的最低点是位于太平洋西部的马里亚纳海沟。海沟从关岛东南部向马里亚纳群岛西北部延伸，最深处达到 36 198 英里（11 034 米）。

地壳中包含哪些元素？

下表中列出了地壳中含量最多的元素。此外，镍、铜、铅、锌、锡和银的含量不足 0.02%，其他所有元素占 0.48%。

元　素	百分比（%）	元　素	百分比（%）
氧	47.0	钾	2.5
硅	28.0	钛	0.4
铝	8.0	氢	0.2
铁	4.5	碳	0.2
钙	3.5	磷	0.1
镁	2.5	硫	0.1
钠	2.5		

美国的最高点和最低点各是哪里？

在美国阿拉斯加州，以美国总统威廉·麦金利（William McKinley）的姓氏命名的麦金利山，高 20 320 英尺（6 194 米），是美国和北美洲的最高点。麦金利山位于阿拉斯加州中部，是阿拉斯加山脉的一部分。山的南峰高 20 320 英尺（6 194米），北峰高 19 470 英尺（5 931 米）。麦金利山有一座世界上最大的、未被破坏的峭壁，是迪纳利国家公园的主要景点。迪纳利的意思是"高的"，有时用于指麦金利山。位于加利福尼亚州的惠特尼山高 14 494 英尺（4 421 米），是美国大陆的最高点。加利福尼亚州的死谷在海平面以下 282 英尺（86 米），是美国和西半球的最低点。

地球表面有多少是陆地，多少是水？

地球表面大约30%是陆地，约等于5 725.9万平方英里（14 830万平方千米）。地球表面的海洋面积约13 969.2万平方英尺（36 180万平方千米），海洋的面积约占地球表面总面积的70%。

水

🌐 海水在循环吗？

海水一直处于不停的运动状态，海水的水平运动叫洋流，垂直运动叫上升流和下降流。风、潮汐运动及由于温度或盐度造成的海水浓度差异，是海水循环运动的主要原因。赤道附近的海水比两极地区的海水暖，因而出现了温度差异。北半球的洋流以顺时针方向循环，而南半球的洋流则是以逆时针方向循环。在赤道附近海域，洋流以相反的方向运动——在北半球从左向右，在南半球从右向左。从赤道海域向南、向北运动的洋流携带温暖的海水，而从两极向赤道方向运动的洋流携带寒冷的海水。

主　要　寒　流	主　要　暖　流
加利福尼亚寒流	北大西洋暖流（墨西哥湾流）
洪堡德洋流（秘鲁寒流）	南大西洋暖流
拉布拉多寒流	南印度洋暖流
加那利寒流	南太平洋暖流
本格拉寒流	北太平洋暖流
福克兰寒流	季风洋流
西澳大利亚寒流	鄂霍次克海暖流

🌐 海水里有黄金吗？

海水中的黄金含量极其微小，每吨海水含有约 0.000 04 克（40 微克）的黄金。

如果地球是个均匀的球体，覆盖地球表面的水会有多深？

据推测，世界上97%的水或超过$1×10^{15}$英亩英尺（$1234×10^{15}$立方米）的水都在海洋中。如果地球是个均匀的球体，这些水将会淹没地球达800英尺（244米）深。

如果全世界的冰都融化了，海水将涨高多少？

如果全世界的冰都融化了，将会有大约550万立方英里（2300立方千米）的水，海洋将会上升1.7%，或大约180英尺（60米），足以将帝国大厦的20层楼淹没在水下。

冰山有多大部分浮在水面？

冰山只有十分之一至七分之一浮在水面以上。

冰山是什么颜色的？

大多数冰山的颜色呈蓝白色。然而，在南极洲，1000座冰山中就有一座是翠绿色的。翠绿色的冰山只有在南极洲才能看到，因为北半球寒冷的程度还不够。当海水冷冻到浮冰架底部时，就形成了这些冰山。黄色和蓝色相结合，形成的冰看起来是绿色的。黄色来源于在海水中溶解并被困在冰水中的浮游生物的黄棕色遗骸。冰呈现蓝色的原因在于，虽然冰实际上反射可见光中所有波长的光，但是冰吸收的红色光略多于蓝色光。

什么是蓄水层？

地壳靠上边部分的一些岩石具有许多小洞或空隙，当这些孔较大或连接起来，水能很容易地穿过时，人们就会认为这样的岩石具有透水性。水能流过并能被储存的大型透水性岩石体被称为蓄水层。砂岩和砾石就是透水性岩石的极好例子。

蓄水层作为天然水库，为美国人提供了大约60%的饮用水。在大约200万亩（1300平方公里）的北美大平原地表以下，巨大的奥加拉拉（Ogallala）蓄水层是美国中部主要的水源。水从岩石中渗出时得到了净化，但是也可能因泄漏、倾倒垃圾、酸雨等其他原因而受到污染。此外，雨水对地下水的补给常常跟不上大量抽取的速度。奥加拉拉蓄水层的水量正在不断减少。

海水由哪些化学成分构成？

海水中含有自然界存在的所有已知的元素及各种气体、化合物和矿物质。下表列出了海水中含量最丰富的化学物质。

成　　分	浓度（每百万所含部分）
氯化物	18 980
钠	10 560
硫酸盐	2 560
镁	1 272
钙	400
钾	380
碳酸氢盐	142
溴化物	65
锶	13
硼	4.6
氟化物	1.4

为什么大海是蓝色的？

海水呈现蓝色的原因不是单一的。人们所看到的大海颜色部分取决于人们观看大海的时间和地点。几乎任何对海水颜色的解释都能找到权威理论。一些解释包括纯净水、海水中的悬浮物质、大气等对阳光的吸收与散射，天空的颜色和亮度变化等。例如，有一种理论认为，当阳光照耀在海面上时，由不同波长的各种色光组成的白光一部分被海水吸收，有些波长的光在与水分子相撞后被散射。在清澈的水中，红光和红外线光被大量吸收，但蓝光被吸收得较少，因此，蓝色光被海水反射回来。蓝光效应要求水深最低为10英尺（3米）。

海洋为什么会起波浪？

海洋表面的海浪最常见的起因是空气运动（风）。导致海洋里出现海浪的因素有很多，可以是潮汐与洋流的相互作用、海底地震或火山的活动，以及大气干扰等。海浪的大小取决于风速、风力持续时间及风吹过水面的距离。风在水面上吹过的时间越长，或吹得越猛烈，海浪就越高。当风在水面上吹过时，风试图带动水面上的水一同移动。但水面上的水移动的速度不可能像风那样快，所以水面就会升高。当水升高时，重力将水拉回，将下落的水的动量带到水面以下。下面水的压力又将这股波浪向上推回去。重力和水压之间的往复拉锯战就形成了海浪运动。表面张力波是由风速小于每小时 2 海里的微风引起的。在风速为 13 海里 / 时时，海浪的高度增长比长度增长得更快，其陡峭斜度使海浪破碎，形成浪花。海浪的高度必须是两个波峰之间距离的 1/7，才能形成浪花。

🌐 海洋有多深？

海床的平均深度是 13 124 英尺（4 000 米）。世界四大洋的平均深度如下：

海　洋	英　尺	米
太平洋	13 740	4 188
大西洋	12 254	3 735
印度洋	12 740	3 872
北冰洋	3 407	1 038

海洋的底部总是起伏不平，深度也有很大变化。最大的深度变化发生在大陆板块边缘处深深的狭长形凹地，即海沟。最深的海沟位于马里亚纳群岛以东的马里亚纳海沟，海沟深 36 198 英尺（11 034 米），深度超过世界上最高山峰的高度。1960 年 1 月，瑞士海洋学家雅克·皮卡德（Jacques Piccard）与美国海军军官大卫·沃尔什（David Walsh）一起乘坐"的里雅斯特号"（Trieste）深海潜艇到达马里亚纳海沟的底部。

海　洋	最深点	英　尺	米
太平洋	马里亚纳海沟	36 200	11 033
大西洋	波多黎各海沟	28 374	8 648
印度洋	爪哇海沟	25 344	7 725
北冰洋	欧亚海盆	17 881	5 499

太阳光能照射进海洋多深处?

海水是相对透明的,大约5%的太阳光能穿透干净的海水,到达262英尺(80米)的深度。当海水因为海流、泥沙混流、不断增长的藻类或其他因素而混浊不清时,太阳光的穿透深度就减少到不足164英尺(50米)。

什么是涌潮?

涌潮也叫"暴涨潮"或"怒潮",是出现在喇叭形河口或海湾的特殊潮汐现象。涨潮时,海水涌进河口,遇到河床或海湾地形急剧缩窄、水深变浅时,引起水位暴涨,形成巨大的陡立水墙,向前推进,同时轰鸣作响,来势凶猛,异常壮观。涌潮的高度可达到10~16英尺(3~5米),以超过涨潮速度的速度(10~15海里/时)向上游涌进。

世界上最高的涌潮出现在哪里?

芬迪湾(加拿大东部新不伦瑞克)拥有世界上最高的涌潮。在海湾北部,涌潮高度平均达到45英尺(14米),远远超过2.5英尺(0.8米)的世界平均高度。

海平面有固定的数值吗?

海平面是指海洋表面的平均高度。科学家在全世界观测数据的基础上,已经计算出了平均海平面。该平均海平面考虑了19年期间观测海浪的所有阶段。海洋表面的无数个凹凸不平和陡坡,使人们很难测算出一个准确的数值。

海和洋之间有什么区别?

海和洋之间没有确切的区别。有一种定义将大洋描述为占地球表面71%的巨大、连续的咸水水域。世界大洋分为四大洋——太平洋、大西洋、印度洋和北冰洋。但有些资料没有将北冰洋包括进去,而把北冰洋称为边缘海。"海"和"洋"这两个词经常可互换使用,但海通常被认为比洋小。海常用以指大洋边缘的咸水海域,如地中海。

微咸水的含盐量是多少?

微咸水中盐的含量介于淡水和海水之间,既不咸也不淡,而是处于咸、淡之间。人们认为微咸水通常是每千克水中含 0.5 ~ 30 克盐，海水平均盐度为 3.5%。

🌐 海水有多咸？

海水平均含盐量为 3.3% ~ 3.7%。在不同地区，海水含盐量不同。在有大量的融化冰水、河水或雨水等淡水注入的地区，像北极或南极地区，海水的盐度水平较低。像波斯湾和红海水域，海水的含盐量超过 4.2%。如果将海洋中的盐都提取晒干，就会形成像非洲那么大的一个盐堆。海洋中的大部分盐源于地球岩层经过数十亿年的溶解和渗出过程。有些盐是在含盐火山喷发及含盐岩浆流经海洋盆地巨大裂缝的过程中，向上涌动而产生的。

什么是离岸流，为什么它们非常危险？

离岸流是海水水面升降幅度最大时的潮汐。在波浪很高的沿海地区，海岸附近会形成大量积水。大量的海水沿海岸运动，最后到达波浪较低的地方。在这个地点，海水会冲破较低的海浪，犹如一股猛烈的海面潮浪从海边退去，其流动速度异常快，称为离岸流。在离岸流中精疲力竭的游泳者，若不以与海岸线平行的方向游动的话，就可能会被淹死。离岸流有时被错误地称作"激流"。

🌐 死海真的是"死"的吗？

死海是一个位于以色列、巴勒斯坦和约旦三国交界的大裂谷——约旦裂谷中的内陆湖。因为死海是地球表面上海拔最低的水体，所以流入死海中的水从不外流。它之所以被称为"死海"，是因为它的盐度极高，除了细菌以外，任何动物和植物都不能在那里生长。由约旦河或其他小河流带入死海里的鱼会立即死亡。仅有的植物主要由盐生植物（能在含盐量高或碱性土壤中生长的植物）构成。死海中盐的浓度越到湖底越高。海水浓度之高，能使游泳者很轻松地浮在水面上。

🌐 湖面上的冰能承受多大重量？

下表中列出了湖面结冰的最大安全负载量。此数据只适用于没有经过大量行走的干净湖冰。对于初冬时的软冰来说，冰的厚度应增加一倍，以确保安全。

冰 的 厚 度		举 例	最大安全负载量	
英 寸	厘 米		(短)吨	千 克
2	5	一个人		
3	7.6	排成单排的一队人		
7.5	19	汽车或雪车	1	907.2
8	20.3	轻型卡车	1.5	1 361
10	25.4	中型卡车	2	1 814.4
12	30.5	重型卡车	8	7 257.6
15	38		10	9 072
20	50.8		25	22 680

世界上最深的湖在哪里?

贝加尔湖位于俄罗斯西伯利亚东南部,最深处约为 5 371 英尺 (1 638 米),是世界上最深的湖。位于坦桑尼亚和扎伊尔 (现称刚果民主共和国) 边境的坦噶尼喀湖是世界上第二深的湖,深度约为 4 708 英尺 (1 435 米)。

世界上最大的 5 个湖泊位于什么地方?

位 置	面 积		长 度		最大深度	
	平方英里	平方千米	英里	千米	英尺	米
里海*,欧洲–亚洲	143 244	370 922	760	1 225	3 363	1 025
苏必利尔湖,北美洲	31 700	82 103	350	560	1 330	406
维多利亚湖,非洲	26 828	69 464	250	360	270	85
休伦湖,北美洲	23 010	59 600	206	330	750	229
密歇根湖,北美洲	22 300	57 757	321	517	922	281

* 咸水湖。

什么是"亚祖"?

"亚祖" (yazoo) 是与河流平行流动的支流河。由于河两边建造起了高高的河岸,所以支流不能汇入河流。这个名字源于密西西比河的一条支流——亚祖河，因为它有这种特点。

🌐 北美五大湖中哪个湖最大？

湖	面 积		最 大 深 度	
	平方英里	平方千米	英 尺	米
苏必利尔湖	31 700	82 103	1 330	406
休伦湖	23 010	59 600	750	229
密歇根湖	22 300	57 757	922	281
伊利湖	9 910	25 667	210	64
安大略湖	7 540	9 529	802	244

苏必利尔湖是五大湖中最大的湖。北美五大湖形成了一个单一的水域，有一个共同的出海口——圣劳伦斯航道。5 个流域的整体水量为 6×10^{15} 加仑（2.27×10^{13} 升），约占世界淡水量的 20%。只有密歇根湖全部位于美国境内，其他 4 个湖位于美国和加拿大边境线上。有些人认为，休伦湖和密歇根湖是一个湖的两片水域，因为它们的水位一样高，并由 120 英尺（36.5 米）深、3.6～5 英里（6～8 千米）宽的麦基诺水道相互连通。水文测量记录表明，休伦湖和密歇根湖的水位相似，长期的水文变化情况相当。因此，从水文学上来说，它们就像一个湖，但有些人认为这认识是错误的。

🌐 世界上最长的河流有哪些？

世界上最长的两条河流是非洲的尼罗河和南美洲的亚马孙河。可是，哪一条河更长仍有些争议。亚马孙河有数个入海口，在南大西洋处变宽，所以河流的确切终点是不确定的。如果算上帕拉（Pará）河口（最远的河口），其长度大约是 4 195 英里（6 750 千米）。由于阿斯旺水坝建成后形成了纳赛尔湖，尼罗河失去了数英里长蜿蜒的河流。在此之前，尼罗河进行的测量长度为 4 145 英里（6 670 千米）。下表列出的是世界上最长的 5 条河流水系。

河 流	长 度	
	英 里	千 米
尼罗河（非洲）	4 145	6 670
亚马孙河*（南美洲）	4 000	6 404
长江（亚洲）	3 964	6 378
密西西比-密苏里河水系（北美洲）	3 740	6 021
叶尼塞-安加拉河水系（亚洲）	3 442	5 540

* 不包括帕拉河口。

世界上最高的瀑布是哪个？

位于委内瑞拉的卡拉奥河支流上的安赫尔瀑布，以美国探险家、丛林飞行员吉米·安赫尔（Jimmy Angel）的姓氏命名，是世界上最高的瀑布。瀑布的总高度为3 212英尺（979米），最长且不间断的落差为2 648英尺（807米）。

瀑布的高度很难判定，因为许多瀑布都由几部分组成，而不是一个垂直落差。美国最高的瀑布叫约塞米蒂瀑布，位于加利福尼亚州约塞米蒂国家公园中的默塞德河的一条支流上，总落差为2 425英尺（739米）。约塞米蒂瀑布有3部分：上约塞米蒂瀑布为1 430英尺（435米），中约塞米蒂瀑布为675英尺（205米），下约塞米蒂瀑布为320英尺（97米）。

尼亚加拉瀑布什么时候会消失？

尼亚加拉瀑布落下的水在落水点底部已砸出了巨大的水池，侵蚀页岩峭壁，导致坚硬的石灰岩帽（悬崖顶部的石灰岩层）出现塌陷。尼亚加拉瀑布自1万年前形成以来，自身已经向上游侵蚀了7英里（114米）。按这个速度进行下去，尼亚加拉瀑布将会在2.28万年以后消失，成为伊利湖的一部分。尼亚加拉河将伊利湖和安大略湖连通，是美国和加拿大边境（纽约-安大略）的标志。

为什么尼亚加拉瀑布在 1848 年断流了 30 个小时？

尼亚加拉瀑布的水流量取决于布法罗的伊利湖的高度。这一因素随着风向及风的强度而有所不同。有记录的尼亚加拉河源头的伊利湖的水位变化多达 8 英尺（2.5 米）。1848 年 3 月 29 日，一阵大风将伊利湖上的浮冰刮到湖的出水河道，迅速堵塞住了狭窄的水道，阻断了大部分河水流出。目击者称，光着脚就可以通过该瀑布，但仅限于那一天。

陆　　地

🌐 地球的固体部分和它的水域都存在潮汐吗？

地球固体部分因太阳和月亮引力的作用而发生 4.5 ~ 14 英寸（11.4 ~ 35.6 厘米）形变。引起潮汐的正是这种引力。当月球引力拉动面向月球方向的地球表面海水向月球靠近时，它会将地球另一面的固体部分拉离水体，使地球两面的水凸起，形成大潮。这种潮汐每隔 12.5 小时发生一次。低潮发生在那些水体流向高潮凸起的地方。太阳在地球上引起的潮汐的高度是月球引起潮汐高度的 33% ~ 46%。在新月或满月时，太阳和月球处在同一直线上，月球和太阳的引潮力相叠加，此时可使高潮的潮位更高。这种潮汐叫春潮。在上弦月和下弦月时，太阳和月亮不同步（互成直角），潮汐的潮位比较低，这时的潮汐叫小潮。规模较少的水体，如湖泊，没有潮汐现象，因为整个水体连同水下的陆地都会被提升。

🌐 大陆会移动吗？

1912 年，德国地质学家阿尔弗雷德·魏格纳（Alfred Lothar Wegener）提出一种理论，认为大陆是分离并漂移到目前位置的，所有的大陆曾经是靠近南极洲的一整块庞大的陆地，称为"联合大陆"或"盘古大陆"（源于希腊语，意思是"泛大陆"）。大约 2 亿年前，联合大陆分裂成两大古陆，称为劳拉西亚古陆和冈瓦纳古陆。这两块大陆继续漂移、分裂，最后演变成目前的形态和位置。魏格纳的理论在当时并没有受到重视，但是人们从此发现，大陆的确是以每年约 0.75 英寸（19 毫米）的速度向侧面移动（不是漂移）的，这也正符合板块构造学说。美国地质学家威廉·莫里斯·尤因（William Maurice Ewing）和哈里·哈蒙德·赫斯（Harry Hammond Hess）提出，地壳不是一个固体板块，而是由 8 大板块和 7 小板块构成的。这些板块能够

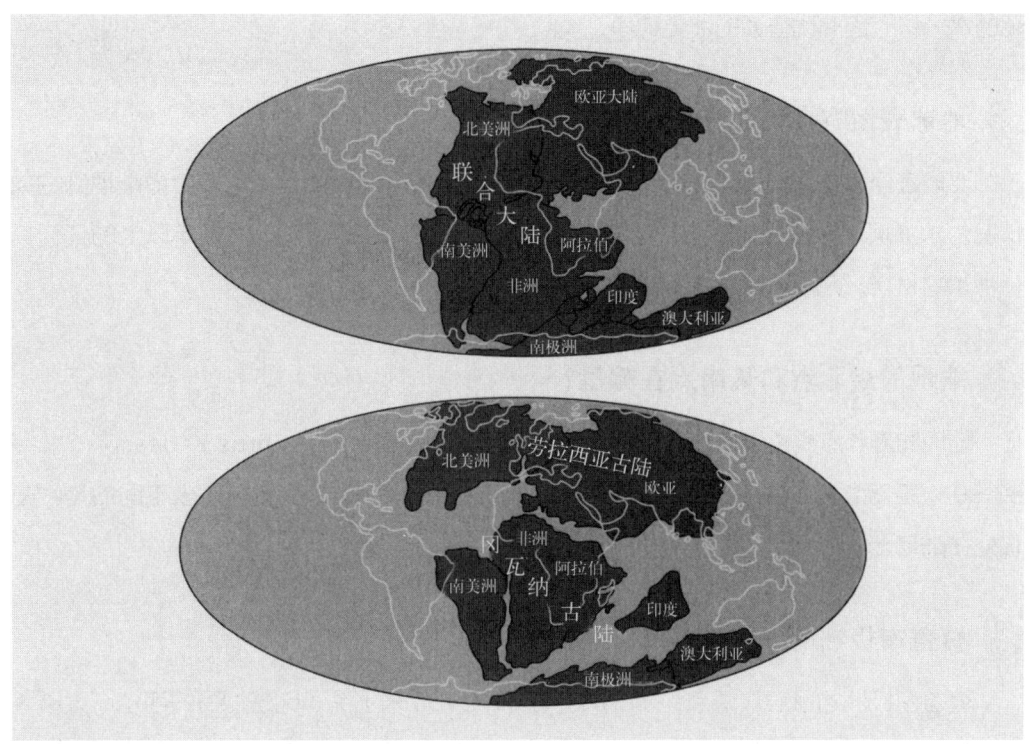

盘古超级大陆（上图）及其分裂成的劳拉西亚古陆和冈瓦纳古陆（下图）。

互相分离、滑动、碰撞或覆盖。这些板块的汇合处是山脉建造、地震和火山的主要区域。

🌐 地球表面有多大部分被冰覆盖着？

地球表面大约 10.4% 的陆地是冰川，或被冰永久覆盖。大约 602 万平方英里（1 560 万平方千米）的陆地表面被冰盖、冰帽或冰川覆盖。冰盖是覆盖住一块陆地的冰川，陆地上的山脉和山谷被完全覆盖。冰盖覆盖面积超过 1.9 万平方英里（5 万平方千米），而冰帽覆盖的面积则较小。冰川是更大的冰体，在重力作用下，以每年 10 ~ 1 000 英尺（3 ~ 300 米）的速度移动。位于陡峭斜坡上的冰川移动的速度较快。例如，格陵兰岛上的夸拉尤克（Quarayoq）冰川，每天平均移动 65 ~ 80 英尺（20 ~ 40 米）。

🌐 哪种冰更纯净——是冰川冰还是普通冰？

冰川雪粒中的杂质大部分都被移动到雪粒边缘并被冲掉了。冰川冰就像经过 3 次净化的水一样，因此比普通的冰更纯净。

地球表面有多大部分是永冻的？

地球表面大约 1/5 是永冻层。这种划分方法完全以温度为基础，不考虑陆地的构成情况。永冻层包括基岩、草皮、冰、沙子、砾石及温度在冰点以下达两年以上的任何其他种类的材料。几乎所有永冻层都有数千年之久。

陆地的最北点和最南点在哪里？

陆地的最北点是位于格陵兰岛东北角的莫里斯·杰塞普角（Morris K. Jesup），北纬 83°39′，距离北极 440 英里（708 千米）。陆地的最南点是南极（与北极不同的是，南极处在陆地上）。

覆盖南极洲的冰层有多厚？

覆盖南极洲的冰层最厚点约 1.57 万英尺（4 785 米）深，比芝加哥的西尔斯大厦大约高 10 倍。然而，冰层的平均厚度仅为 7 100 英尺（2 164 米）。

谁是踏上南极洲的第一人？

历史学家不能肯定是谁最先登上南极洲的。南极洲的面积为 540 万平方英里（1 400 平方千米），占地球表面积的 10%，是第五大洲。在 1773—1775 年，英国船长詹姆斯·库克（James Cook）进行了环绕南极大陆的航行。美国探险家纳撒尼尔·帕尔默（Nathaniel Palmer）于 1820 年发现帕尔默半岛，但他并没有认识到这是一个大洲。在同一年，法比安·戈特利布·冯·别林斯高晋（Fabian Gottlieb von Bellingshausen）见到了南极大陆。美国海豹狩猎者约翰·戴维斯（John Davis）于 1821 年 2 月 7 日在休斯湾登陆。1823 年，海豹狩猎者詹姆斯·威德尔（James Weddell）航行到了当时人们能够到达的最南端（南纬 74°），进入了现在被称为威德尔海的地方。1840 年，美国人查尔斯·威尔克斯（Charles Wilkes）沿海岸航行 1 500 英里（2 414 千米）后，宣布南极是一个大陆。1841 年，詹姆斯·克拉克·罗斯爵士（Sir James Clark Ross）发现了维多利亚地、罗斯岛、埃里伯斯山和罗斯冰架。1895 年，捕鲸人亨瑞克·布尔（Henryk Bull）在南极大陆登陆。挪威探险家罗阿德·阿蒙森（Roald

Amundsen）于 1911 年 12 月 14 日到达南极。34 天后，阿蒙森的竞争对手罗伯特·法尔孔·斯科特（Robert Falcon Scott）登上了南极，成为第二个到达南极的人，但是斯科特和他的同伴在返回的途中丧生。

冰期时代是什么时候？

冰期时代亦称"冰川时期""冰河时代"或"冰河期"，冰期时代在 23 亿年来不定期发生。在冰川期间，冰层覆盖地球大陆的大部分。地球气候变化的确切原因尚未查明，但有些人认为，气候变化是由地球环绕太阳旋转轨道发生变化而引起的。

大冰期发生在更新世时期，始于约 200 万年前，并持续到 1.1 万年前。在大冰期的高峰时，大约整个世界陆地面积的 27% 被冰雪覆盖。在北美，冰雪覆盖了加拿大，并向南移动到美国的新泽西州。在美国的中西部，冰川向南移动，到达圣路易斯。小型冰川和冰帽也覆盖了西部山脉。格陵兰岛如同目前一样，被冰雪所覆盖。在欧洲，冰川从斯堪的纳维亚向南延伸到德国和波兰。大不列颠群岛和阿尔卑斯山脉也有冰帽。冰川还覆盖了俄罗斯北部平原、中亚高原、西伯利亚和堪察加半岛。

南极洲罗斯冰架 200 英尺（60.96 米）厚的海洋面一直延伸到地平线，在埃里伯斯山面前，显得很渺小。

冰川对美国的影响仍然明显可见。俄亥俄河的排水系统和五大湖的位置都是冰川影响的结果。中西部富饶的土地起初也是冰川造成的。冰川南部地区的降雨，在犹他州、内华达州和加利福尼亚州形成了大面积的湖泊。犹他州的大盐湖就是其中一个湖泊的遗迹。大面积的冰层锁住了大量的水。海平面降到目前海平面以下约 450 英尺（137 米）处。所以，美国的一些州，如佛罗里达州，在冰川时期要比现在大得多。

最后一次冰期时代的冰川大约在 1.1 万年前消退。有些人认为，冰期时代还没有结束，冰川进退循环很多次。地球上仍有一些地区被冰雪覆盖，这可能是冰川前进中的一个时期。

🌍 什么是冰碛?

冰碛是在冰川的直接作用下沉积而成的难以分类、没有层次的物质或沙堆所构成的堆积体，可以表现为土堆、山脊或其他任何明显的堆积物。

🌍 什么是"胡都"?

"胡都"（hoodoo，又称风蚀柱）是对形状奇特的岩石山峰或基岩的一种形象的称呼。"胡都"通常由砂岩构成，是半干旱地区风化作用的结果。美国犹他州布莱斯峡谷沃萨奇中的石林就是一个典型的例子。

🌍 大的声响能引起雪崩吗?

雪崩不是由大的声响引起的，但却是由人引发的一种自然灾害。雪崩是大雪团块沿着斜坡滑落的现象。有粉状雪，沿着压实的旧的积雪下滑。有从山坡上滚落下来的块状雪团，还有沿山坡下滑的冰雪混合物，这些混合物常常夹带着石块和其他碎片杂物。干雪崩（冷雪崩）是最危险的，其滑落速度达到 60 ～ 80 英里 / 时（96 ～ 128 千米 / 时）。

🌍 什么是沙丘? 沙丘是如何形成的?

在沙漠和沿海地区，沙粒在风力作用下堆积成山丘状或垄岗状的地貌，这种地貌叫沙丘。风向、沙子的种类及植物的数量决定了沙丘的类型。沙丘的名称或按照其形状命名（如星形沙丘和抛物线形沙丘），或根据沙丘与风向的关系命名（如横向沙丘和纵向沙丘）。

▎亚利桑那州奇里卡瓦国家保护区的石林结构。

世界上最大的沙漠在哪里?

　　沙漠是几乎没有降水量且植被极少或没有植被的地区。许多沙漠在赤道南纬或北纬20°的地区形成一个沙带,因为含有水分的风不会在这些地区降雨。当来自较高纬度并富含水分的风接近赤道时,风的温度升高,因此含水分的风在大气中的高度越来越高。当风到达赤道附近地区的上空与较冷的地球大气接触时,风就冷却下来,并释放出风中所携带的所有水分,这样赤道附近便形成了热带雨林。

| 加利福尼亚州的这些沙丘呈现出具有各种不同形状和结构的沙丘景色。

世界上最大的沙漠——撒哈拉沙漠，其面积是地中海的 3 倍。

沙　漠	位　置	平方英里	平方千米
撒哈拉沙漠	北非	350万	906.5万
阿拉伯沙漠	阿拉伯半岛	90万	233万
利比亚沙漠	埃及中、西部和利比亚东部	65万	169万
澳大利亚沙漠	澳大利亚	60万	155.4万
戈壁沙漠	蒙古国和中国	50万	129.5万

什么是流沙？

流沙是含有大量水的沙和泥组成的混合物。沙粒被薄薄的一层水隔离开，因此泥沙混合物具有液体的性质。流沙常见于大型河流的入海口或其他具有长期水源的地区。较重的物体（包括人）遇到流沙时就会沉下去。但是，由于沙水混合物的密度比人体的密度稍大一些，因此大部分人实际上能够浮在流沙上面。

所有陷坑都是火山的一部分吗？

不，并不是所有的陷坑都源于火山。陷坑是由变形的沉积岩构成的近似圆形的区域，常为漏斗形洼地。有些陷坑是因地下盐或石灰岩溶解导致的地表塌陷造成的。地下水的排出和冰川的融化，也能引起地面的坍塌，形成陷坑。

大型陨石、彗星及小行星撞击地球也可以形成陷坑。亚利桑那州温斯洛附近的流星陨石坑就是一个流星冲击形成的著名的陷坑。它的直径为 4 000 英尺（1 219 米），深度为 600 英尺（183 米），据估计是 3 万 ~ 5 万年前形成的。

洞穴是怎样形成的？

水的侵蚀造成海岸地区可见到的大部分洞穴。海浪长时间地冲击岸边岩石，将一部分岩石侵蚀掉，形成洞穴。内陆洞穴也是由水的侵蚀作用形成的，尤其是地下水对岩石的侵蚀。当石灰岩溶解时，地下通道和洞穴就形成了。

洞穴次生化学沉积物是什么？

洞穴次生化学沉积物（speleothem）是指洞穴自身形成后，所形成的那些洞穴特征。洞穴次生化学沉积物是流体凝结或化学溶液所产生的二次矿物沉积物。这些矿物堆积物通常包括碳酸钙（$CaCO_3$）或石灰岩，但也可能会见到硫酸钙或二氧化硅。钟乳石、石笋、石管、石珊瑚、蜂窝石和穴珠，都是各种类型的洞穴次生化学沉积物。

什么是石灰华？

石灰华亦称"钙华"，是碳酸钙沉淀物或渗透性多孔石灰岩的统称，常见于石灰岩地区的泉水处，或有大量钟乳石或石笋沉淀的洞穴中。石灰华源于意大利词语"软岩石"，是由来自河流或泉水的方解石沉淀形成的。

洞穴探险和洞穴学的区别是什么？

洞穴探险或洞穴探险运动，是将洞穴探险当作一项爱好或者消遣。洞穴学是对洞穴或其他地下景物的科学性探测和研究，包括勘测范围、形成史和结构以及相关的生态史。例如，世界上最深的洞穴是位于格鲁吉亚的阿布哈兹共和国加格地区的库鲁伯亚拉洞穴，它的深度达到 7 208 英尺（2 197 米）。

美国最深的洞穴是什么洞穴?

位于新墨西哥州卡尔斯巴德洞穴国家公园内的"龙舌兰洞"（Lechuguilla Cave）是美国最深的洞穴，深度超过 1 640 英尺（500 米）。大多数洞穴是由二氧化碳与雨水混合所产生的碳酸形成的，而卡尔斯巴德洞穴却不同，它是由硫酸形成的。硫酸是溶解于地下水的氧和来自洞穴表面下方深处冒出的硫化氢之间进行反应的产物。

怎样区分钟乳石和石笋?

钟乳石是悬于洞顶的一种锥形或圆柱形方解石（$CaCO_3$）结构。它是由洞穴顶部的石灰岩中缓慢下滴的水中渗出的矿物质，经过长达几个世纪的积累而形成的。这种含有碳酸氢钙的水，从洞顶部往下滴时，因为水分蒸发和二氧化碳的逸出，使水中析出的少量碳酸钙（石灰石）沉淀下来，并从上而下地增长，最后形成钟乳石。

石笋是从洞底向上增长的石质结构，形如倒立的冰锥。溶有碳酸钙的水从石灰岩洞顶和洞壁滴落到洞底，因水蒸发和碳酸钙沉淀而形成。石笋有时与钟乳石相接，形成石柱。

▋巨大的钟乳石和石笋柱占据了南非康戈岩洞（Cango Caves）的中央位置。

北美洲的大陆分水岭是什么？在什么地方？

大陆分水岭也称为大分水岭，是由落基山脉中的许多山峰形成的连续的分界线，将北美洲向东流的水与向西流的水分隔开来。在大陆分水岭的东边，河水流入哈得逊湾或密西西比河，最后流入大西洋。在大陆分水岭的西边，河水通常流经哥伦比亚河或科罗拉多河，最后进入太平洋。

大峡谷有多长？

大峡谷位于美国亚利桑那州北部，由科罗拉多河经过 1 500 年冲蚀而成，是世界上最大的陆地峡谷。大峡谷的边缘处宽 4 ~ 13 英里（6.4 ~ 21 千米），深达 4 000 ~ 5 500 英尺（1 219 ~ 1 676 米），长为 217 英里（349 千米），从小科罗拉多河口一直延伸到格兰德瓦什崖（Grand Wash Cliffs）。如果算上大理石峡谷（Marble Canyon），山谷则长 277 英里 600 英尺（445.88 千米）。

什么是拉布雷亚沥青坑？

拉布雷亚沥青坑位于加利福尼亚州落基山的一个地区，以前被称为拉布雷亚牧场。厚重、黏稠的沥青从那里的地壳中慢慢流出来。这些浮渣来自地下深处的油藏。对于无数动物而言，沥青坑曾是残酷的陷阱。现如今，沥青坑成为汉考克公园的一部分。在这个公园里，许多化石遗迹与这些同实物大小一样的史前物种一同被展出。

沥青坑最初在 1875 年被认为是化石遗址。科学家们直到 1901 年才对这一地区进行系统性发掘。通过将拉布雷亚牧场的化石标本与最近的生物新属相比较，古生物学家们对这一地区在冰川时期的气候、植物和动物生活有了更深的了解。在所发掘出来的化石骨骼中，最令人难以忘却的也许是已灭绝的大型哺乳动物的骨化石，如巨大的猛犸和剑齿猫。古生物学家们甚至还发现了西方马和骆驼（一种已经灭绝的北美洲骆驼种类）的遗骸。这些动物源于北美洲，并迁徙到世界其他地区，在冰川时代末期，在北美洲灭绝。

美国拉什莫尔山国家历史纪念碑是从什么岩石上雕刻出来的？

花岗岩。这座纪念碑位于美国南达科他州西南部的黑山上，碑上面雕刻着 4 位美国总统的脸庞［高 60 英尺（18 米）］。这 4 位总统是乔治·华盛顿（George Washington）、托马斯·杰斐逊（Thomas Jefferson）、亚伯拉罕·林肯（Abraham Lincoln）和西奥多·罗斯福（Theodore Roosevelt）。雕塑家格曾·博格勒姆（Gutzon Borglum）设计了这座纪念碑，但遗憾的是，他在这一工程完工之前便去世了。他的儿子林肯（Lincoln）完成了这一雕刻工程。1927—1941年，有360人（其中大部分人是建筑工人、钻孔工人和矿工）采用炸药对这些雕像进行"雕刻"。

直布罗陀巨岩的成分是什么？

直布罗陀巨岩是由灰色的石灰岩构成的，在西山坡的有些地方，上面覆盖着一层黑色的页岩。直布罗陀巨岩位于西班牙最南端的一个半岛上，处于直布罗陀海峡的东端。直布罗陀海峡是大西洋和地中海之间的狭窄通道。直布罗陀巨岩的最高点为1 398英尺（425米）。

火山和地震

最著名的火山喷发事件是什么？

公元79年8月，意大利维苏威火山的喷发也许是历史上最著名的火山喷发。维苏威火山休眠了很多年。当它喷发时，好几座城市整个被摧毁、掩埋，包括庞贝、斯塔比伊和赫库兰尼姆。庞贝和斯塔比伊被掩埋在火山灰下，而赫库兰尼姆则被泥石流覆盖。

火山分为哪几种类型？

火山是地球内部熔化的岩石或岩浆，以大规模的喷发或爆炸等形式，从一个出口处喷射到地面后冷凝、堆积成的山体。火山通常为锥状山丘或山脉。熔岩有时在地下气体压力的作用下被向上推动，直到突破地壳中的某个薄弱点。岩浆向上喷出熔岩流，或向空中喷射出岩浆碎屑、灰烬和尘雾。火山喷发后形成的残留物的堆积，使火山越来越大。根据组成物质的形态，火山的类型分4种：

火山渣锥，全部由岩浆碎渣组成。坡度较陡，一般为30°～40°，高度很少超过1 640英尺（500米）。亚利桑那州的落日火山口和墨西哥的帕里库廷火山就是火山渣锥的例子。

层状火山，亦称"复合火山"，由火山碎屑物质和熔岩交替堆叠而成，是火山锥的主要类型。山顶的坡度高达 30°，到火山基底则逐渐缩小到 5°。日本的富士山和华盛顿的圣海伦斯火山都是复合火山。

盾形火山，主要由熔岩流组成。坡度平缓，形状如盾牌。山顶的坡度很少超过 10°，基底的坡度不超过 2°。夏威夷岛就是由一群盾形火山组成的。夏威夷中部的冒纳罗亚火山是世界上最大的活火山，海拔高度为 13 653 英尺（4 161 米）。

熔岩穹丘，由黏稠、糊状的熔岩组成，如同牙膏管里挤出的牙膏，形似穹丘。熔岩穹丘的例子有加利福尼亚的拉森峰和莫诺穹丘（Mono Dome）。

我们如何测定古代火山喷发的时间？

鉴定古代火山喷发的年代最基本的方法是碳含量年代测定法，即经由测定有机物中放射性同位素碳-14 的衰变率，来断定考古年代的方法。这种方法用于测定 200 多年前火山喷发的日期。在火山喷发期间，树木燃烧后形成的木炭几乎是纯炭，是查找微量碳-14 的理想样品。

"火环"在哪里？

环太平洋的地震带常常被称为"火环"或"火圈"。地球的岩石圈由 15 块板块构成。这些板块在下面部分熔融的地层（软流圈）之上"漂浮"着。火山、地震和山脉的形成大部分都发生在不稳定的板块边界。"火环"从智利沿美洲西海岸向北，延伸到阿拉斯加（穿越安第斯山脉、中美洲、墨西哥、加利福尼亚、喀斯喀特山和阿留申群岛），沿亚洲东海岸向南，从西伯利亚到新西兰（穿过堪察加半岛、千岛群岛、日本、菲律宾、西里伯斯岛、新几内亚、所罗门群岛、新喀里多尼亚和新西兰）。世界上的 850 座活火山中，75% 以上位于"火环"上。

哪个岛屿拥有最多的活火山？

20 世纪 90 年代早期，在复活节岛及其周围地区，发现了 1 133 座海底山（在海面以下的山）和火山锥。很多火山在海底高达 1 英里（1 600 米）多。有些火山近 7 000 英尺（2 134 米）高，但其峰顶仍然在海平面以下 2 500 ～ 5 000 英尺（760 ～ 1 500 米）。

圣海伦斯山什么时候喷发过？

圣海伦斯火山坐落在喀斯喀特山脉中，位于华盛顿州的西南部，于 1980 年 5 月 18 日喷发，有 61 人死于火山喷发。这是美国相连的 48 个州中第一次已知的、有人丧生的火山喷发。地质学家称圣海伦斯山为复合火山（由交替的熔岩流、火山灰和其他火山碎屑物质层堆积而成，且坡度较大，常呈现对称分布的锥形山地）。复合火山往往会猛烈爆发。在喀斯喀特山脉的圣海伦斯山和其他活火山，都是太平洋地带"火环"的一部分，火山活动不仅频繁，而且具有破坏性。

活火山不仅在华盛顿州表现得很活跃，而且在美国另外 3 个州也呈现活跃状态。这 3 个州是加利福尼亚州、阿拉斯加州和夏威夷州。拉森峰是喀斯喀特山脉中几个火山之一，它最后一次喷发是在 1921 年。阿拉斯加州的卡特迈山在 1912 年喷发过一次，大量炽热的火山灰在 15 英里（24 千米）之外形成了"万烟谷"。夏威夷著名的火山为冒纳罗亚火山，它是世界上最大的火山。火山底部宽度为 60 英里（97 千米）。

哪些火山最具破坏性？

1700 年以来，最具破坏性的 5 次火山喷发如列表所示：

火　　山	喷发日期	死亡人数	死亡原因
坦博拉火山,印度尼西亚	1815年4月5日	9.2万	1万人直接死于火山喷发,8.2万人死于之后的饥荒
喀拉喀托火山,印度尼西亚	1883年8月26日	36 417	90%的人死于海啸
培雷火山,马提尼克岛	1902年8月30日	29 025	死于火山碎屑流
内华达德尔鲁伊斯火山,哥伦比亚	1985年11月13日	2.3万	死于泥石流
云仙火山,日本	1729年	1.43万	70%的人死于火山锥体坍塌,30%死于海啸

什么是海啸？

海啸又称地震波浪、津浪，是由海底大型地震引发海底产生升降运动，海水在强烈的扰动下产生的一种巨大波浪。海底的这种升降运动推动着前边的海水，从而引发海啸。海啸的波浪波长很长［100～200 英里（161～322 千米）］，波速很快［500 英里 / 时

（805 千米／时）]。当海啸波浪传播到浅海时，因其波长急剧减小，浪高可达到 100 英尺（30.5 米）。低于里氏震级 6.5 级的海底地震，以及只引起海底水平方向运动的那些地震，不会产生这种具有破坏力的海浪。世界上有记载的最大海啸发生于 1958 年 7 月 9 日，美国阿拉斯加州的利图亚湾一带，海浪波峰高达 1 719 英尺（524 米）。它是由巨大的海底滑坡引发的，以 100 英尺／时（30 米／时）的速度移动。这么高的波浪会淹没马来西亚吉隆坡的双子塔（Petronas Towers），双子塔有 1 483 英尺（452 米）高。

主要的断层类型有哪些？

断层是地壳中的裂缝。主要的断层有正断层、逆断层或平移断层。构成断层的破裂面称为断层面。当断层面倾斜时，位于断层面上侧的岩层称为断层上盘，位于其下的称为断层下盘。当断层的上盘沿着断层面发生向上移动时，就产生逆断层。平移断层也称走滑断层或平推断层。断层的两盘沿着断层面水平滑动，则产生平移断层。在斜断层中，板块则同时具有上下运动和水平运动。

圣安德烈亚斯断层在哪里？

世界上最著名的断层或许是圣安德烈亚斯断层。断层从墨西哥北部开始，并贯穿加

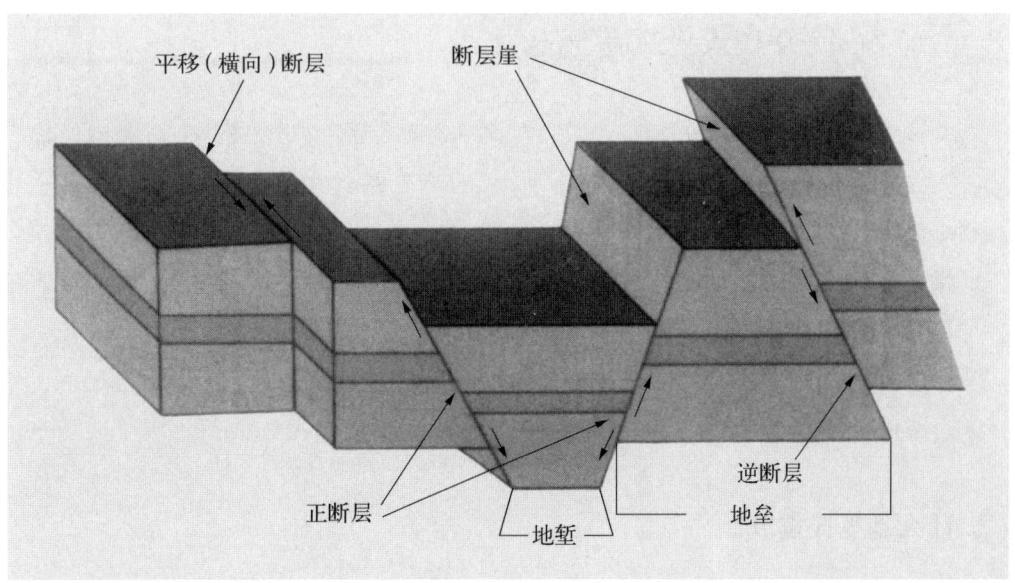

3 种主要类型的断层运动示意图。

利福尼亚州大部分地区。圣安德烈亚斯断层不是一个单独的断层，而是由一系列断层组成的。断层北部靠近旧金山，有一些逆断层，且大部分是山地。在洛杉矶附近的南半段，大部分是正断层。由于陆地开发，除了在少数几个地方以外，已很难看到断层，这在旧金山南部圣安德烈亚斯湖附近尤为明显。圣安德烈亚斯断层是为了纪念安德鲁·劳森（Andrew Lawson）——研究 1906 年旧金山大地震的地质学家——而命名的。

地震仪的工作原理是什么？

地震仪是通过内部的地震检波器收集地震波信号的观测设备，它能记录和测量遥远地震区域传来的地震波。地震发生时会产生 3 种波。前两种波——P 波和 S 波，在地球内部传播。第三种波由勒夫波（L 波）和瑞利波（R 波）组成，沿地球表面传播。P 波的传播速度约为每秒 3.5 英里（5.6 千米），是最早到达地表的波。S 波的传播速度比 P 波速度的一半稍微快一些。如果知道不同种类波的传播速度，就可以通过测量快波（P 波）和慢波（S 波）到达地表观测站的时间间隔，来推断出地震震源与观测站之间的距离。

地震时，地震仪的其他部分随着地面一起振动，这时只有拾震器的"摆"（重锤）由于惯性作用几乎不随地面同步运动。但"摆"与仪器其他部分的相对运动却传到记录器上，并在滚筒上留下记录。

谁发明了中国古代的地震仪？

科学家张衡（78—139）在公元132年发明了测定地震方位的地动仪。地动仪是一个有穹顶的铜制瓮，瓮外面铸有8条龙，分别朝着8个方向。每个龙的口中衔着一枚小铜球。瓮里边悬着一根摆锤，地面震动时，摆锤就会摆动并将龙口中的铜球撞出，被撞出的小铜球落入与龙口对应的那个张着嘴的铜铸蛤蟆口中。铜球落入蛤蟆口中时，会发出很大的声响，表明有地震发生。知道了哪个球落下来，人们就能判定地震震中（地震震源正上方的地球表面的最大震动点）的方向。

什么是里氏震级？

里氏震级是测量地震强度的标度表，即在地震震源产生的地面波的大小。里氏震级由美国地质学家查尔斯·里希特（Charles W. Richter）于1935年设计完成。震级分为1 ~ 8级。每增加一级，地震的强度就增加10倍。

里氏震级	可能产生的结果
1	只有专业设备才能侦测到
2	即使在震中附近也几乎检测不到
3	室内可感觉到
4	大多数人能感觉到；破坏力轻微
5	所有人都能感觉到；破坏程度为轻度到中度
6	破坏力中等
7	重大破坏
8	大面积的重大破坏

什么是修订的麦卡利地震烈度表？

修订的麦卡利地震烈度表是一种测量地震强度的方法。里氏震级通过数学计算来测定地震波。与此不同的是，修订的麦卡利地震烈度表评定标准的依据是地震对某地区建筑物造成的影响及破坏程度。它是由麦卡利（Guiseppe Mercalli）在1902年发明的。哈里·伍德（Harry Wood）和弗兰克·诺伊曼（Frank Neumann）考虑到汽车和摩天大楼这样的现代发明，在20世纪30年代，对麦卡利的地震烈度表进行了修订。

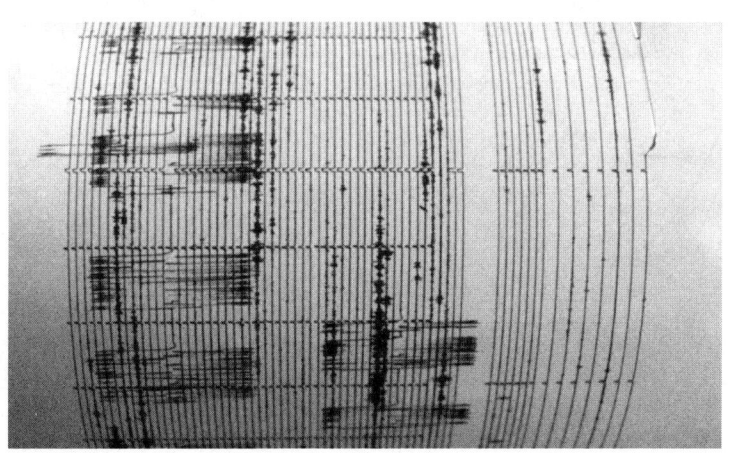

地震仪记录的发生在菲律宾的地震活动。

修订后的麦卡利地震烈度表

Ⅰ.在特别适宜的环境下,只有很少的人能够感觉到。

Ⅱ.只有很少在睡眠中的人能够感觉到,尤其是在高层楼上的人。一些悬挂的物体会出现摇摆。

Ⅲ.在室内感觉相当明显,尤其是位于上面的楼层,但可能不会被认为是地震。停放的汽车会轻微晃动。地面震动犹如卡车通过。

Ⅳ.在白天,很多人在室内能够察觉到,室外很少人会察觉。在夜间,有些人会被震醒。盘子、窗子、门等会受到干扰。墙壁会吱嘎作响。感觉像重型卡车在撞击楼房。停放着的汽车有明显的晃动。

Ⅴ.几乎人人都有察觉,许多人会被震醒。一些盘子、窗子等被震坏。少数一些地方墙上的灰泥被震裂。摆放不牢的物体被震倒。有时会看到树木、线杆及其他高的物体受到干扰。钟摆或钟可能会停止。

Ⅵ.所有人都会感觉到。很多人因为害怕而跑出室外。有些重的家具会晃动。会有少数墙皮脱落,烟囱受损。破坏力轻微。

Ⅶ.大家都会跑到室外。设计和建造良好的建筑物的损坏可忽略不计。建造良好的建筑物被破坏程度轻微到中等。建造不良或设计很差的建筑物受到的破坏程度较大。有些烟囱被震断。驾车的人会注意到地震发生了。

Ⅷ.特殊设计的建筑物损坏轻微。建造坚实的普通楼房损坏相当大,楼房有些部分倒塌。建造很差的建筑物损坏严重。墙壁镶嵌板从框架建筑物上被抛出。烟囱倒塌,工厂坍塌成堆,支柱、纪念碑和墙壁等倒塌。重家具翻倒,喷水泛沙,井水发生变化,开车的人受到影响。

Ⅸ.特殊设计的建筑物损坏相当严重。设计良好的框架结构移位。建筑坚实的楼房受损严重,楼房出现部分坍塌。楼房移位,离开原地基。大地裂缝明显。地下管道破裂。

Ⅹ.一些建造良好的木制建筑物被震毁。大部分框架建筑连同地基被毁坏。大地严重开裂。铁轨弯曲。河岸和陡峭的斜坡滑坡情况相当严重。沙石、泥土移位。河水喷溅,溢出河岸。

Ⅺ.没有几个砖石建筑物直立不倒。桥梁被损毁。地面出现又深又宽又长的裂缝。地下管线完全失去功能。软质地面的土地会塌陷,出现地陷。铁轨严重弯曲。

Ⅻ.造成全面破坏。大地表面会看到波状运动。视线和水平面被扭曲。物体被抛入空中。

🌐 美国历史上最严重的地震发生在什么时候?

新马德里系列地震(1811年12月6日开始,并一直持续到1812年3月的一系列地震)被人们认为是美国历史上最严重的地震。地震波及三分之二以上的美国领土,且加拿大也有震感。地震使陆地水平高度变化多达20英尺(6米),改变了密西西比河的河道,造成了新的湖泊,如密西西比州西部的圣弗朗西斯湖(Lake St. Francis)和田纳西州的里尔富特湖(Reelfoot Lake)。因为这一地区人烟稀少,没有发生已知的人员伤亡。科学家们一致认为,至少有3次,也可能是5次地震的震级达到8级或更高。最大一次地震可能为8.8级,比加利福尼亚此前遭受的任何一次地震的震级都高。

🌐 1906年4月1日旧金山地震震级是多少?

历史上著名的1906年旧金山大地震,对旧金山市和周边地区造成了重大人员伤亡和财产损失。有700多人死于地震,耗资高达600万美元新建的市政厅被摧毁。索纳玛葡萄酒公司(Sonoma Wine Company)坍塌,致使1 500万加仑(5 700公升)的葡萄酒被毁。地震震级为里氏8.3级,总计持续了75秒。许多建筑质量较差的楼房被夷为平地。地震摧毁了几乎所有的煤气和自来水管道。地震后不久就燃起了大火。当大火最终被扑灭时,市内3 000英亩(12.14平方千米)面积的土地,相当于520个街区,全部被烧为焦土。损失估计达到5亿美元。许多保险机构因赔偿而破产。

1989年10月17日,旧金山又再次发生大地震。震级为里氏7.1级,67人被夺去生命,造成数亿美元的损失。

观 察 与 测 量

🌐 什么是盖亚假说?

英国科学家詹姆斯·洛夫洛克(James Lovelock)和林恩·马古利斯(Lynn Margulis)在20世纪70年代提出盖亚假说(Gaia Hypothesis)。按照这一理论,地球上所有生命有机体和非生物有机体形成一个单一的统一体，有机体本身能自行调节，保持平衡。因此，整个星球可以看成是一个巨大的单一生命体。支持这一理论的证据是，亿万年中大气一直处于稳定状态。

什么是磁偏角？

地球表面某一点上测量的北磁极与真正的北极之间的夹角叫磁偏角。不同地点的磁偏角一般不同。同一地点的磁偏角也随时间变化而变化。

指南针的指针在北极指向哪里？

在北磁极，指南针（罗盘）的指针会受到地面的吸引而垂直指向地面。

什么是傅科摆？

傅科摆是证实地球自转的仪器，是法国物理学家让·傅科（Jean Foucault）于1851年发明的。摆锤由一根细长金属丝和悬挂在其末端的重金属球体构成。摆锤下面的沙子记录了摆锤随时间推移而产生的摆动平面。

复制的傅科摆被放置在俄勒冈州波特兰的会议中心。摆锤在90英尺（27.4米）长的钢丝绳上摆动，成为世界上最长的摆。

什么是皮里·雷斯地图？

1929年，君士坦丁堡发现了一张地图，这张地图的发现引起了极大的轰动。这张地图绘制在羊皮纸上，绘制时间为基督教历法中的1541年。图上有土耳其海军上将皮里·雷斯（Piri Re'is）的签名。这是最早的美洲地图之一。图上显示出的美洲和非洲处在正确的成比例的经度上。地图制作者还指出，他绘制地图时，曾使用了哥伦布所画的一张西方地图。这是一项令人兴奋的说明，因为几个世纪里，地理学家们一直试图找到哥伦布在西印度群岛所画的"遗失的哥伦布地图"。

地质学中表示时间的代、纪和世分别是什么意思？

现代年代测定技术已确立出各种地质年代开始的时间范围，列表如下：

代	纪	世	距今年龄（百万年）
新生代	第四纪	全新世	0.01
		更新世	1.9
	第三纪	上新世	6
		中新世	25
		渐新世	38
		始新世	55
		古新世	65
中生代	白垩纪		135
	侏罗纪		200
	三叠纪		250
古生代	二叠纪		285
	石炭纪（在美国有些人将石炭纪分为密西西比纪和宾夕法尼亚纪）		350
	泥盆纪		410
	志留纪		425
	奥陶纪		500
前寒武纪	寒武纪		570
	元古代		2 500
	太古代		3 800
	无生代		4 600

什么是本初子午线？

在地图上，连接地球南北两极的南北方向的线叫经线。"经线"（meridian）的意思是"正午"。当经线上某一点处于正午时，线上任何其他地点也是正午，因此它又叫"子午线"。经线用于测量经度，即某一地点在东边或西边多远的位置。经线之间在赤道上相距 69 英里（111 千米）。地图上东西方向的线叫纬线，它与经线不同的是，纬线是相互平行的。纬线用于测量纬度，即某一地点在北面或南面多远的位置。环绕地球有 180 条纬线，每一纬度有一条纬线。经度和纬度的度数都分成 60 分钟，每分钟再进一步分成 60 秒。

本初子午线是 0° 经度，用作地球上经度的起始经线，又叫零度经线。几乎全球范围内，都采用英国的格林尼治子午线作为统一的标准时间划分基线。

🌑 什么是墨卡托地图投影法？

墨卡托地图投影法是标准圆柱投影的一种变形，即将地球球形表面上的经纬线转换到一个与地球相切或相割的圆柱面上。纬线离两极越近，距离就越大，结果两极地区的面积被极度夸大。例如，格陵兰岛看上去比实际大 5 倍。墨卡托地图投影法是佛兰芒制图师墨卡托（Gerardus Mercator）于 1569 年设计绘制的。地图投影有很大用途，主要是因为指南针所指的方向看起来是直线，使地图投影成为理想的导航地图。

🌑 谁被视为美国地质学的创始人？

美国人威廉·麦克卢尔（William Maclure）出生于苏格兰，1803—1807 年，他是为解决美国和法国之间索赔问题所成立的委员会成员之一。1809 年，他绘制了一张美国地图，图中他将陆地部分分为不同的岩石类型。1817 年，他做了一些修正，并扩大了地图。麦克卢尔创作了最早的关于美国地质学的英语文章和著作。

🌑 地形图最早是在什么时候使用的？

中国是最早使用地形图的国家。地形图中的地形轮廓线用模型来表示。中国地形图至少要追溯到公元 3 世纪。有些早期地形图是用稻米塑造，或木头雕刻的。编制地形图的思想很可能是从中国传播到阿拉伯，然后再传播到欧洲去的。欧洲已知最早的地形图是由保罗·多克斯（Paul Dox）于 1510 年绘制的奥地利的部分地区地图。

🌑 谁是绘制墨西哥湾流图的第一个人？

本杰明·富兰克林（Benjamin Franklin）做外交官期间，在往返于美国和法国之间的海上旅途时，注意到驶向法国和驶向美国两个方向的船速有差异。于是他成为第一个认真研究船只报告的人，目的是确定船速变化的原因。结果他发现，有一股来自墨西哥湾的暖流，流向欧洲方向并横穿北大西洋。1770年，富兰克林绘制出了墨西哥湾暖流。

富兰克林认为这股暖流始于墨西哥湾。实际上，湾流从加勒比海西部开始，向西北流动，流经墨西哥湾、佛罗里达海峡，然后沿美国东海岸向北，到达北卡罗来纳州的哈特拉斯角，之后再向东北流去。墨西哥湾暖流最后在加拿大纽芬兰岛附近结束，此时湾流形成较小的洋流或涡流。有些涡流流向不列颠群岛和挪威，使这些地区的气候较欧洲西北部的其他地区暖和。

人造卫星是从多远的距离拍摄的？

美国国防部卫星在地球上空以各种不同距离绕轨道运行。有些卫星的飞行轨道较低，在地面上空100～300英里（160～483千米）。其他一些卫星运行于500～1 000英里（804～1 609千米）的中等高度。还有些卫星的海拔高度为22 300英里（35 880千米）。

什么是地球资源卫星图？

地球资源（勘测）卫星图是沿轨道运行的陆地卫星或ERTS（地球资源技术卫星），在海拔567英里（912千米）高空拍摄的地球影像。地球资源卫星最初是在20世纪70年代发射的。地球资源卫星拍摄使用的不是摄像机，而是多光谱扫描仪。该扫描仪观测到可见光的绿色和蓝色波长，以及4个红外线光谱波段和近红外线光谱波段。扫描仪能观测到土壤、岩石、水和植物之间的差异；植被的种类；植物的状态（例如，健康状态或是不健康状态，水分不足或是水分充足）；矿物的含量。使用多光谱扫描仪比较多种波长时，这些差异尤其准确。甚至可见光的影像也被证明很有用。一些最早的地球资源卫星影像表明，太平洋中的一些小岛屿同图表上的位置相差较远，达到10英里（16千米）。

地球资源卫星图的拍摄结果显示在"伪色"图上。在"伪色"图上，扫描仪捕获的不同波长的光线被映射为易于区分的颜色阴影，以突出不同的地表特征。例如，植被可能显示为红色或亮色调，而水体则可能显示为蓝色或暗色调。使用这种影像图的有农民、石油公司、地质学家、林业工作者、外国政府及对土地管理感兴趣的人员。地球资源卫星图上每个影像拍摄的面积约为115平方英里（185平方千米）。影像图的销售由美国地质调查局提供。

🌐 什么是全球定位系统（GPS），它是如何工作的？

全球定位系统（GPS）主要由 3 部分组成：空间部分、用户部分和操作部分。空间部分由布设在地球的中地球轨道（MEO）上的 24 至 32 颗卫星组成。用户部分即 GPS 接收机，有手持、车载、船载、机载等形式。操作部分由分设在全球的地面监控站组成，以确保卫星正常工作。利用 GPS 接收机，人们可以确定自己在地球上或地球上方的位置。

第2章
矿物及其他材料

岩 石 与 矿 物

岩石是如何分类的？

岩石的种类很多，按其成因可分成火成岩、沉积岩和变质岩3大类。

火成岩，亦称"岩浆岩"，是来自地壳深处或上地幔的熔融岩浆在火山活动作用下，浸入到地壳中或喷出地表，冷却凝固而形成的岩石，包括花岗岩、伟晶岩、流纹岩、黑曜石、辉长岩、玄武岩等。火成岩晶体的性质和特性差异很大，部分原因在于最初岩浆的组成成分不同，部分在于岩浆凝固时的环境差异。火成岩的种类有数千种。例如，花岗岩是由来自地球内部的高温熔融岩浆上升到地壳的上层（并不到达地表），经缓慢冷却而形成的岩石。花岗岩含有大量的石英、长石和云母晶体。

沉积岩，旧称"水成岩"，是地球表面的沉积物质经固结而形成的岩石，如角砾岩、砂岩、页岩、石灰岩、燧石、煤等。沉积岩为精细岩石颗粒或碎片、微生物骨骼化石或风化作用下沉积固结的岩石中浸出的矿物质。这些沉积岩再次沉积在水底，随着时间的推移，在层中压缩。最常见的沉积岩是砂岩，主要为石英晶体。

变质岩，是已经形成的岩石（火成岩和沉积岩）受到温度、压力和化学环境等因素变化的影响，在固体状态下，变质而成的一种新岩石，如大理石、板岩、片岩、片麻岩、石英岩等。这些物理和化学变化的一个例子是，石灰岩受热重新结晶，变成大理石。

🚃 什么是岩石学？岩石学家是做什么的？

岩石学是研究岩石的组成、矿物学性质、产生状态和起源的科学。研究岩石矿物学及岩石内包含的地理历史记录的人叫岩石学家。通过岩石，岩石学家可以了解过去的气候和地理、地球过去和现在的构成，以及地球内部存在的状况。

🚃 化石是如何形成的？

化石是有历史记载以前就被保留在岩石中的动物或植物遗迹。很少有完整的有机体被保留下来。化石通常展现的都是动物、植物的坚硬部分，如动物的骨骼或贝壳，植物的叶子、种子或木质部分。

有些化石本身就是骨头、牙齿或硬壳，这些可以保存相对较短的一段时间。另一种化石是埋藏在地下的动物或植物的痕迹。这些动、植物分解后，留下碳质薄膜，且生物的形状保持不变。

一些埋藏在地下的物质已经被二氧化硅和其他材料取代，这些材料渗透生物体并取代原始材料，这个过程被称为石化。一些木头完全被玛瑙或蛋白石所取代，甚至细胞结构也被复制。最佳的例子可以在美国亚利桑那州的石化林国家公园里找到。

模型化石和铸型化石也是很常见的化石。模型化石是由生物在软泥或淤泥上留下的印痕形成的，如恐龙的脚印。这种印迹可能先硬化，然后被其他物质覆盖。最初的足印形成一个印模，充填模子的沉积物就形成了足迹的铸型化石。

🚃 化石的年龄是多少？

已知的最古老的化石是细菌化石，在大约 35 亿年前留下它们的痕迹。最古老的动物化石是生活在大约 7 亿年前的无脊椎动物的化石。最大数量的化石来自约 5.05 亿至 5.9 亿年前的寒武纪时期。那时，动物开始发育骨骼和硬质部分。因为这些部分往往比一般组织持续的时间长，所以它们更可能被保留在黏土里，并变成化石。

🚃 什么是熔融石？

熔融石（tektite），又称玻璃陨石、雷公墨，是富含硅的玻璃状物质（岩石），散落在地球表面的某些区域。它们通常为黑色，呈泪滴状或哑铃形，有几厘米长。当陨石、

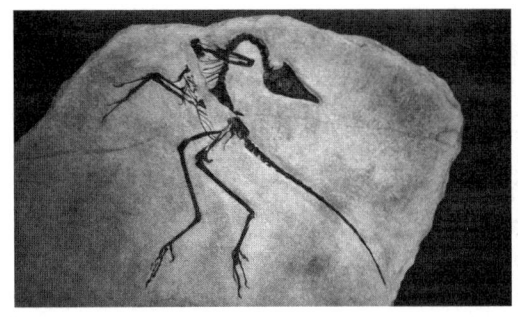

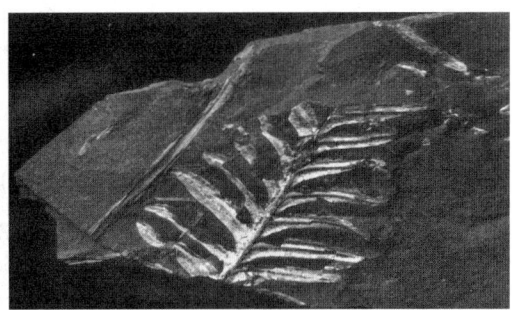

┃ 始祖鸟的化石遗迹。　　　　　　　　　　┃ 白蕨的化石遗迹。

小行星或彗星碎片冲击地球表面时，熔化的岩石就形成了熔融石。熔化的岩石被高高地旋入大气中，在空中迅速冷却，形成特有的形状和物理特性。熔融石的石龄从 70 万—3 500 万年不等。

什么是辰砂？

　　辰砂是矿物汞的主要矿石，其肉桂色到猩红色的颜色使它成为一种多彩的矿物质。辰砂主要产于美国（加利福尼亚州、俄勒冈州、得克萨斯州和阿肯色州）、西班牙、意大利和墨西哥。辰砂常常被用作颜料。

"印第安美元"是什么意思？

　　"印第安美元"是六面体、圆盘状、双晶体霰石（$CaCO_3$），已经转变成了方解石，但外部形状保持不变。它们在科罗拉多州北部大量出现，在当地被称为"印第安美元"。在新墨西哥州，它们被称为"阿兹特克钱"，在堪萨斯州西部叫"先锋美元"。

岩石与矿物有何不同？

　　矿物学家用"矿物"一词来指那些具有下面所有 4 个特征的物质：一定能在自然界找到；一定由非活性的物质（无机物）构成；无论在哪里发现，它都有同样的化学组成；其原子按规则排列，形成固体晶体。

　　而"岩石"有时被描述成聚成岩或是一种或多种矿物质的组合。地质学家扩展了这一定义，将黏土、松散的沙子和某些石灰石也包括在内。

什么是莫氏硬度计?

莫氏硬度计通过 10 种标准矿物来分级测量其他矿物质的硬度。莫氏硬度计由德国矿物学家弗里德里希·莫斯(Friedrich Mohs)在 1812 年首次采用。矿物按从软到硬的顺序排列。较硬的矿物数值较高,能刻划数值较低的矿物。

硬　度	矿　物	说　明
1	滑石	硬度 1 ~ 2 级,能被手指甲刻划
2	石膏	硬度 2 ~ 3 级,能被铜币刻划
3	方解石	硬度 3 ~ 6 级,能被钢制小刀刻划
4	萤石	
5	磷灰石	
6	正长石	硬度 6 ~ 7 级,不能刻划玻璃
7	石英	
8	黄玉	硬度 8 ~ 10 级,能刻划玻璃
9	刚玉	
10	金刚石(钻石)	

第一个为矿物制定颜色标准化方法的人是谁?

德国矿物学家亚伯拉罕·戈特洛布·维尔纳(Abraham Gottlob Werner)发明了一种利用矿物外部特征(包括颜色)来描述矿物的方法。他研究出了一套颜色排序方法及颜色名称,并用一组实际的矿物来说明。

什么是沥青铀矿?

沥青铀矿是铀矿或氧化铀的一种块状变种,可在金属矿脉中找到,属放射性材料,是最重要的铀矿。1898 年,居里夫妇发现沥青铀矿中含有稀有元素镭。从那以后,镭一直被用于医学和科学中。

什么是方铅矿?

方铅矿是一种硫化铅(PbS),是最常见的铅矿石,含有 86.6% 的铅,颜色是铅灰色，具有明亮的金属光泽，比重为 7.5，莫氏硬度为 2.5。方铅矿通常以立方体或八面体的变形形式存在，原产于澳大利亚，在加拿大、中国、墨西哥、秘鲁和美国（密苏里州、堪萨斯州、俄克拉何马州、科罗拉多州、蒙大拿州和爱达荷州）也发现了方铅矿。

什么是辉锑矿？

辉锑矿是带有金属光泽的铅灰色硫化锑（Sb_2S_3）矿物，是最重要的锑矿石。辉锑矿的莫氏硬度为 2，比重为 4.5 ~ 4.6，是容易在火柴火焰中熔化的少数几种矿物之一，常见于低温热液矿脉或温泉沉积物中。辉锑矿在德国、罗马尼亚、法国、玻利维亚、秘鲁和墨西哥等地被开采。爱达荷州斯蒂布尼特的黄松辉锑矿是美国最大的辉锑矿生产商。加利福尼亚州和内华达州也有辉锑矿床。

什么是开普梅钻石？

开普梅（Cape May）钻石是纯石英体，有不同大小和各种颜色，于新泽西州开普梅市美国海岸巡逻队驻地周围地区被发现。这些晶体被切割和打磨后，具有天然钻石的外形。在现代宝石检验设备研制出来以前，许多人被这些石英晶体所蒙骗。游人自己就可以找到开普梅钻石，那里也有已切割、打磨好的石头出售。这些都是开普梅地区长期以来吸引游人之处。

美国有钻石矿吗？

美国没有商业性钻石矿。北美唯一重要的钻石矿床是位于阿肯色州默夫里斯伯勒附近的"钻石坑"州立公园。这里的土地归政府所有，并且从来没有进行过系统性开发。游客付一点费用就可以在那里挖掘，寻找钻石。在那里发现的最大的晶体重达 40.23 克拉，被命名为"山姆大叔"钻石。

钻石直接从富含镁且饱含二氧化碳气体的岩浆中结晶而成。这种岩浆经受过高压和超过 2 559 ℉（1 400℃）高温。这种岩浆最初来自深达 93 英里（150 千米）的地幔深处。

钻石是完全由碳元素构成的矿物，具有等轴晶体结构，是已知最硬的自然物质，密度为 3.53。但黑钻石（焦炭般的微晶体黑色碳石料）的密度可能要低至 3.15。钻石具有已知物质中最高的热导率。这一特性使钻石用于切割工具。因为切割时，钻石不会发热。

什么是愚人金？

黄铁矿（FeS_2）是一种众所周知的叫"愚人金"的矿物。由于其呈现的金属光泽及淡黄颜色，常常被误认是黄金。真正的黄金要重得多，更软，不易碎，没有沟纹。

如何才能鉴别天然钻石？

有几种不用工具就能鉴别钻石真假的方法。行家能通过钻石表面的光泽、刻面的直度和平度及对光反射能力的高低来识别。钻石在温暖的室内变暖，而在冷的环境下变凉。可以做一个简单的测试：将宝石放在冷热不同的环境中，然后用嘴唇接触一下，就能确定其温度。把这种测试结果与已知的天然钻石的测试结果相比较，这种方法尤其有效。另一种测试方法是用弄湿的指尖粘起钻石。如果能粘起来的话，这块钻石就很有可能是真的。大多数其他石头用这种方式是粘不起来的。

水测试法是另一种简单的检验方法。将一滴水滴在桌面上。完全洁净的钻石具有几乎能"磁化"水的能力，能使水不散开。一种叫钻石探测仪的仪器甚至能鉴别最复杂的赝品。宝石学家总是使用它来检验钻石的真伪。

钻石的质量是如何确定的？

需求、美观、耐久、稀有、无瑕疵程度及切割的完美度，这些通常决定了宝石的价值。但是决定钻石价格的主要因素是中央销售组织（CSO）旗下的钻石贸易有限公司对产量和价格的管理。中央销售组织是戴比尔斯（DeBeers）联合矿业有限公司的一个附属公司。

什么是钻石的"4C"？

钻石的"4C"指的是切工（Cut）、颜色（Color）、净度（Clarity）和克拉数（Carat）。切工指宝石的加工工艺，包括钻石切割后的均衡性、光洁度、对称性和抛光度等。切工的优劣影响钻石的闪亮程度。颜色指钻石含有的颜色多少及深浅。钻石的颜色从无色到浓淡不同的黄色、灰色或棕色。还有从金黄到更罕见的蓝色、绿色、粉红色和红色。净度指钻石的清洁度或纯度，在很大程度上取决于钻石中所含瑕疵的多少和大小。克拉数指钻石的重量。

钻石是如何称重的？

钻石重量的基本单位是克拉，1 克拉为 200 毫克（0.007 04 盎司）。一克拉切工规范、精细的弧面型钻石，其直径几乎恰好是 0.25 英寸（6.3 毫米）。另一个常用单位是分，亦称"磅音"（英文 point 的音译）。1 分为 0.01 克拉。一克拉的宝石重 100 分。克拉作为计量宝石重量的单位，不应与计量饰金成色（纯度）的单位"开"（英文 Karat 首音节的音译）相混淆。

世界上最大的钻石是哪一颗？

库里南钻石是世界上迄今发现的最大钻石，重 3 106 克拉。它于 1905 年 1 月 25 日在南非的德兰士瓦省普列米尔钻石矿被发现，以发现此矿的普列米尔钻石公司主席托马斯·M. 库里南爵士（Sir Thomas M. Cullinan）的姓氏命名。库里南钻石被切割成 9 颗大钻石和 96 颗小钻石。切割加工后的钻石总重量为 1 063 克拉，仅为原有重量的 35%。

"库里南 I 号"钻石也称为"非洲巨星"或"非洲第一星"。它是一颗梨形的钻石，重 530.2 克拉。钻石长 2.12 英寸（5.4 厘米），宽 1.75 英寸（4.4 厘米），最厚点厚 1 英寸（2.5 厘米）。1907 年被进献给英国国王爱德华七世，镶嵌在带十字架的英王权杖上。它现在仍然是世界上最大的切割加工过的钻石。

一名矿工拿着库里南钻石——世界上发现的最大钻石——由它切割成的钻石后来被镶嵌在英国皇冠和权杖上。

"库里南 II 号"钻石，也称为"非洲第二星"，是一枚重 317.4 克拉的长方形宝石，它被镶嵌在英国王室的帝国皇冠上。

宝石的常用切割方式是什么？

对大多数透明宝石来说，现代宝石切割主要使用小面积（刻面）的切割方法。在刻面切割过程中，宝石表面切割出若干平整光滑的小面。从几何学角度来说，这样处理的目的是使宝石的亮度和火彩达到最佳程度。最常见的 4 种刻面切割是明亮型、玫瑰型、阶梯式和混合型。阶梯式切割也称为祖母绿式切割，常用于祖母绿宝石的切割。明亮型和玫瑰型常用于钻石的切割。

🚃 什么是立方氧化锆？

立方氧化锆是两位德国矿物学家于 1937 年发现的。20 世纪 70 年代，苏联科学家学会在实验室里"培育"这种矿物后，立方氧化锆立刻受到珠宝设计者们的青睐。市场上销售的立方氧化锆大部分都是由氧化锆和氧化钇经化学合成的人造宝石。这两种化合物利用凝壳熔炼方法，在极高温度（约 5 000 ℉）（2 760℃）下一起熔化。人们用射频发生器为氧化锆加热。在混合物冷却后，就变成了毫无瑕疵的晶体。经切割琢磨后，就变成了立方氧化锆宝石。

🚃 立方氧化锆和钻石有什么区别？

立方氧化锆是常被用来仿冒钻石的一种人造宝石材料。这里的"仿冒"是个关键词。美国联邦贸易委员会将仿冒材料定义为，仅在外观上与天然材料相似。立方氧化锆可以用同钻石一样的方法切割加工，具有很高的密度和硬度，重量是同样大小钻石的 1.7 倍。

🚃 除库里南钻石外，世界上其他最大的贵重宝石是什么？

世界上最大的红宝石重 8 500 克拉，有 5.5 英寸（14 厘米）高，被雕刻成自由钟的形状。最大的星光红宝石来自印度，重 6 465 克拉，呈六射星光。最大的已切割的祖母绿是于 1974 年 8 月在巴西的巴纳伊巴发现的，重 86 136 克拉。来自澳大利亚昆士兰州阿那基的一颗重 2 302 克拉的蓝宝石，被雕刻成亚伯拉罕·林肯的头像后，重 1 318 克拉，成为世界上最大的雕刻蓝宝石。重 9 719.5 克拉的"孤星"是最大的星光蓝宝石。最大的天然珍珠被称为"老子之珠"，是 1934 年 5 月在菲律宾巴拉望群岛海域的一只巨型蛤蜊壳中发现的。这颗珍珠重达 14 磅 1 盎司（6.4 千克）。

🚃 祖母绿的颜色是怎样形成的？

祖母绿是绿柱石（$Be_3Al_2Si_6O_{18}$）的一个变种，其颜色来自微量的铬（Cr），铬取代了绿柱石结构中的铝（AI）。还有其他呈绿色的绿柱石，但是如果里面不含铬的话，从技术上来说，就不是祖母绿。

星光蓝宝石中的星光是怎样产生的？

蓝宝石是由宝石级的刚玉（Al_2O_3）构成的。宝石中含有少量铁和钛时，则呈现各种不同的颜色。星光蓝宝石含有金红石矿物的细针状包裹体。若宝石被切割琢磨成无刻面的弧面（穹形或凸面）形，这些细针状包裹体的反射光就会呈现六射星光。最为名贵的星光蓝宝石是鲜蓝（矢车菊蓝）色品种的宝石。黑色或白色星光蓝宝石次之。因为红宝石就是刚玉的一个红色宝石品种，所以也存在星光红宝石。

什么是"猫眼"？

"猫眼"也称为"猫儿眼"，是次贵重的石英宝石。"猫眼"有一条垂直的发光带，如同猫的眼睛一样。要获得"猫眼"的效果，蓝色平行的石棉状纹理首先要转变为氧化铁，然后被二氧化硅代替。"猫眼"宝石的颜色有鲜黄色、棕黄色或棕色等。

金　　属

什么是钶钽铁矿？

钶钽铁矿是金属矿石钶铁矿–钽铁矿的简称。钶钽铁矿经提炼后，变成耐热粉末——钽，含大量电荷。这种性质使它成为制造电容器的一种极其重要的元素，而电容器是控制微型电路板中电流流动的电子元件。钽电容器用于几乎所有的手机、笔记本计算机、传呼机及其他电子装置。

最丰富的金属元素是什么？

铝是地表和月球上最丰富的金属元素，占地壳的 80% 以上。铝从不以单质元素形式出现，而是与氧、铁、钛等元素组成化合物。含铝矿物主要是铝土矿（氢氧化铝）。几乎所有岩石，尤其是火成岩，都含有铝，如铝硅酸盐矿物。拿破仑三世（Napoleon Ⅲ）认识到，铝较轻这一物理特性能彻底改变武器制造业。所以，他批准拨款给法国化学家圣克莱尔·德维尔（Sainte-Claire Deville）一大笔科研经费，让他研究出一种将铝用于商业的切实可行的方法。1854 年，德维尔通过将氯化铝还原的方法，获得第一批纯铝金属。1886 年，美国人查尔斯·马丁·霍尔（Charles Martin Hall）和法国人保罗·埃鲁（Paul Heroult）分别发现了将铝土矿还原成铝的电解法。由于铝具有抗腐蚀性、密度低且导热性能极佳的特点，包装行业大量使用铝来制造食品和饮品的容器和盖子，以及铝箔袋子和包装材料。铝是电的良导体，因而被广泛应用于电力和电话电缆、灯泡和电器设备中。在生产制造各种类型的交通工具中，人们使用大量的铝。铝合金具有很大的抗拉强度，对航空航天工业具有相当大的工业使用价值。楼房建筑业将铝合金应用于这样一些材料中，如排水设备、镶嵌板、挡板、窗框和屋顶等。还有许多含有铝合金的产品，如厨房用具、高尔夫球杆、空调、汽车牌照、涂料、冰箱、火箭燃料和拉链等。

为什么炼金术中的金属符号和占星学中的行星符号完全一样？

古希腊人和罗马人知道 7 种金属，也知道 7 颗行星（5 颗较近的行星加上太阳和月球）。他们将每颗行星与某种金属联系起来。炼金术始于约公元前 3 世纪，其主要目的是将普通金属（如铜、铝、锡等）转变成黄金。尽管炼金术有时近乎神秘主义，但却包含着几个世纪的化学经验，为现代化学的发展奠定了基础。

英 文 名 称	化 学 符 号	拉 丁 名 称	炼 金 符 号
金	Au	*aurum*	☉（太阳）
银	Ag	*argentum*	☽（月亮）
铜	Cu	*cuprum*	♀（金星）
铁	Fe	*ferrum*	♂（火星）
汞	Hg	*hydrargyrum*	☿（水星）
锡	Sn	*stannum*	♃（木星）
铅	Pb	*plumbum*	♄（土星）

什么是 24K 金？

K（Karat 的首字母）指一种宝石或一件装饰品中，黄金所占的百分比。因为黄金太白金是指珠宝商用作铂的替代品的一类白色合金。不同级别的合金在成分上相差很大，但通常合金由20%～50%的镍构成，其余部分为金。上等白金由90%的金和10%的钯组成。合金中所使用的其他元素还有铜和锌。这些合金的主要用途是让黄金呈现白色外观。

软，无法直接使用，所以得与其他合金混合使用。1K等于纯金的1/24。因此，24K金的纯度为100%，而18K金的纯度为18/24或75%。

K 值	纯金的百分比	K 值	纯金的百分比
24	100	12	50.25
22	91.75	10	42
18	75	9	37.8
14	58.5	8	33.75

一金衡盎司的金若拉成一根细丝，能拉伸多远而不断？

延展性是指物质易于塑形和拉伸的特点。1金衡盎司的金（31.103 5克）能拉成一根50英里（80千米）长的细丝。

金箔有多厚？

金箔是用金子捶成或碾平的薄片，这些薄片极薄，30万张金箔摞在一起才有1英寸（0.02米）高。一张金箔的厚度通常为0.000 003 5英寸（350万分之一英寸）。根据金箔制作者的不同，金箔的厚度可能差异很大。金箔也被称作金叶，用作建筑物的遮盖物及皮革上的浮凸印刷。

什么是标准纯银？

标准纯银是指在1 000份银中，含银量至少有925份的优质合金（即92.5%的银，7.5%的其他金属——通常为铜）。

在光滑的石头上加工金箔。

什么是德银？

德银，有时也称为镍银或镍铜，是银白色金属，由 52% ~ 80% 的铜、10% ~ 35% 的锌和 5% ~ 35% 的镍构成。镍银也可能含有少量铅和锡。镍银还有其他形式，但"德银"一词在银器贸易中被广泛使用。

白镴的主要成分是什么金属？

白镴即铅锡合金，主要成分是锡，锡至少占 90%。可能会在白镴中添加锑、铜和锌来取代铅，以增加白镴的硬度和强度。白镴中可能仍含有铅，但含铅量高不仅会使物件生锈，使其表面失去光泽，而且铝还会溶于食品和饮料中，使其有毒。目前用于优质物件的合金，最少含有 91% ~ 95% 的锡，最多 8% 的锑，最多 2.5% 的铜和最多 5% 的铋。这是欧洲标准化组织对白镴所规定的成分含量比例。

美国首家成功的钢铁厂是在什么地方建立的？

虽然美国的铁矿最早于 1585 年在北卡罗来纳州被发现，铁的生产最早于 1619 年在弗吉尼亚州进行（但一直未成功），但是美国首家成功的钢铁厂却是由托马斯·德克斯特（Thomas Dexter）和罗伯特·布里奇斯（Robert Bridges）在马萨诸塞州林恩市索格斯河附近建立起来的。作为这一行业的最初发起者，他们聘请了英国的小约翰·温斯罗普（John Winthrop，Jr.）进行钢铁厂的生产。到 1645 年，高炉已开始运转。到 1648 年，煅铁炉开始工作。

什么是高速钢？

高速钢，也称锋钢，是对那些在高温下仍能保持硬度，用于金属切削工具的高合金钢的统称。所有高速钢都将钨或钼（或两者兼有）作为基本耐热合金成分的基础。这些钢需要经过特殊的高温处理，其独特性能才能充分表现出来。其生产过程为，将钢加热到 2 150 ℉ ~ 2 400 ℉（1 175℃ ~ 1 315℃），使其变成大比例的合金碳化物溶解状态。淬火到室温，然后回火到 1 000 ℉ ~ 1 150 ℉（535℃ ~ 620℃），之后再冷却到室温。

谁发明了不锈钢？

好几个国家的冶金学家们研发出了不锈钢。不锈钢是与铬结合的铁基合金，以抵抗生锈和腐蚀。1872 年，在建造密西西比河伊兹（Eads）大桥时，所用的钢材中添有少量的铬，以提高钢材的强度。但是直到 20 世纪初，真正抗锈蚀的合金才被研制出来。多个国家的冶金学家们在 1903—1912 年期间研制出了不锈钢。美国人埃尔伍德·海恩斯（Elwood Haynes）研制出了几种合金钢。1911 年，他制造出了不锈钢。英国人哈里·布里尔利（Harry Brearly）所获的大部分荣誉都来自不锈钢的研制。加拿大冶金学家弗雷德里克·贝尔特（Frederick Beckett）、德国科学家 P. 蒙纳尔茨（P. Monnartz）和 W. 博彻斯（W. Borchers）也是不锈钢的早期研制者。

什么材料用于制作音叉？

音叉是有两个叉头的金属乐器，打击时发出固定的音高。音叉一般是由钢制成的。有些音叉是由铝镁合金、熔融石英或其他弹性材料制成的。

哪些国家拥有铀矿？

铀是放射性金属元素，是能够维持核裂变的唯一一种天然存在的物质。但只有一种同位素——铀-235，在中子轰击下能进行裂变。铀在世界各地均可开采，但在提炼过程中，肯定要转化成二氧化铀（UO_2）。整个世界都有铀矿。最大的铀矿在美国（科罗拉多州高原，低品位铀矿在佛罗里达州、田纳西州、北达科他州和南达科他州）、加拿大（安大略、西北地区和中西部地区）、南非（威特沃特斯兰德）和加蓬（奥克洛）。拥有大量低品位铀矿的其他国家和地区有巴西、俄罗斯、北非和瑞典。扎伊尔以前可观的铀矿现在已经几乎枯竭了。

什么是锝？

锝（符号 Tc，原子序号 43）是放射性金属元素，它既不以纯锝形式天然存在，也不作为化合物的形式自然出现，而是在核裂变过程中产生的。锝是钼（Mo，原子序号 42）的裂变产物，还可能是铀（U，原子序号 92）的裂变产物。1937年，锝被 C.佩里尔（C. Perrier）和埃米利奥·塞格雷（Emilio Segrè）分离、提取，成为人工制造的第一种元素。

锝在诊断成像和核医学上具有重大应用。口服的可溶性锝化合物往往集中在肝部，这对肝脏器官做标记和放射性检查很有益。此外，借助锝对血液成分进行标识，有关血液循环系统的疾病就能被检查出来。

自 然 物 质

什么是黑曜石？

黑曜石是火山喷发出来的熔岩迅速冷凝而形成的火山玻璃岩石。被称为微晶的胚胎晶体生长，使玻璃质岩石形成不透明的黑色或灰黑色。如果黑曜石中含有氧化铁，则呈红色或褐色。世界上有一些著名的黑曜石岩层，如美国黄石公园的黑曜石悬崖和冰岛的赫克拉火山。

天然磁石是磁体吗？

天然磁石是天然磁性极强的氧化铁矿或磁铁矿。因为天然磁石吸引铁质物体并具有极性，因此经常被称为"天然磁体"。早期水手用它来寻找磁北极。天然磁石又被称为"领路石""赫拉克勒斯石"等。

🚃 什么是赤泥？

赤泥（red dog）是煤坑废料燃烧后的残留物。煤坑废料由煤矿开采中产生的废料组成。在废料堆的压力下，废料经常自燃起火，产生红色的灰。这些灰可用于铺设车道、停车场和道路等。

🚃 除了用作能源外，煤还有什么其他用途？

过去，许多芳香族化合物，如苯、甲苯和二甲苯，都由煤制得。这些化合物现在主要是石油的副产品。萘和菲仍然从沥青（煤焦油）中获得。沥青是煤的副产品，用于屋顶防水。

🚃 什么是硅藻土？

硅藻土是一种易碎、多孔的白色或奶油色硅质岩石，由硅藻（细胞壁硅化的微型水生生物）的遗体化石组成，其主要矿物成分为蛋白石。这些化石在洋底越聚越多，形成硅藻土。在某些地方，这些区域已变成干燥的土地或含硅藻的土地。硅藻土的化学性质呈惰性，质地粗糙，还有其他一些特别的物理性质，因此适用于许多科学和工业方面的用途，如用作过滤剂，建筑材料，绝缘、隔热、隔冷、隔音材料，催化剂的载体，填充物吸附剂，磨料和药剂材料等。将硅藻土浸泡在爆炸性液体硝化甘油中，可制成炸药。

🚃 什么是粉煤灰？

粉煤灰（fly ash），也称飞灰、烟灰，是煤燃烧产生的精细粉末，即灰烬残留物。在将煤燃烧产生的气体排放至大气中之前，粉煤灰部分通常通过静电方式从煤的燃烧气体中被处理掉。美国每年产生的粉煤灰有 5 700 万吨，其中约 31% 得到了有益的使用。其余部分在池塘或垃圾场被处理掉。

🚃 煤矿开采中的矿井气体是指什么？

矿井气体是指煤矿中的有毒或易爆气体。最常见的矿井气体是沼气，也称为甲烷。白色矿气是一氧化碳。黑矿气，即窒息性矿气，是煤矿大火和矿内沼气爆炸后形成的氮和二氧化碳的混合气体。窒息性矿气使大火熄灭，也使矿井中的受害者窒息死亡。

什么是富勒土？

富勒土是天然存在的含有硅铝酸盐的白色或棕色黏土。富勒土是一种催化剂，因一种浆洗过程（用来清洗羊毛和布上的油污）而得名。富勒土用于使油或脂肪的颜色变淡，用作颜料稀释剂、过滤层、吸附剂（例如吸收猫砂盆中的动物粪便等），还用于清洁地板中的化合物。

木炭是怎样制成的？

商业木炭生产用木头加工残余物，如锯末、刨花、碎木头和树皮作为原材料。根据材料情况，将这些木头残余物放入窑里或炉子里，在低氧浓度下将其加热，蒸馏出挥发性成分。一个赫雷斯霍夫（Herreshoff）焙烧炉一小时至少能生产一吨木炭。

造一吨纸要用多少木头？

在美国，造纸的木头主要源于直径较小的木头和纸浆用木材。木头通常以考得（cord，木材的体积单位）或重量来计量。虽然造纸使用的纤维绝大部分是木头纤维，但还需要许多其他材料。制造 1 吨普通的纸需要 2 考得的木头。此外，还需要 5.5 万加仑（20.8 万升）的水，102 磅（46 千克）的黏土，1.2 吨煤，112 千瓦时的电，20 磅（9 千克）的染料和颜料，108 磅（49 千克）粉浆，以及其他一些成分。

什么产物源于热带雨林？

源于热带雨林的产物

木材	轻木、桃花心木、黄檀木、檀香木、柚木
纤维	竹子、黄麻纤维、木棉、拉菲草、苎麻纤维、藤条
树胶,树脂	糖胶树、古巴香脂、柯巴脂、杜仲胶、橡胶胶乳、桐油
室内栽培植物	火鹤花、巴豆、花叶万年青、千年蕉、无花果、虎尾兰、室内常青藤、蔓绿绒、橡胶树植物、君子兰、龟背竹、斑马植物

油等	樟脑油、苦香油、椰子油、桉树油、八角油、棕榈油、广藿香油、黄檀木油、吐鲁香脂油、胭脂树红、箭毒、薯蓣皂素、奎宁、利血平、羊角拗、士的宁
香料	多香果、黑胡椒粉、小豆蔻、胡椒粉、辣椒、桂皮、丁香、姜、肉豆蔻、甜辣椒、芝麻、姜黄、香草荚
食物	鳄梨、香蕉、椰子、葡萄柚、柠檬、酸橙、芒果、橙子、香木瓜、百香果、菠萝、大蕉、红柑、巴西果、蔗糖、腰果、巧克力、咖啡、黄瓜、棕榈果、夏威夷果、木薯、秋葵、花生、胡椒树、可乐豆、茶

🚃 什么木头最适宜做砧板？

制作砧板最好的木头是美国梧桐（西方悬铃木属），因其材质极其坚硬。美国梧桐也称为球悬铃木、梧桐球、纽扣树和水山毛榉木材。它还用作装饰面的镶饰，以及铁路枕木、栅栏支柱和燃料。

🚃 什么木材用于电话线杆？

美国做电话线杆的主要木材有南方松、道格拉斯冷杉、西部红雪松和落叶松。黄松、红松、杰克松、北美白雪松、其他松木及西部落叶松等，也用作电话线杆。

🚃 什么木材用作铁路枕木？

许多种类的木材都可以用作铁路枕木。较常见的木材有橡木、桉树木、道格拉斯冷杉、混合硬木、铁杉、南方松和混合软木等。

石化木头块散落在亚利桑那州多彩沙漠国家保护区的园林地上。

化石木是怎样形成的？

当含有溶解的像碳酸钙、硅酸盐这样的矿物质水慢慢渗入木头或其他结构中时，就形成了化石木。这一过程要经历数千年的时间。外来物质或取代或填充有机物，而且常常保留原有植物所有结构上的细节。植物学家发现，这类化石非常重要，因为这为研究灭绝植物的内部结构提供了有利条件。经过一段时间之后，木头原有的形状和结构保持不变，好像已经变成了石头。但木头本身并没有变成石头。

什么是琥珀？

琥珀是树木的化石树脂。琥珀的两大产地为多米尼加共和国和波罗的海。琥珀源于现已灭绝的一种针叶树。琥珀通常呈黄色或橙色，表面平滑光亮，为非晶质透明或不透明块体。工匠和科学家都使用琥珀。

什么是松香？

松香是从松节油蒸馏残渣中所得的树脂。松香可从好几种松树中获得，尤其是长叶松（*Pinus palustris*）和加勒比松（*Pinus caribaea*）。松香有很多工业用途，常用于油墨、黏合剂、油漆、密封胶、肥皂及化学药品等。运动员和音乐家们也使用松香，以便使光滑的表面不那么滑。

为什么香精油被称为"香精"？

香精油易溶于酒精形成香精，所以如此称呼。香精油用于制作香料、香水、消毒剂、药品及其他产品。香精油是植物的各部分（叶、荚等）内部产生的一种天然的具有挥发性并带有芳香气味的油。这种油含有的主要成分之一是一种烯类物质。香精油的例子有很多，如佛手柑精油、桉树油、姜油、松节油、绿薄荷油和冬青油等。香精油可通过蒸馏和机械压榨等方法提取。现在可以人工合成香精油。

🚃 什么是杜仲胶？

杜仲胶是一种与橡胶很相似的树胶，但无弹性，由印度尼西亚和马来西亚的山榄科（Sapotaceae）树种的胶乳制得。杜仲胶曾经具有很大的经济价值，现在已被塑料所取代，但仍用于某些电气绝缘、补牙等方面。英国自然历史学家约翰·特雷迪思康特（John Tradescant）在17世纪20年代将杜仲胶引入欧洲。杜仲胶的固有特性，使其在世界贸易中慢慢地获得越来越重要的地位。然而，到第二次世界大战结束时，许多生产商从杜仲胶转向塑料，因为塑料用途更广，且生产成本更低。

🚃 什么是龙涎香？

龙涎香是抹香鲸（physeter catodon）肠道的分泌物，气味极浓，呈蜡状，常漂浮在热带海洋中。鲸分泌龙涎香的目的是保护肠道，以应对吞食的乌贼（类似鱿鱼的海洋软体动物）难以消化的部分（口器内含有坚硬角质的颚和齿舌）。龙涎香用作香水的定香剂，以延长香水的使用寿命。还用作食物和饮料的调料。今天，龙涎香可由人工合成，并被香水业采用。香水业现已拒绝购买天然龙涎香，以保护抹香鲸不被过度捕杀。

🚃 乳香和没药来源于什么？

乳香是一种有香味的树脂，是割开乳香树（Boswellia）的树干所分泌的树脂。刚采割的新鲜树脂是一种黏滞乳状液体。暴露在空气中后，逐渐凝固，形成不规则团状。市场上出售的乳香通常都是这种团块状。乳香又称为乳香脂，常用于制作药物、熏香、香料、香水、定香剂等。没药源于产自阿拉伯和非洲东北部没药属（Commiphora）的一种树，它也是通过割伤树干所获得的一种树脂。没药用于制造药物、香水和牙膏等。

🚃 鱼胶来自什么地方？

鱼胶是鱼体内最纯的明胶，是用鲟鱼或其他鱼类的鳔熬制而成的胶。其独特的用途是澄清发酵饮料，如葡萄酒和啤酒。它还用于制造某些水泥、果酱、果冻和汤等。

"开司米"究竟是什么?

克什米尔山羊生活在从中国北部到蒙古的高原地区的高处。山羊的皮毛外层长有粗糙的羊毛,可以抵御寒冷严酷的天气,保护山羊。粗糙的外层毛下面生长有一层又软又细的毛,称为绒毛,是羊的保温层。这层细羊毛每年会脱落,并被加工成绒线,称为"开司米"。一只克什米尔山羊每4年产的"开司米"足以制作一件套头毛衣。

人 造 产 品

陶瓷的显著特征有哪些?

陶瓷是金属元素和非金属元素的晶体化合物,陶瓷的刚性很强,几乎没有延展性。陶瓷的熔点很高,有些陶瓷的熔点高达 7 000 °F(3 870 ℃),许多陶瓷在 3 500 °F(1927 ℃)时熔化。玻璃、砖、水泥、石膏、餐具、工艺品和珐琅瓷等都是陶瓷。

为什么聚苯乙烯泡沫塑料是良好的隔热材料?

聚苯乙烯泡沫塑料隔热效果好的原因是,泡沫形式增长了材料中热量流通路径的长度,还减少了热量横向流通的有效截面面积。

干冰是怎样制成的?

干冰是二氧化碳(CO_2)的固态形式,主要用于从一地运往另一地时冷藏易腐物质。在常温下,二氧化碳是气体,施加压力,将其压缩成液体,储存于罐中,或用罐运输。在制造干冰时,将二氧化碳液体从罐中取出,让其在多孔袋子中在常压下蒸发。二氧化碳的快速蒸发,消耗掉大量热能,使部分液态二氧化碳冷却到 -109 °F(-78 ℃)。然后,将冷冻的二氧化碳用机器压制成"干冰"块。这些干冰块被置于室温时,还会再次融化成气体。

经过托马斯·本顿·斯雷特(Thomas Benton Slate)的努力,纽约州长岛市普莱斯特空气设备公司于 1925 年制造出第一批商用干冰。1925 年 7 月,纽约州的施拉夫公司使用干冰来防止冰淇淋融化。干冰的首次大量销售是在那一年的晚些时候,出售给纽约布雷耶冰淇淋公司。干冰主要用作制冷剂或冷却剂，但在其他方面也有许多应用。例如，在医疗处置方面的应用包括冰冻疣，喷射清洗，为现场表演及电影创造特殊效果等。

硫酸为什么很重要？

硫酸（H_2SO_4），现在已成为最重要的化学工业产品之一。硫酸在18世纪成为碳酸钠（苏打）生产中必不可少的原料，而在此之前则很少使用。在工业上，硫酸通过水与三氧化硫的反应制得，而三氧化硫则是通过二氧化硫与氧经催化、氧化制得。常用的许多加工产品在某种程度上都要依靠硫酸来生产。硫酸广泛应用于炼油和化肥生产中，也用于生产化学产品、汽车蓄电池、炸药、颜料、铁和其他金属及纸浆等。

什么是王水？

王水，又称王酸，即硝基盐酸，是一份浓硝酸和三份浓盐酸的混合物。两种酸混合产生的化学反应能溶解许多金属（包括一些贵金属）。金属与硝基盐酸的反应一般包括将金属氧化成金属离子及将硝酸还原为一氧化氮。"王水"这个词源于拉丁语，意思是"皇家之水"。它是由炼金术士命名的，因为它具有溶解被称为"贵金属"的金和铂的能力。

谁发明了制造氨气的方法？

从古时起，人们就已经知道了氨气（NH_3）。如今，氨已成为商业上具有重要意义的化学工业产品。弗里茨·哈伯（Fritz Haber）在大规模合成氨方面取得了首次突破。1913年，哈伯发现，在131 ℉（55℃）和约200个大气压的条件下，使用催化剂（含少量铈和铬的氧化铁），氮气和氢气可以生成氨气（$N_2 + 3H_2 \rightarrow 2NH_3$）。这种制造氨的方法被卡尔·博施（Karl Bosch）用于工业大规模生产。此后，在哈伯-博施制氨法的基础上，许多改进的氨合成方法用于商业化生产。氨气是美国生产的五大无机化学产品之一，主要用于制冷剂、洗涤剂和其他去污制品、炸药、纺织品及化肥的生产。美国生产的氨大部分用作化肥。有研究表明，人体每千克（2.2磅）体重摄入1 000毫克剂量的氨，可导致皮肤癌。

🚃 H₂O₂ 是什么意思?

H₂O₂ 是过氧化氢的符号,是一种糖浆状的液体化合物,用作漂白剂、氧化剂和消毒剂,通常用自然氧化法或电解方式制得。过氧化氢的主要用途是漂白木浆。更常见的一种用途是 3% 的过氧化氢溶液用作防腐剂和杀菌剂。未稀释的过氧化氢能灼伤人体的皮肤和黏膜,具有燃烧和爆炸危险,而且有剧毒。

🚃 什么是富勒烯?

富勒烯,又称富氏烯、福乐烯,是一种近似球形的大分子,含有 60 个碳原子,其结构呈平截 20 面体形状(有 32 个面的球形空心体,其中 12 个面为五边形,其余 20 个面为六边形)。这种分子被命名为富勒烯的原因是,其结构与美国设计师 R. 巴克敏斯特·富勒(R. Buckminster Fuller)设计的美国万国博览馆球形圆顶薄壳建筑结构极为相似。富勒烯是通过激光器使石墨表面的物质蒸发而形成的。已知只含碳原子的大分子存在于某些含碳丰富的恒星周围。类似的分子也存在于有机物质不完全燃烧而形成的黑烟灰中。化学家理查德·斯莫利(Richard Smalley)于 1985 年验证了富勒烯的存在,并认为富勒烯在整个宇宙中都可能相当常见。从那时起,其他稳定的、大型偶数碳簇被生产出来。这种新类型的分子被称作富勒烯,因为这些分子好像都具有多面体穹形结构。这种分子也被广泛称为"巴基球"或"巴克球"(bucky balls)。富勒烯(C₆₀)似乎可在各种各样的化合物中起到绝缘体、半导体和超导体的作用。富勒烯可用于产生新型材料、润滑剂、镀膜、催化剂、光电装置以及医疗应用等。

🚃 玻璃是固体还是液体?

在室温下,玻璃通常都是固体。可是,玻璃实际上是一种具有极高黏度的流体。黏度指一部分流体在另一部分流体上滑动而产生的内摩擦。黏度是流体的一个性质,它使流体的速度逐渐减慢,并会因热而消失。黏度是日常生活中人们很熟悉的一种现象。一瓶打开盖的葡萄酒能倒出来,是因为酒在重力作用下很容易流动,而枫糖浆就不能那么容易倒出来。在重力作用下,枫糖浆缓慢流动。糖浆的黏度比葡萄酒高。有资料表明,古老的窗户有流动的迹象。

玻璃通常是由石灰(氧化钙)、苏打(碳酸钠)、硅石(二氧化硅)熔融而成的透明或半透明产物。玻璃是一种非常好的绝缘体，通常不与化学产品起反应。商用玻璃通常通过将沙子（硅，SiO_2）、石灰岩（$CaCO_2$）和苏打（碳酸钠，Na_2CO_3）置于 2 552 ℉ ~ 2 732 ℉（1 400℃ ~ 1 500℃）左右的温度下熔融制得。在冷却过程中，熔体变得非常黏稠。当冷却到约 932 ℉（500℃，称为玻璃化转变温度）时，熔体凝固变硬，形成钠钙玻璃。添加少量氧化金属可制得带颜色的玻璃，加入其他物质可改变玻璃的物理性能。例如，加入氧化铅可增加其柔软度、密度、折射率，加入硼砂能大大降低炊具和实验设备的热膨胀率。其他材料若能从液相或气相迅速冷却，防止其形成有序的晶体结构，也可以形成玻璃。

玻璃物体可能早在公元前 2500 年时，就已经在埃及和美索不达米亚被制造出来了。玻璃吹制法在大约公元前 100 年在腓尼基就已被研制出来了。

什么是冕玻璃？

19 世纪初，窗玻璃被称为冕玻璃。这种玻璃是通过先吹制一个气泡，然后将其旋转成扁平状，这就会在玻璃片中心处留下一个凸起，即"冕"。窗玻璃制造中的这种吹制法要求有很高的技术，而且制造费用非常高。然而，冕玻璃制成品扭曲变形，透过玻璃看东西，所有物体都出现奇怪的波纹状，而且玻璃本身也有问题且凹凸不平。到 19 世纪末，平板玻璃开始大规模生产，成为一种常见材料。圆柱法取代了旧方法，利用压缩空气生产玻璃，这种玻璃能沿长度方向切割、重新加热，并能在铁制桌子上在自身重力作用下展平。新型熔炉和更好的磨光机器使平板玻璃的生产成为一个真正的产业。今天，几乎所有的平板玻璃都是由浮法玻璃工艺制成的，即将刚形成的玻璃带重新加热，然后允许其在不接触固体表面的情况下冷却。这样制出的玻璃成本低廉、平整且不会扭曲变形。

钢化玻璃的优点是什么？

钢化玻璃即经过热处理的玻璃。玻璃首先被加热，然后表面被迅速冷却。玻璃边缘最先冷却，使得中心部位相对于表面来说较热。当中心部位冷却时，玻璃表面和边缘被压缩。钢化玻璃的坚固程度大约是退火玻璃的 4 倍，能够经受 200 ℉ ~ 300 ℉（90℃ ~ 150℃）的温度差异。因钢化玻璃具有抗破坏能力强的安全特点，所以它被应用在许多方面，如汽车、门、淋浴设备和天窗等。

玻璃砖是什么时间发明的?

回溯到 1847 年，玻璃砖最初被用作电极和绝缘体。这些玻璃砖比建筑用玻璃砖小得多，也厚得多，主要在美国的东南部使用。后来，玻璃砖被瓷和其他类型的绝缘材料所取代。建筑用玻璃能够被格框支撑。自匹兹堡康宁公司在 1938 年开始生产建筑用玻璃砖以来，玻璃砖在美国的生产一直没有中断。那时制造的玻璃砖大约为 8 英寸（20.32 厘米）见方，厚度近 5 英寸（12.7 厘米）。当光线穿过玻璃砖时，投射出浅绿色。今天的玻璃砖大小有 1 平方英尺（9.3 平方分米），形状更趋一致，且有许多不同的规格、质地和颜色。

防弹玻璃是怎样制成的?

防弹玻璃由两片厚玻璃板中间夹一层透明树脂薄片，在热和压力作用下压制而成。当受到重击时，玻璃只裂不碎。今天的防弹玻璃是夹层玻璃或安全玻璃，由法国化学家爱德华·贝内迪克特斯（Edouard Benedictus）发明。它基本上是玻璃和塑料层结构的多层压制物。

隔热窗玻璃是谁发明的?

隔热窗玻璃是 C. D. 黑文（C. D. Haven）于 1930 年在美国发明的。隔热窗玻璃由两片玻璃粘在一起，玻璃之间留有空间。这个空间经常充满惰性气体，以便提高窗户的隔热效果。玻璃还是一种极佳的透明材料，因为太阳辐射的短波光线能穿透玻璃照射进来，但却阻止几乎所有反射辐射的长波光线，使长波光线不能穿透玻璃。

什么是浮法玻璃制作法?

大面积和工业所需的高质量平板玻璃的大量生产依赖浮法玻璃工艺。这种方法是阿拉斯泰尔·皮尔金顿（Alastair Pilkington）在 1952 年发明的。浮法制作法与其他玻璃制造方法不同的是，熔融的玻璃液从熔化窑流进漂浮室，即一个熔融的锡池。锡池长约

160 英尺（49 米），宽 12 英尺（3.5 米）。炽热的玻璃溶液在熔融锡的表面上连续流动的过程中，变得与锡表面一样光滑平坦，且厚度均匀一致。制成品又平又光滑，无须打磨或抛光。

🚃 电影特技表演中使用的玻璃是如何制成的？

这种"玻璃"可能是由糖（煮浓的食用糖变成透明的玻璃片状）或塑料制成的，看起来像玻璃，会像玻璃那样破裂，但不会割伤表演者。

🚃 玻璃纤维是谁发明的？

粗糙的玻璃纤维被古埃及人用于装饰，罗马时代也有玻璃纤维。巴黎工匠杜伯斯·伯尼尔（Dubus-Bonnel）在 1836 年获得玻璃丝线的拉制和编织专利。1893 年，在芝加哥举行的世界哥伦比亚博览会上，利比玻璃公司展出了由粗糙玻璃丝与丝线一起编织成的灯罩，但这并不是真正的编织玻璃。在 1931 — 1939 年间，欧文斯·伊利诺玻璃公司和康宁玻璃制造厂研究出了商业上制造玻璃纤维的实际方法。一旦解决了将玻璃丝拉制成原始厚度的几分之一——基本上是薄如 1/5 000 英寸（0.005 毫米）的连续不断的玻璃细丝线——这一技术问题，流行业就开始生产用于隔热、空气过滤器及其他用途的玻璃纤维。第二次世界大战期间，当玻璃纤维与塑料结合在一起时，一种新材料形成了。玻璃纤维对于塑料的作用，就像钢材对混凝土的作用一样——增加了强度和韧性。玻璃纤维增强塑料（GFRP）在现代工程中变得非常重要。玻璃纤维嵌在环氧树脂或热固聚酯纤维中制成的加强塑料，现在广泛用于制造船及艇的外壳、运动物品、汽车车身和电子产品中的电路板等。

🚃 水泥最早是什么时候使用的？

水泥是磨得很细的粉末，当与水混合时，凝固变成硬块。埃及人用的水泥是烧制石膏，而希腊人和罗马人使用的都是烧制石灰石制成的水泥。罗马混凝土（水泥、沙子和其他某种骨料的混合物）是由嵌在火山灰质石灰浆中的碎砖制成的。这种灰浆由石灰与砖粉灰或火山灰混合而成。在有湿气的情况下，这些成分之间发生长时间的化学反应时间，使其硬化。随着罗马帝国的衰亡，混凝土的使用逐渐减少。1756 年，英国工程师约翰·斯密顿（John Smeaton）发现，当含有一定量黏土的石灰被烧制以后，会在水下凝结硬化。这种水泥像以前罗马人所制的水泥。詹姆斯·帕克（James Parker）在同一年代所做的进一步调查研究，导致天然液压水泥的商业性生产。1824 年，英国人约瑟夫·阿斯普丁（Joseph Aspdin）获得他称之为"波特兰"水泥的专利。这种水泥是由石灰石和黏土混合加工而成的。因为很像从多塞特郡沿海的波特兰岛上采集的建筑石材，所以他把这种水泥称为"波特兰"水泥，即现在使用的普通水泥。到 1870 年，这种水泥的生产技术已迅速传播到欧洲和美国。今天使用的混凝土常常是钢筋混凝土或预应力混凝土，承载能力大大增强了。

早期的碎石路与现代铺砌的路有什么区别？

碎石路最初出现于英国和法国，并以苏格兰道路建筑者、工程师约翰·鲁登·麦克亚当（Jonh Louden MacAdam）的姓氏命名。"碎石"这个词原指道路表面或路基。干净、破碎或砸碎的坚石岩经由重型压路机滚压而机械地挤压在一起，由填补空隙的石粉碎屑接合起来，然后用水使之"凝结硬化"。随着沥青材料（柏油或沥青）开始使用，"普通碎石路""平常碎石路"或"水结碎石路"这样的词将最初类型的碎石路与较新的柏油路区别开。水结碎石路面现在在美国已不再修建，其主要原因是，这样的路造价太高，而且机动车产生的真空效应会使路面松动。许多沥青碎石道路仍在使用，但这些道路的主要缺点是路面狭窄，拐弯处路面较高。如今，承担繁重交通任务的道路，通常是用非常耐用的波特兰水泥铺成的路面。

什么是比利时石块？

比利时石块是一种筑路材料，最早用于比利时布鲁塞尔，于 1850 年引进到美国纽约。其形状为一截角锥，锥底约 5 ~ 6 英寸（13 ~ 15 厘米）见方，厚 7 ~ 8 英寸（18 ~ 20.5 厘米）。石块的底部与顶部的差异不到 1 英寸（2.5 厘米）。最初的石块是从新泽西州帕利赛兹断崖上的暗色岩中切割下来的。

比利时石块取代了鹅卵石，这主要是因为前者规则的形状使其比后者能更好地固定就位。但比利时石块并没有被全世界所采用，因为石块会被磨圆，产生接缝或豁口，形成车辙或凹陷处。与高低不平的鹅卵石相比，比利时石块铺成的路面平坦，但仍然会造成颠簸和噪声。

什么是焊料？

焊料是在适宜的温度下很容易熔化的两种或两种以上金属的合金，用于其他金属表面的连接。铅和锡平均各占一半组成的焊料就是一个例子。用于焊料的其他金属有铝、镉、锌、镍、金、银、钯、铋、铜和锑等。焊料的各种不同熔点通过改变金属的比例而获得。

焊料焊接是一种古老的连接方法，这在《圣经》中也提到过。有证据表明，大约5 000 年前，美索不达米亚使用过焊料。后来，埃及、希腊和罗马也使用过。目前各种类型的焊料应用广泛，形式多样，而且未来的应用前景也很好。只要由导体、半导体和绝缘体组成的、以电和磁脉冲为基础的电路系统继续使用下去，焊料就依然是不可或缺的。

什么是熔渣？

熔渣是冶炼生铁时从高炉中的生铁表面上排出的非金属副产品。熔渣还能从熔融的铜、铅和其他金属中产生。来自炼钢熔炉的熔渣含有石灰、氧化铁和硅。来自铜和铅熔炉的熔渣含有硅酸铁和少量其他金属氧化物。熔渣除了用作铺筑铁路、公路等路基的石料外，还用于水泥、混凝土和盖屋顶用的材料中。

▌电路板的基本性能在很大程度上依赖焊料的使用。

🚃 什么是杂酚油？

杂酚油是煤焦油或木焦油蒸馏产生的油状液体，颜色微黄，有毒性。未提炼的杂酚油也称作死油或沥青油，通过蒸馏煤焦油（在"干"蒸馏或煤炭化成焦炭过程中所获得的液体浓缩物中占主要部分的煤焦油）获得，用作木材防腐剂。铁路枕木、电线杆、栅栏桩、海洋桩柱及室外使用的木材，都是在大型圆筒状容器内用杂酚油浸泡过的。这种处理方法能极大地延长木材在风吹雨打等各种恶劣天气中的使用寿命。从木焦油中蒸馏出的杂酚油可用于制药。杂酚油的其他用途还包括消毒剂和溶剂。因为杂酚油具有毒性，且含有致癌物质，从 1986 年开始，美国环境保护总署（EPA）限制杂酚油作为木材防腐剂的使用。

🚃 什么是牛蹄油？

牛蹄油，也称牛蹄脂或蹄油，是一种浅黄色、不可食用的油，通过在水中熬煮牛蹄和牛颈骨而制得。牛蹄油曾经被用作皮革鞣料及精密机器的润滑油。

🚃 什么是炭黑？

炭黑是甲烷或其他碳氢化合物不完全燃烧（让火焰在冷却表面上起作用）而产生的微细粉末。炭黑是极好的颜料，含有高达 95% 的炭，能产生极浓的黑色，因而广泛用于涂料、墨水和保护涂层，还用作纸和塑料的着色剂。轮胎制造业在生产硫化橡胶的过程中也大量使用炭黑。

使手表在黑暗中发光的化学品是什么？

通常，用放射性涂料来使手表在黑暗中发光可见。涂料不需要外界光源激活，就能发光数年。过去，镭元素常常是用于手表表面发光涂料中的活性物质。但是，当发现镭元素会发射出危险的伽马射线时，这一做法就停止使用了。今天使用的放射性材料发出的辐射要低得多，能很容易地被玻璃或塑料表的表壳阻挡住。这些物质包括氚、氪85、钷146和铊204。

羊皮纸是怎样制成的？

大部分羊皮纸现在都是植物羊皮纸，以棉布碎片或称为水叶纸的 α 纤维素制成的原纸制造，不含浆料或填料。水叶纸用硫酸处理后，一部分纤维素变成类似明胶的淀粉样蛋白。硫酸被冲洗掉以后，淀粉样蛋白在纸上变硬，纸的强度增加，甚至在完全湿透的情况下也不会碎裂。羊皮纸不但耐热，且其他物品也不会粘在上面。

砂纸是怎样制成的？

砂纸是一种涂有磨料的涂层材料，由柔韧型材料（纸）做背衬，背衬上面有一层黏合剂薄膜，用于支撑并固定磨料颗粒。树脂和各种各样的兽皮胶被用作黏合剂。涂层磨料的最早记录出现于 13 世纪时的中国。那时，用天然树胶将碾成粉末的贝壳粘到羊皮纸上。已知关于涂层磨料最早的文章发表于 1808 年。文章描述了浮石烧成灰、磨成粉末后，与清漆混合，然后用刷子涂在纸上的过程。现在大部分砂纸都是用氧化铅或碳酸硅制成的。石英磨粒也用于为木材抛光。石英磨粒使用的纸必须厚重、坚韧、柔韧，磨粒则用强力胶粘在纸上。

为什么二氧化钛是使用得最广泛的白色颜料？

二氧化钛（TiO_2），也称为钛酸酐、钛氧化物或钛白。因其折射指数高，不吸收可见光，能在适当的大小范围内生产，稳定性好，所以已成为世界上占主导地位的白色颜料。二氧化钛是已知最白的颜料，在颜色、不透明性、耐污性和耐久性方面都无与伦比。它还是无毒颜料。二氧化钛主要用于涂料、印刷油墨、塑料和陶瓷制品，还用于地板涂层、纸、橡胶和焊条等。

火药是何时何地发明的？

早期的火药是硝石（硝酸钾）、硫和木炭组成的爆炸性混合物，火药的研究始于中国古代的炼丹术。早期火药混合物中的硝石含量太低（50%），还不能称为真正的炸药。火药中的硝石含量至少要达到 75% 才能引发爆炸。火药混合物最初用来制作烟火。后来，中国人将火药用于燃烧弹的武器中。人们认为，中国人最终发现了火药的正确比例，并将爆炸效果用于火箭和"竹制子弹"。然而，有些火药权威人士仍坚持认为，中国火药实际上只用于制造烟火，真正的火药是欧洲人发明的。罗杰·培根（Roger Bacon）拥有火药的配方。德国修道士贝特霍尔德·施瓦茨（Berthold Schwartz）可能也有火药的配方。火药在欧洲的最初应用是在14世纪枪械发明之后。直到17世纪，火药才被应用于和平时期，如采矿和土木工程。

彩色烟火是怎样制成的？

中国在9世纪时就有了烟火。烟火是由硝石（硝酸钾）、硫和木炭混合而成的，能产生耀眼的效果。镁燃烧时能产生明亮的白光，广泛用于制作闪光灯和烟火。向烟火中添加某些物质，就会产生各种各样不同的颜色。锶化合物使烟火产生鲜红色彩，钡化合物产生黄绿色，铜产生蓝绿色，锂产生紫色，钠产生黄色。铁和铝微粒分别产生金黄色和白色火花。

TNT的化学分子式是什么？

TNT是2，4，6-三硝基甲苯［$C_7H_5N_3O_6$ 或 $C_6H_2(CH_3)(NO_2)_3$］的英文简称。TNT是威力强大且极易爆炸的混合物，广泛用于常规炸弹中。1863年由J. 维克布兰德（J. Wilbrand）发明，是由甲苯经硝酸和硫酸硝化制成的烈性炸药。这种黄色的固体熔点较低，冲击灵敏度不高，甚至可以在不爆炸的情况下燃烧。这使TNT可以被安全运输和处理，但是一旦引爆，就会产生猛烈的爆炸。

谁发明了硝化甘油炸药？

硝化甘油炸药不是偶然发现的，而是瑞典发明家阿尔弗雷德·诺贝尔（Alfred Nobel）系统性研究的结果。硝化甘油在1849年就被意大利有机化学家阿斯卡尼奥·索布雷罗（Ascanio Sobriero）研制成功，但是由于硝化甘油灵敏度高，难以控制，因而几乎不能使用。诺贝尔试图通过将硝化甘油吸进一种渗透性物质中的方法，将硝化甘油变成一种易于处理的固体。在1866—1867年间，他尝试了一种特别的矿物——硅藻土，制成了可控制的面团状的炸药。他还发明了用雷酸汞制成的雷管。有了雷管，硝化甘油就能随意引爆了。诺贝尔发了大财。他将这笔财富留给了一个基金会，用以奖励在科学、文学和和平方面作出突出贡献的人。

🚃 塑料最早是在什么时间发明的？

在 19 世纪 50 年代中期，亚历山大·帕克斯（Alexander Parkes）用硝酸纤维素（或称"火棉"）进行实验。他将火棉与樟脑混合，制成一种坚硬但却有弹性的透明材料，他称之为"帕克森"（Parkesine）。他与一个制造商合作，生产帕克森。但是因为没有市场需求，公司很快就破产了。美国人约翰·韦斯利·海厄特（John Wesley Hyatt）在 1868 年取得了用人造象牙生产台球的专利。他改进了配方，采用高效率的生产方法，开始以"赛璐珞"（celluloid）的名字推销这种材料，意图用于制造一些家庭用品。很快，赛璐珞用于生产一些精致的小玩意儿。纽扣、信封刀、盒子、帽针、梳子及其他类似的东西，常常是用赛璐珞制作的。这种材料也成为电影摄制艺术的存储媒体：赛璐珞带子外涂一层感光"薄膜"，就成为拍摄和放映电影的理想材料。

赛璐珞在 1904 年前是唯一的塑料材料。比利时科学家利奥·汉里克·贝克兰德（Leo Hendrik Baekeland）在 1904 年成功地用甲醛和苯酚制造出合成虫胶，称为"酚醛塑料"，也称为"胶木""电木"。胶木是最早的热固塑料（即合成材料，一旦受热受压后，就变得极其坚硬并耐高温）。酚醛塑料和其他更通用的塑料，最终取代了赛璐珞。到 20 世纪 40 年代，赛璐珞市场大大萎缩，不再具有商业价值。

🚃 金属烹调器皿为什么不能用于微波炉？

金属烹调器皿不能用于微波炉（除生产厂家有特别说明外），因为微波遇到金属材料会被反射，使热量不能穿透金属，从而加热食物。如果炉内的食物不足以吸收微波能量，那么微波炉就会因金属烹调器皿和炉膛内部之间产生的电弧而受到损坏。

🚃 什么是凯夫拉？

凯夫拉（Kevlar）为一注册商标，是一种叫液体结晶聚合物的合成纤维。它由斯蒂芬尼·克沃勒克（Stephanie Kwolek）发明，是一种质地牢固的细纤维。凯夫拉最著名的用途是制造防弹衣。

🚃 谁发明了特氟龙？

1938 年，美国工程师罗伊·J. 普伦基特（Roy J. Plunkett）在杜邦公司偶然发现了四氟乙烯聚合物（PTFE）。这种碳氟化合物在英国以氟隆（Fluon）为商业名称销售，而在美国则以特氟龙（Teflon）的名称销售。PTFE 在 1939 年取得专利权，在 1954 年首次进行商品化生产。PTFE 能抵抗所有的酸，具有罕见的稳定性和极好的电绝缘性。PTFE 用作管道制造中的防腐材料、无线电发射机中的绝缘设备、各种泵的密封圈和计算机芯片等。此外，PTFE 的不粘特性使它成为表面涂料的理想材料。1956 年，法国工程师马克·格里高利（Marc Gregoire）研究出了一种能将一层薄薄的特氟龙固定在铝表面的方法。随后他就取得将特氟龙应用于炊具这一工艺的专利权。不粘煎锅从此诞生。

谁发明了魔术贴？

瑞士工程师乔治·德梅斯特拉尔（George deMaestral）发现，芒刺类杂草极易粘到诸如狗毛和你特别喜欢的袜子上，这非常令人讨厌。他对此进行了仔细的研究，于是就激发了他制造魔术贴的灵感。他将这一发现制成了一种新型的粘扣，两面一碰即黏合，一扯即可分开。

哪种高科技材料因其耐热性而用于宇宙飞船？

碳-碳复合材料（CCCs）是适用于各种高温用途的基本材料，如载人飞船的船首、火箭发动机的喷管及太空飞船轨道器的前缘。碳-碳是一种非金属混合材料，由碳基体中的碳纤维构成，其工作能力范围从低温到 5 000 °F（2 760℃）。有多种碳纤维类型和编制模式可供选择，具有广泛的物理性能，可为碳-碳组件提供灵活的设计方式。碳-碳是质轻、强度高、耐热性能好的独特组合体。

谁最早成功地制造出了合成宝石？

1902 年，法国化学家奥古斯特·维克托·路易斯·韦纳伊（Auguste Victor Louis Verneuil）用合成法制造出了第一颗人造宝石——红宝石。在很短的时间内，韦纳伊完善了能在短时间内制造红宝石晶体和其他刚玉的"火焰熔合"方法。

第3章

能 源

非 核 燃 料

在地球表面或不断地流到地球表面的3种主要能源是什么?

地热能是蕴藏在地壳下面,以蒸汽或热水形式到达地表的热能。地下热能贮藏的5大主要来源:地表下干燥超热蒸汽、来自间歇泉的热水和湿气混合体、干燥岩石(冷水被挤压进岩石而产生的蒸汽)、海床下被挤压水域的热水和天然气,以及地壳下5~30英里(8~48千米)的火山或火山附近的岩浆。冰岛的大多数建筑利用地热供暖。美国的一些社区,比如爱达荷的博伊西,也使用地热能进行家庭取暖。电力生产、工业加工、空间供暖等均由地热能源提供热能。第一个地热发电站是于1904年在意大利拉尔代雷洛建立的。

太阳能的利用取决于天气、阴天天数和能量储备设备供夜间使用的能力。太阳能的采集和贮藏既困难又昂贵。位于莫哈韦沙漠的太阳能设施(LUZ国际太阳能电热电站)是洛杉矶公用事业公司能源的补充。太阳能电池板暴露在阳光下可以产生电流。实际上,1958年以来,很多太空船、卫星都使用这一能源。

潮汐能和波浪能包含巨大的可利用能量。第一座潮汐电厂在1100年建于英国。1170年建于伍德布里奇的另一座潮汐发电站已运行800多年。法国朗斯河发电站于1966年发电,是首个大型潮汐发电站。潮汐发电站与水坝发电站工作原理相似,潮汐流过水轮机,推动水轮机旋转发电。不利的是,潮汐周期为13.5小时,这使得峰值用电量和峰值发电能力出现不一致的问题。海洋波浪同样能驱动发电机发电。

被动式太阳能采暖系统和主动式太阳能采暖系统的区别是什么？

被动式太阳能采暖系统利用建筑上的设计、自然材料或吸热建筑结构，作为蓄能系统。建筑物本身就是太阳能的集热、蓄热装置。例如，厚壁砖石房屋在日间会逐渐吸收热量，夜间再慢慢释放出去。被动式太阳能采暖系统几乎不需要其他辅助采暖方式。

主动式太阳能采暖系统需要单独的集热器、蓄热装置、与泵或风扇连接的控制器。控制器在需要时刻将蓄热送出。主动式太阳能集热采暖系统通常通过集热器抽出吸热的流体介质（如空气、水或防冻液）。集热器，比如绝缘水箱，其大小不一，由当地的无日照天数决定。另一种蓄热系统使用共晶（相变）化学物质在狭小空间内贮存大量能量。

太阳能电池是如何发电的？

太阳能电池由几层硅基材料构成。顶层，即 P 型硅层，吸收光能。光能在结合层释放电子，释放出来的电子聚集到底部，即 N 型硅层。顶层电子的流失使这一层产生"空洞"，随后由其他电子填充。当 P 型层与 N 型层连接完成，电路接通时，电子的流动就产生了电流。

什么是生物质能？

生物质是一个包罗万象的词，它包括一个地区所有现存的有机物。树木、农作物和农作物废料，以及植物、矿物质、动物的废料都是生物质的组成部分。其中很多是垃圾，可以通过燃烧产生热能，或任其腐化产生甲烷气体。有些农作物是为获得能源而特别种植的，如甘蔗、高粱、海藻、水葫芦和各种树木。据估计，美国 90% 的废弃物可用来燃烧，产生相当于 1 亿吨煤产生的能量（其中 20% 不能燃烧，但能回收利用）。生物质能可转化成生物燃料，如沼气（即甲烷）、甲醇、乙醇等。然而，这一转化过程比传统化石燃料工艺成本高。埋在地下的垃圾能通过有氧分解产生甲烷。1 吨垃圾能产生 8 000 立方英尺（227 立方米）的甲烷。

哪种植物被查明为石油的来源？

许多种类的植物已被查明可作为潜在的石油来源。地鼠植物（大戟属豆科）的灌木能产生大量类似牛奶的树液——乳胶，这是一种水中碳氢化合物乳液。另一种备选植物

┃ 研究人员测量产油植物——地鼠植物的产油量。

叫海桐，原产于菲律宾，它的果实被称为"石油坚果"，从果实中获得的油常用来照明。还有很多使用蔬菜、种子油作为农场机械柴油替代品的实验正在进行中。

为什么煤、石油和天然气被称为化石燃料？

煤、石油和天然气都是由生活在 5 亿年前的生物体遗骸构成的。这些生物体（如浮游植物），与底层沉积物结合在一起，随着时间的推移，演变成石油和天然气。煤炭是植物、树木的遗骸被埋在地下，经历数百万年的压力、温度和化学变化过程而生成的（先变成泥煤，然后变成褐煤）。

煤是如何形成的，又是何时形成的？

植物遗骸经历一系列影响深远的变化，变成一种叫作泥炭的物质。这一物质又被埋在地下，经过数百万年的地壳褶皱和断裂变化，使泥炭沉积层经受高压而变成煤。石炭纪或含煤期出现在 2.5 亿年前。美国的地质学家有时把这一时期分为密西西比纪和宾夕法尼亚纪。大部分高等级煤层在宾夕法尼亚纪的矿层被发现。

煤分为几种类型？

煤形成的第一阶段是泥炭（泥煤）变成褐煤。褐煤是一种深褐色的煤。当表面沉积层物质的压力增加时，褐煤变成次烟煤。在更大压力的作用下，生成一种较硬的煤，称为烟煤或软煤。更大的压力将烟煤变成所有煤中最硬的煤，即无烟煤。

什么是烛煤？

烛煤是一种具有某些石油特性的煤，其主要价值在于它的易燃性，燃烧时火焰长且明亮。烛煤由煤样的物质混合黏土、页岩构成，外观像黑色页岩，结构紧密，颜色黯黑。

地下煤炭是怎样开采的？

地下采煤方法主要有两种：房柱式和长壁式。房柱式开采煤矿是在坚硬的煤层挖掘巷道，留下煤柱支撑顶部。长壁式采煤在较长回采工作面上连续切割煤层。美国 2/3 的地下煤矿使用房柱式开采，另 1/3 的煤矿使用长壁式开采。美国的煤层厚度从薄薄一层到 50 多英尺（15 米）都有。最厚的矿床在西部各州，厚度从犹他州和新墨西哥州的 10 英尺（3 米）到怀俄明州的 50 英尺（15 米）不等。其他国家，如英国，使用长壁式采煤。

美国和世界上最大的油田分别在什么地方？

1948 年在沙特阿拉伯发现的加瓦尔油田是世界上最大的油田，面积为 150×22 英里（241×35 千米）。美国最大的油田是二叠纪盆地，大约 10 万平方英里（2.6 万平方千米），位于新墨西哥州东南部、得克萨斯州的西部和西北部。

美国第一口油井是什么时候开采的？

宾夕法尼亚州泰特斯维尔的德雷克油井竣工于 1859 年 8 月 28 日（有些文献记载的日期是 8 月 27 日）。钻井工人威廉·"比利大叔"·史密斯下到 69.5 英尺（21 米）深处，为油井的主人埃德温·德雷克（Edwin L. Drake）找到了石油。在随后的 15 年内，宾夕法尼亚油田的产量达到了每年 1 000 万桶〔每桶 360 磅（163 千克）〕。

海上钻井是什么时候开始采油的？

第一座成功的海上钻井在 1896 年建于加利福尼亚州圣巴巴拉县萨默兰沿岸。

为什么宾夕法尼亚的原油有很高的价值?

因为宾夕法尼亚像蜡一样的石蜡油可以炼成高品质的润滑油和油脂,因此被认为价值很高。相同等级的原油在弗吉尼亚州西部、俄亥俄州东部和纽约州南部都有。不同种类原油的稠密度、颜色都不相同。有稀薄、透明的,也有稠密、沥青状的。

烃类裂解的过程是什么样的?

裂解是一种用高温分解复杂成分的工艺。烃类裂解是在高温作用下,使用或不使用催化剂,将石油或重石油馏分分解成低沸点物质的化学过程。热裂解是由威廉·伯顿(William Burton)在1913年提出的,使用高温和压力使大重烃分子变成汽油极小分子。裂解的烃类被送到闪蒸室后,不同的馏分被分开。热裂解不仅能使石油产量倍增,而且还能提高汽油质量,生成有良好抗爆性能的汽油。

为什么汽油中要加铅以及什么汽车要使用无铅汽油?

四乙基铅已经被使用了40多年,用来改进汽油的燃烧特性。它能减少或消除大型高性能发动机和小型高压缩比发动机的爆震(发动机不正常燃烧产生的震颤声响)。四乙基铅可为结合紧密的发动机零件提供润滑,否则汽油可能会磨损或烧坏发动机零件。然而,铅会损毁或破坏新车中安装的排放控制装置中使用的催化剂。因此,只可使用无铅汽油。

美国是何时强制使用无铅汽油的?

含铅汽油的销售于1996年终止。所有在1974年7月以后生产并在美国销售的汽车都被要求使用无铅汽油。

什么是新配方汽油?

石油公司被要求提供新的汽油,即燃烧更清洁、对环境危害小的汽油。新配方汽油含有低浓度的苯、芳香烃和烯烃;少量的硫;低列式蒸气压力(RVP)和一定百分比的氧化剂(非芳香族成分),如甲基叔丁基醚(MTBE)。MTBE是异丁烯和甲醇乙醚反应生成的高辛烷值汽油混合成分。它是为了满足臭氧环境空气质量标准而开发的。但它会污染水体,这一特征在满足《清洁空气法案》《安全饮用水法案》《地下储藏罐计划》要求时，对美国环境保护总署（EPA）构成挑战。《清洁空气法案》要求，自 1995 年 1 月 1 日起，在 9 个最差的臭氧环保地区销售新配方汽油。

🔌 汽油中有哪些添加剂？为什么添加这些添加剂？

汽油中的添加剂及作用如下表所示：

添 加 剂	作 用
抗爆剂	增加辛烷值
净化剂	消除抗爆剂燃烧的产物
燃烧室	抑制表面点火和火花塞沉积物改性剂的污垢
抗氧化剂	提供贮存稳定性
金属减活剂	补充贮存稳定性
防锈剂	防止汽油处理系统生锈
防冻剂	抑制化油器和燃料系统冻结
清洁剂	保持化油器和感应系统清洁
上缸润滑剂	润滑上缸区域，控制进气系统沉积物
染 料	指示抗爆剂存在，识别汽油的型号和等级

🔌 汽油的辛烷值是什么意思？

辛烷值是用来衡量汽油抗爆震能力的。爆震是发动机的一种不正常燃烧产生的震颤声响。将正庚烷和异辛烷两种燃料混合，用来测试和确定辛烷值。正庚烷的辛烷值为 0，异辛烷的辛烷值为 100。与待测燃料进行对比，抗震性与样品相等的混合液中所含异辛烷百分比数即为该样品的辛烷值。例如，待测样品含 85% 异辛烷，该汽油辛烷值为 85。汽油泵上显示的辛烷值，是发动机低速运转时在实验室测量的研究型辛烷值与发动机高速运转时测量的发动机辛烷值的平均值。

🔌 加油站是什么时候开始有的？

第一个服务站（车库）是 A. 巴洛尔（A. Barol）于 1895 年 12 月在法国波尔多开设的，提供夜间停车、修理服务和加油服务。布莱顿自行车和摩托车公司于 1897 年 4 月在英格兰布莱顿建立，是一个提供停车和加油的机构。

用来加油的泵是印第安纳州韦恩堡的席勒那斯·鲍瑟（Sylanus Bowser）发明的，不过在 1885 年 9 月时，只用来加煤油。20 年后，鲍瑟制造出第一台自动计数的加油泵。1912 年，路易斯安那州标准石油公司在田纳西州孟菲斯开设了一个超级加油站，有 13 个加油泵，一个女士洗手间，一个为等候的客人提供冰水的女服务员。1913 年 12 月 1 日，宾夕法尼亚匹兹堡的海湾炼油公司开设了第一家 24 小时营业的不用下车加油的加油站，营业第一天只卖出了 30 加仑（114 升）汽油。

作为汽车动力的汽油替代品有什么利弊？

因为汽油排放是大多数城市空气污染的主要原因之一，所以研究者们正在寻找汽油替代品。目前，还没有一种替代品能产生与汽油一样多的能量，因此要想行驶与汽油驱动的汽车相同的距离，需要消耗更多的新燃料。

替代品	优点	缺点
电（由电池提供）	无排放，停车、启动方便	电池体积大，寿命短，行程有限
乙醇（由谷物、生物质提供）	相对清洁的燃料	成本高，有腐蚀性
氢气（电解等产生）	供给充足，无毒排放	成本高，高度易燃
甲醇（甲醇气体、煤、生物质、木材）	燃烧更清洁、挥发性较低	有腐蚀性，有刺激性排放
天然气（来自碳氢化合物和石油沉积物）	便宜，相对清洁	改造汽车大型储存容器的费用昂贵；运行迟缓

乙醇汽油是怎样制造的？

乙醇汽油是 90% 无铅汽油和 10% 乙醇的混合物，是一种被认可的汽车燃料。其性能与 100% 无铅汽油相似，抗爆性能比 100% 无铅汽油要好（无不正常燃烧）。使用乙醇汽油无须改造发动机。

玉米是美国盛产的一种粮食作物，主要用来生产乙醇。还可用其他有机原料来制造这一燃料，比如燕麦、大麦、小麦、高粱、甜菜或甘蔗。土豆、木薯（淀粉类植物）和纤维素（可水解成可发酵糖）都可成为原料。原料经过研磨、蒸煮，加工成玉米淀粉，再使淀粉转化成糖。糖在酵母作用下转化成乙醇。乙醇被蒸馏，除去水分，达到 200 标准纯度，即 100% 乙醇。

一亩玉米可产 250 加仑（946 升）乙醇；一亩甜菜可产 350 加仑（1 325 升）乙醇；一亩甘蔗可产 630 加仑（2 385 升）乙醇。

汽车尾气的主要成分是什么？

汽车尾气的主要成分有氮气、二氧化碳和水。还有少量的含氮化合物、一氧化碳、碳氢化合物、醛类和其他不完全燃烧产生的产物。根据排放量多少，最重要的空气污染物分别是一氧化碳、含氮化合物和碳氢化合物。

什么是热电联产？

热电联产是利用单一的主要热源同时生产热能（蒸汽或热水）和电能的能源生产过程。使用同一设备生产两种有用燃料，主燃料产生的净能量产率从 30% ~ 35% 提高到 80% ~ 90%。热电联产可节约成本，减少传统发电可能对环境造成的不利影响。热电联产设备可安装在各种地点——炼油厂、化工厂、造纸厂、公共设施综合体和煤矿。

美国哪些州有最大的风能潜力？

美国多风的州在蒙大拿州、北达科他州、怀俄明州和位于大平原的其他各州。北达科他州、南达科他州和得克萨斯州有足够的风力资源以满足整个美国的用电需求。

谁发明了燃料电池？

最早的燃料电池是"气体电池"，是由威廉·格罗夫（William Grove）于 1839 年发明的。格罗夫的燃料电池将分别装有氢气和氧气的试管安装在铂条上。后来，弗朗西斯·托马斯·培根（Francis Thomas Bacon）用镍条取代铂条，改进了这一电池。燃料电池相当于一部发电机，将燃料的化学能直接转化为电能。

谁是尼古拉·特斯拉？

尼古拉·特斯拉（Nikola Tesla）是电学领域杰出的创新者，有 100 多项专利，其中包括交流电专利、无线电专利。19 世纪 80 年代末，他在西屋公司的研究工作促成了电的商业化生产，其中包括 1895 年的尼亚加拉瀑布电能项目。经过长时间的激烈争议，特斯拉的交流电系统被证明优于爱迪生的直流电系统。特斯拉还有许多其他的创新，包括特斯拉线圈、无线电控制船只、霓虹灯、荧光灯等。

美国最早的水力发电站建在哪里？

威斯康星的阿普尔顿是美国第一座水力发电站的所在地，该水力发电站建于 1882 年。

核　　能

核电站的工作年限是多久？

尽管对这一问题有争议，但核电站的工作年限差不多是 40 年，与其他形式的电站寿命大体相当。

美国最早投入使用的核电站建在哪里？

美国最早投入使用的核电站是新泽西州的牡蛎湾电站，于 1969 年 12 月投入使用。马萨诸塞州罗威的扬基电站建于 1960 年，1991 年关闭，是美国第一座商业性核电站。

三里岛究竟发生了什么事故？

宾夕法尼亚州三里岛核电站经历了一场核反应堆堆芯局部熔毁，导致放射性物质泄漏的事故。1979 年 3 月 28 日凌晨 4 点刚过，2 号加压水反应堆的二级冷却系统的一个水泵失灵，卸压阀被挤开，使安全壳体内充满放射性的水。备用的泵水系统因维修而不能工作。由于放射性铀堆芯没有被冷却剂覆盖达 40 分钟，反应堆堆芯的温度上升，燃料棒破裂，发生了部分（52%）熔毁。反应堆厚厚的金属加固的安全壳构筑阻止了所有放射性物质的泄漏，泄漏到空气中的辐射量是切尔诺贝利泄漏的百万分之一。然而，如果没有及时补充冷却剂，熔化的燃料就可能渗透安全壳体，与水结合，导致蒸汽爆炸，冲破反应堆顶，造成这一区域出现与切尔诺贝利事故相似的放射性污染。

核电站的使用寿命约为 40 年。

什么是拉斯穆森报告？

1975 年，麻省理工学院（MIT）的诺曼·拉斯穆森博士（Dr. Norman Rasmussen）为美国原子能委员会进行了一项关于核反应堆安全性的研究。这项研究花费 400 万美元，历时 3 年。得出的结论是，发生最严重事故的可能性极小，概率为 1∶10 000 000。据推测，最严重的事故可致 3 000 人死亡，并造成 140 亿美元财产损害。此外，因为此事故每年可能有 1 500 人患癌症。研究结果表明，建核电站时，安全功能的设计完全有可能防止反应炉核心发生熔毁的严重后果。其他研究小组批评了拉斯穆森的报告，指出他低估了危险。1986 年切尔诺贝利事故后，一些科学家估计，大的核事故实际上每 10 年就可能发生一次。

什么导致了切尔诺贝利事故？

发生在乌克兰切尔诺贝利核电站的事故是历史上最严重的核事故。这次事故以各种不同形式影响了乌克兰共和国 20% 的人口（220 万）。1986 年 4 月 26 日凌晨 1 点 23 分 40 秒，操作人员在未经授权的实验中故意绕过安全系统，查看核电厂的运行状况。4 个反应堆中的一个骤然过热，水冷却剂变成蒸汽，蒸汽中的氢气与石墨减速器发生反应，导致两次大爆炸和一场大火。爆炸炸飞了 907 公吨（1 000 吨）重的反应堆盖，使放射性物质释放到高空中。据估计，核反应堆 3.5% 的燃料和石墨气冷堆本身 10% 的成分被释放到空气中。人为失误加上设计特点（正无效系数型反应堆、使用石墨建反应堆、缺少安全壳构筑）成为公认的事故原因。31 人在试图扑救反应堆的大火中丧生，另外 240多人遭受严重的核辐射疾病的折磨。最终有 15 万居住在核反应堆附近的居民被疏散并重新安置，其中很多人永远不能回到自己的家乡。爆炸产生的含有放射性同位素铯 137 的放射性落尘，随风向西一直飘到欧洲。

切尔诺贝利灾难产生的影响深远，而且还相当严重。尤其严重的是，到 1990—1991 年，白俄罗斯儿童中，甲状腺癌的发病率增加了 5 倍。在事故重灾区戈梅利和莫吉廖夫，儿童中一般疾病的发病率均有显著增加。

消 耗 和 保 护

▝▅ "能源之星"计划是如何促进能源有效利用的?

"能源之星"是一项政府、企业合作项目，它给商业和消费者提供有效利用能源的解决方案。在为后代保护环境的同时，又节省了金钱。1992 年，美国环保署（EPA）启动了"能源之星"项目。这个项目是一个自愿性的标签计划，旨在识别、推广节能产品，减少温室气体排放。计算机和监控器是首批贴标签产品。"能源之星"标签现在主要用于大型家电、办公设备、照明设备及消费类电子产品等。美国环保总署已将该项目扩展到新的民用建筑、商业建筑和工业建筑上。通过与 7 000 多家私营和公共领域机构的合作，"能源之星"项目向各类机构和消费者提供了技术信息和工具，帮助他们选择节能办法和最佳管理策略。该项目已在全国成功地达到节省能源和节约成本的目的，为商业、各类机构、消费者每年节省 50 多亿美元。"能源之星"已成为推广应用技术革新的推动力，推动了液晶（LED）交通信号灯、节能荧光灯、办公设备能源管理系统、低待机耗能等技术的应用。

▝▅ 不同品牌的电器能量利用率能否进行比较?

1980 年，美国贸易委员会的电器标签法开始实施。法规要求所有新的冰箱、冰柜、热水器、洗碗机、洗衣机、室内空调、热泵、采暖炉、锅炉等都要贴能量指示标签。带有黑色字体的黄色标签标明各种家电能量消耗量和运行成本。能量标签显示使用该产品的年耗电量，并有一张相似型号的产品耗能比较表。比较表显示类似型号产品最高和最低耗能量。

煤气照明是何时发明的？

1799 年，菲利普·勒本（Philippe Lebon）取得了从木材中提取气体用于照明灯的专利。1802 年，威廉·默多克（William Murdock）在英格兰伯明翰的一家工厂内安装了煤气灯。这一广泛使用的、可靠的室内照明方法使商业和制造业发生了巨大变化。

和白炽灯相比，紧凑型荧光灯有哪些优点？

和白炽灯灯泡相比，紧凑型荧光灯灯泡（CFLs）有以下优点：如果使用得当，荧光灯寿命是白炽灯的 10 倍，消耗能量是白炽灯的 1/4，每瓦产生的光能更多，且少产生 90% 的热量。例如，一只 27 瓦紧凑型荧光灯可提供 1 800 流明（Lumen，光的能量单位），而一只 100 瓦的白炽灯提供 1 750 流明。在长期照明情况下，荧光灯更节能。

什么时候关荧光灯省电？

开荧光灯要用大量电流。频繁地开关灯会缩短荧光灯寿命，降低使用效率。只有在 1 小时或更长时间不使用荧光灯时，关灯才能节能。

有哪些方法使玻璃更节能？

透明玻璃是安装窗户的主要玻璃材料。尽管玻璃很耐用，可使绝大部分阳光进入建筑物，但是它阻隔热流的能力却非常小。在过去几十年中，窗玻璃技术有了大大改进。现在的玻璃体系中有几种类型可控制热量的损失与获得。这样的玻璃包括：低辐射（low-e）涂层、光谱选择性涂层、热吸收（着色）涂层、反光涂层或以上几种的组合涂层的双层或三层窗；窗户还可填充氙气、氩气或氪气隔热。

回收一只铝罐可节省多少能量?

有资料显示,回收一只铝罐可节约的能量能看4小时电视,或相当于半加仑（1.9升）汽油提供的能量。生产一吨铝,差不多需要9 000磅（4 086千克）铝土矿和1 020磅（463千克）的石油焦炭。回收铝罐可节省生产铝所需原料的95%和所需能量的90%。

汽车行车速度是如何影响油耗的?

多数汽车在以50英里/时（80.5千米/时）的速度行驶时的油耗要比以70英里/时（112千米/时）的速度行驶时高出约28%。若以55英里/时（88.5千米/时）的速度行驶,则油耗会比每小时70英里（112千米）高出约21%。

开车时开窗比使用空调更节约吗?

汽车以40英里/时（64千米/时）以上速度行驶时,关窗使用空调要比开窗省油,这是因为空气阻力效应——汽车在流动介质（如空气中）运动时所遇到的阻力。汽车内,发动机克服空气阻力的功率以汽车行驶速度的立方增加——加倍的速度需要8倍功率。例如:汽车以40英里/时（64千米/时）行驶时,发动机克服空气阻力需要5马力;每小时60英里（97千米）时,需要18马力;每小时80英里（128千米）时,需要42马力。改进空气动力使风阻系数（空气阻力的量度）减少,可大大提高燃料利用率。

重新启动汽车比让汽车空转更节省吗?

美国环保署的测试表明,如果汽车空转超过60秒,则关闭发动机更省油。

轮胎充气不足会耗费多少汽油?

充气不足的轮胎每20加仑（91升）汽油就多耗1加仑（4.5升）。要想省油,请遵循汽车制造商推荐的轮胎空气压力水平的指示。按轮胎侧壁标明的最大气压充气,可减少滚动阻力,从而更省油。

第**4**章
环　境

生态学、资源及其他

⚫ 什么是生物多样性？

生物多样性是指物种内部的遗传变异性、物种种群的多样性、自然群落内物种的多样性或自然群落和生态系统的广泛多样性。科学家估计，世界上有 1 500 万～1 亿个物种。当前，生物多样性正面临着前所未有的威胁，包括栖息地被破坏、过度开发、气候变化等。因此，保护生物多样性已经成为全球性的紧迫任务。

⚫ 什么是生物群落？

生物群落是指生活在较大区域内动植物的总和。气候、地质、土壤类型、水资源和纬度位置的互相联系，这些都决定着生长在不同地方的动植物种类。14 个"生物群落"的生态区域主要分布在 5 个主要的气候区和 8 个动物地理区。一些重要的陆地生物群落包括冻原、针叶林、落叶林、草地、热带草原、沙漠、灌木丛和热带雨林。

⚫ 什么是湖沼学？

湖沼学是研究淡水生态系统，特别是湖泊、池塘和溪流的科学。这些生态系统比海洋环境更脆弱，因为它们经常受到极端温度变化的侵袭。湖沼学对这些水体进行化学、物理学和生物学等方面的研究。瑞士教授佛瑞尔（F. A. Forel）被公认为湖沼学之父。

食物链的工作原理是什么?

食物链通过一系列生物的捕食与被捕食的关系,将源于植物的食物能量进行转移。这一系列步骤或"链条"的数量通常是 4 ~ 5 个。第一营养级(以同样方式获得能量的生物群)是植物。吃植物的动物(食草动物)构成第二营养级。第三营养级包括以草食动物为食的初级肉食动物(像狼那样以动物为食的动物)。第四营养级是以初级肉食动物为食的动物(如虎鲸)。由于许多生物不单以一种食物为食,因此食物链会交叉重叠,这些食物链看起来更像食物网。食物链概念是 1891 年德国动物学家卡尔·森佩尔(Karl Semper)提出的。

什么是食物网?

食物网由互相关联的食物链组成。许多动物以不同的食物为食,而不是以单一的某种猎物或植物为食。食物来源丰富的动物比食物来源单一的动物存活的概率更大。复杂的食物网使生物群落更具稳定性。

什么是"杀手水藻"?

杉叶蕨藻,俗名"杀手水藻",在 20 世纪 80 年代中期被引入地中海。当时,摩纳哥海洋学博物馆在清洗鱼缸时,将翠绿色的海草倒入大海中。杉叶蕨藻的面积在 21 世纪初已达 3.2 万英亩(130 平方千米),遍及法国、西班牙、意大利和克罗地亚沿海,破坏了地中海的生态系统。该物种现仍在继续侵入地中海,似乎已无法阻止。

什么是富营养化?

富营养化指湖泊或池塘植物养分的供应量大量增加的过程。自然富营养化是由于植物过度生长,最后使曾经是水域的地方变成了旱地。

从土壤中冲刷下来的天然肥料导致植物的加速生长,形成植物过度密集的局面。植物死后,腐败的植物会大量消耗湖泊中的氧气,导致鱼类死亡。死亡动植物的日益累积,最终将一个深湖变成了浅湖,然后变成沼泽,最后形成了旱地。

虽然富营养化过程是自然形成的,但是人类活动极大地加速了它。农场的化肥、污水、工业废物和一些清洁剂都起到了推波助澜的作用。

▌一片树形仙人掌林在亚利桑那州图森市附近索诺拉沙漠的生物群落中茁壮生长。

养分

浓密的岸边
植物

热污染

湖沼带
高浓度的养分和浮游生物

深水层

底栖区
填满湖床的沉积物

湖底：淤泥、沙子和黏土

富营养化湖泊的结构。

南极臭氧层空洞有多大？

　　大众媒体报道臭氧层时，经常使用"空洞"一词。然而，这一概念更准确地描述为臭氧浓度低。2000年9月，美国国家航空航天局的科学家宣布，1985年首次发现的南极上空的空洞现已扩大到1 100万平方英里（2 849万平方千米）。2022年10月8日，南极臭氧空洞的面积达到了2 400万平方千米。

湿地消失了多少？

　　湿地是介于水域和陆地之间的地域，如沼泽、泥洼、草泽和近海水域。湿地曾一度被视为荒地，但后来科学家承认，湿地在改善水质、稳定水位、防止洪水、控制侵蚀和维持生物多样性等方面起着重要的作用。从殖民时期开始到20世纪70年代，美国已经失去了大约1亿英亩（404 686平方千米）的湿地。自1970年以来，全球湿地面积丧失了35%，它们的消失速度是森林的三倍，四分之一以上的湿地物种面临灭绝的威胁。

臭氧对地球上的生命有何益处?

臭氧是有剧毒的,它有 3 个原子,而通常的氧气只有 2 个原子;浓度不到百万分之一的这种浅蓝色的气体就会使人中毒。臭氧存在于地球的高层大气(平流层)中,是使地球上的生命得以生存的主要因素。地球上 90% 的臭氧都集中在臭氧层。臭氧层能遮蔽和过滤太阳产生的过多的紫外线。科学家预言,臭氧层消失或过度消耗,会导致人类的健康问题,如皮肤癌、白内障和免疫力降低等。紫外线的增加还会导致粮食减产和水域生态系统(包括海洋食物链)的紊乱。尽管平流层中的臭氧有很多益处,但在近地面,它却是形成光化学烟雾和酸雨的污染物。

什么是温室效应?

温室效应是指地球大气吸收太阳的辐射热量,导致近地表温度升高的现象。大气的作用更像是一间温室的玻璃幕墙和顶棚。1861 年,约翰·廷德耳(John Tyndall)首次对该效应进行了描述。1896 年,瑞典化学家斯万特·阿雷纽斯(Svante Arrhenius)将其形象地比喻为温室。温室效应使地球变得适宜人类居住。大气中如果没有水蒸气、二氧化碳和其他气体的存在,许多热量就会逃逸,地球温度过低则无法维持生命的存在。二氧化碳、甲烷、一氧化二氮和其他温室气体吸收地球发出的红外辐射,并在大气中保存这种热量,而不是将热量反射到太空中去。

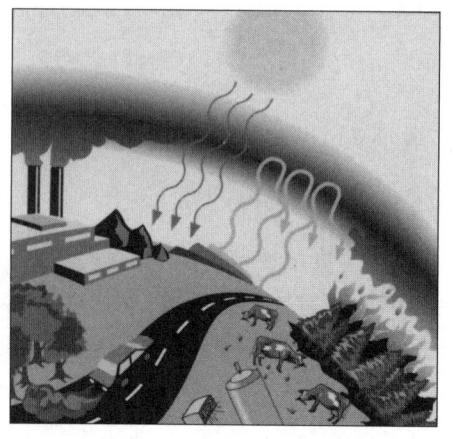

温室气体处于自然水平状态的大气层(左)与温室效应增强的大气层(右)。

在 20 世纪，燃烧化石燃料致使二氧化碳日益累积，引起了人们的广泛关注。地球平均气温的升高源于二氧化碳和其他气体排放量的增加，还是另有其他原因，人们对此仍存有争议。火山活动、雨林的破坏、气溶胶的使用和日益频繁的农业活动，这些都会造成气温升高。

造成平流层中臭氧大量减少的化合物是什么？

20 世纪 70 年代的研究，将氯氟烃（CFCs，如氟利昂）同臭氧层的大量消耗联系起来。1978 年，美国禁止在喷雾罐中使用 CFC 推进剂。1987 年，签署《蒙特利尔议定书》（Montreal Protocol），签约国承诺减少氟利昂和其他消耗臭氧物质的使用。

什么是温室气体？

科学家认为，主要的温室气体有二氧化碳（CO_2）、甲烷（CH_4）、氯氟烃（CFCs）、一氧化二氮（N_2O）和水蒸气。温室气体占地球大气总量不到 1%。这些气体吸收地球大气中的热量，阻止热量逃到太空中去。人类活动，如使用汽油作为汽车燃料，是二氧化碳和氧化氮排放的主要来源。

为什么厄尔尼诺有害？

在南美洲西部海岸，每年临近年底，一股温暖的热带贫养水流向南移动，取代寒冷的富养表层水。由于这种情形经常发生在圣诞节前后，当地居民将其称为"厄尔尼诺"（西班牙语的意思是"孩子"）。大多数时候，这种温暖情况仅持续几周。然而，如果厄尔尼诺现象持续几个月，就会对经济造成灾难性的影响。科学家现在将这种极其温暖的水流持续期间称为"厄尔尼诺"。在严重的厄尔尼诺现象期间，会有大量的鱼和水生植物死亡。分解死亡动植物会消耗水中大量的氧气，导致细菌产生大量难闻的硫化氢。鱼类（特别是鳀鱼）的大量减少，影响到世界鱼粉的供应，使通常以鱼粉为食的家禽和其他动物的价格上涨。鳀鱼和沙丁鱼又是海洋哺乳动物（如海狮和海豹）的主要食物来源。食物短缺时，这些动物只好远离家园去寻找食物。不仅有很多海狮和海豹饿死，而且有相当部分的幼崽死去。1997—1998 年的厄尔尼诺现象，间接导致全球范围内 2 100 起死亡事故和 330 亿美元的经济损失。

热带雨林的面积占地球表面的百分比是多少?

热带雨林约占地球表面的 7%,即约 300 万平方英里(770 万平方千米)。

热带雨林中物种灭绝的速度有多快?

据生物学家估计,地球上动植物物种有一半都生活在热带雨林。这些森林中有 15.5 万种已知植物物种,占已知 25 万种植物物种的 62%,还有不计其数的动物和昆虫。每天约有 100 个物种灭绝,相当于每小时有 4 个物种灭绝。按照这个速度,每 10 年就会有 5% ~ 10% 的热带雨林物种灭绝。

最大的热带雨林是什么?

亚马孙流域是世界上最大的连续热带雨林区,它占地约 270 万平方英里(690 万平方千米)。

什么是赤潮? 赤潮的成因是什么?

"赤潮"一词表示海洋、河流或湖泊水域中出现的褐色或微红色变色污染。它是由多种有毒生物快速繁殖造成的,特别是裸甲藻属和膝沟藻属的有毒的红色沟鞭藻。有的赤潮是无害的,但大量的鱼会在藻类繁殖(聚集)期间死去。有的赤潮会毒害贝类海产,使吃了污染食物的鸟类和人类中毒。科学家还没有彻底解开赤潮发生的真正原因。

热带雨林被破坏的速度有多快?

地球上曾经有 40 亿英亩(16 亿公顷)的热带雨林。但如今,几乎一半的热带雨林都消失了。每年约有 3 380 万英亩(13 万平方千米)的热带雨林消失。这相当于每月消失 280 万英亩(1 万平方千米),即每天 9.3 万英亩(376 平方千米),每小时 3 800 英亩(15.4 平方千米),每分钟 64 英亩(0.3 平方千米)。消失的面积约等于新罕布什尔州、佛蒙特州、马萨诸塞州、罗得岛州、康涅狄格州、新泽西州和德拉华州的面积总和。

⚙ 雨林有什么重要作用？

世界上可列出的药物中有一半源于野生产品。美国国家癌症研究所已经发现 2 000 多种具有抗癌潜力的热带雨林植物。橡胶、木材、树胶、树脂、蜡；杀虫剂、润滑剂；坚果、水果、香料、染料；类固醇、胶乳、精油、食用油和竹子都是热带雨林产品。热带雨林的大量砍伐会大大影响这些产品的供应。

⚙ 美国西部大部分森林火灾的起因是什么？

雷电是美国西部诸州森林火灾的最主要起因。

⚙ 最先用"斯莫基熊"作为森林防火标志是什么时候？

"斯莫基熊"的起源可以追溯到第二次世界大战期间。当时美国林业局为战事提供稳定的木料供应而忧心忡忡，他们希望公众认识到森林火灾的危险。他们向战争广告理事会寻求广告支持。1944 年 8 月 9 日，著名的动物漫画家阿尔伯特·施泰尔（Albert Staehle）塑造了"斯莫基熊"这一形象。自 1944 年以来，斯莫基熊不仅成为美国，而且已经成为加拿大和墨西哥（在墨西哥被称为"西蒙"）全国森林防火的标志。这次公益广告运动是美国历史上持续时间最长的广告运动。1947 年，洛杉矶一家广告公司设计了宣传口号——"只有你能阻止森林火灾"。50 多年后的 2001 年 4 月 23 日，针对 2000 年爆发的山火，这个著名的广告口号被改为"只有你能阻止野外山火"。1950 年，这项运动获得了一个活的吉祥物，当时一队消防队员从新墨西哥州卡皮坦山森林大火中解救出一头雄性幼熊，它被送到首都华盛顿的国家动物园后，成为"斯莫基熊"。此熊在 1976 年死去之前，

自 1944 年以来，斯莫基熊已成为便于识别的森林防火图形。

一直都是森林防火的活标志。它的遗体被埋葬在新墨西哥州卡皮坦的州立斯莫基熊历史公园中。

哪一个公园是美国第一个国家公园?

1872 年 3 月 1 日，尤利塞斯·格兰特（Ulysses S. Grant）签署了一份国会法案，确立了美国第一个国家公园——黄石国家公园，掀起了世界范围内设立国家公园的热潮。

美国国家公园管理局是何时成立的?

1916 年 8 月 25 日，伍德罗·威尔逊（Woodrow Wilson）总统签署了一项法案，创建了国家公园管理局。

鹰山保护区在哪里?

鹰山保护区建立于 1934 年，是世界上第一个对迁徙的鹰和雕提供保护的保护区。保护区位于宾夕法尼亚州的哈里斯堡附近的基塔廷尼山岭上。每年 8—12 月，有超过 1.5 万只候鸟经过这里。在这里，可以看到金雕这样的稀有鸟类。

现代环保的创始人是谁?

美国博物学家约翰·缪尔（John Muir）被称为"环保之父"和塞拉俱乐部的创始人。他致力于加利福尼亚州塞拉-内华达山脉的保护，创立了约塞米蒂国家公园。他领导了大部分塞拉俱乐部的环保活动，并且为《文物法案》进行了游说。

另一个有突出影响的人物是佛蒙特的律师、学者乔治·帕金斯·马什（George Perkins Marsh）。他的杰作《人类与自然》（Man and Nature）强调了人类文明犯下的破坏自然资源的严重错误。在 19 世纪的最后 30 年里，随着环保运动在全国的风起云涌，许多杰出人士通力合作，保护自然资源和野生环境。作家约翰·巴勒斯（John Burroughs）、林学家吉福德·平肖（Gifford Pinchot）、植物学家查尔斯·斯普拉格·萨金特（Charles Sprague Sargent）和编辑罗伯特·安德伍德·约翰逊（Robert Underwood Johnson）都是早期环保主义的倡议者。

塞拉俱乐部和现代环保运动的创始人约翰·缪尔（左）与环保倡议者约翰·巴勒斯合影。

"地球飞船"一词是谁创造的？

美国发明家和环保主义者巴克敏斯特·富勒（Buckminster Fuller）创造了"地球飞船"一词。他指出了二者的相似之处：都需要自我控制和防止浪费的技术。

美国环境保护总署是何时成立的？

1970年，美国总统理查德·尼克松（Richard M. Nixon）通过行政命令，设立了美国环境保护总署（EPA），将其作为美国政府直接管理的独立机构。通过行政命令而没有通过立法部门就直接设立联邦机构有点违背常理。环保总署是回应公众对有害空气、河流和地下水污染、不安全饮用水、濒危物种和危险废物处理的深度关注而设立的。环保总署的职责包括环境研究、监测和加强规范环保活动的立法工作。

什么是"绿色产品"？

"绿色产品"是指不含氯氟烃类的产品。绿色产品是可降解（能够分解）并且由再生材料制成的。"深绿色"产品来自小型供应商，他们以声称的环保优点为基础建立自己的品牌。工业巨头对既有品牌进行环保优化的产品叫"绿色升级"。

1970年的4月22日是第一个"地球日",是丹尼斯·海斯(Denis Hayes)应美国威斯康星州参议员盖洛·尼尔森(Gaylord Nelson)的提议而提出的。因此,有时人们称尼尔森为"地球日之父"。尼尔森的主要目标是,组织一次全国范围内的公众游行示威,以引起政界的注意,并将环保问题列入国家政治对话中。在第一个"地球日"后不久开始的重要的官方活动有:成立环境保护总署(EPA);设立总统环境质量委员会;通过《清洁空气法案》,确定国家空气质量标准。由于对环保运动的突出贡献,1995年,盖洛·尼尔森被授予总统自由奖章。

灭绝的和濒危的动植物

"恐龙"一词最早是何时使用的?

1841年,理查德·欧文(Richard Owen)在他的关于英国的爬行动物化石报告中首次使用"恐龙"一词。该词义为"可怕的蜥蜴",被用来描述历史上成群的大型爬行动物。它们的遗体化石已被许多收藏家收藏。

现如今已灭绝的早期侏罗纪哺乳动物的名字是什么?

哺乳动物吴氏巨颅兽的化石遗址位于中国云南省。这个被发现的哺乳动物至少有1.95亿年的历史了。整个动物的重量约为0.07盎司(2克)。它微小的头骨比人的拇指指甲还小。

恐龙和人曾共同生活在同一个时代吗?

没有。恐龙最先出现在三叠纪时期(约2.2亿年前),在白垩纪末期(约6 500万年前)消失。现代人类(智人)的出现仅在约2.5万年前。电影中展现的人和恐龙共同生活在一起的场景只不过是好莱坞虚构的而已。

最小的和最大的恐龙分别是什么？

侏罗纪晚期（1.31亿年前）的食肉动物美颌龙只有一只鸡大小，从鼻尖到尾端长35英寸（89厘米），平均重6磅8盎司（3千克），最重的也仅达15磅（6.8千克）。

已知最完整的骨架化石属于腕龙。柏林洪堡博物馆的一个腕龙标本长72.75英尺（22.2米），高46英尺（14米），重约34.7吨（31 480千克）。腕龙是四足食草恐龙，颈部和尾部都较长，生活在1.55亿—1.21亿年前。

恐龙的寿命有多长？

恐龙的寿命估计在75～300岁。这种估计是有根据的。通过检查恐龙骨骼的细微结构，科学家已经推断出，由于它们成熟缓慢，所以寿命也很可能相应延长。

乳齿象和猛犸有何区别？

尽管两词有时可互换使用，但乳齿象和猛犸是不同的两种动物。乳齿象似乎出现得更早，而它的一支可能进化成了猛犸。

乳齿象曾生活在非洲、欧洲、亚洲、南美洲和北美洲。它出现在渐新世（2 500万—3 800万年前），并一直持续生存到100万年前。它站立身高10英尺（3米），体表覆盖浓密的卷毛。两颗长牙几乎平行排列，笔直向前生长。

猛犸出现在200万年前，大约1万年前灭绝。猛犸曾生活在北美洲、欧洲和亚洲。同乳齿象一样，猛犸长有浓密的卷毛，长而粗糙的外层毛发可以防寒。它比乳齿象体形稍大，站高9～15英尺（2.7～4.5米）。猛犸的长牙往往外展，盘旋向上生长。

地球气候的逐渐变暖和环境的变化很可能是乳齿象和猛犸灭绝的主要原因。早期人类进行的大肆猎杀，也加速了它们灭绝的进程。

恐龙为什么会灭绝？

关于6 500万年前恐龙消失的原因存在许多理论。在恐龙是逐渐灭绝的还是突然灭绝的论断上，科学家有很大争议。"逐渐论"者认为，恐龙的数量在白垩纪末期逐渐减少。有许多证据支持这一论断。有人声称是生物变化导致了恐龙的灭绝。生物变化使得恐龙在与其他生物，尤其是刚刚出现的哺乳动物的竞争中处于劣势地位。数量过剩理论得到了进一步论证，认为哺乳动物吃掉了太多的恐龙蛋，以至于恐龙后代得不到繁衍。还有人认为是疾病（佝偻病或便秘）使恐龙灭绝。此外，气候变化、大陆漂移、火山喷发、地轴及地球轨道和磁场的偏转都对恐龙的灭绝有一定的影响。

"灾害突现论"者认为，一次灾难性事件不仅导致了恐龙的灭绝，而且还造成了和恐龙同时代的其他物种的灭绝。1980年，美国物理学家路易斯·阿尔瓦雷斯（Luis Alvarez）和他的地质学家儿子瓦尔特·阿尔瓦雷斯（Walter Alvarez）提出，曾有一颗巨大的彗星或流星体在6 500万年前撞击了地球。他们指出，白垩纪和第三纪间的沉积物中有高浓度的铱元素。地球上铱元素非常稀少，如此大量的铱的来源只有外太空。世界上的50多个地方都已经发现了这种铱元素的异常。1990年，在海地发现了一些可能是撞击时的高温产生的微小玻璃碎片。尤卡坦半岛上有一个覆盖着沉积物的直径110英里（177千米）的陨石坑，经测定形成于6 498万年前，成为外来天体撞击地球的代表性地点之一。

一个约6英里（9.3千米）宽的巨大的外来天体撞击地球，很可能会对地球的气候造成灾难性的影响。大量的灰尘和碎片会散播到大气中，使到达地球表面的阳光减少。撞击产生的热量会造成森林大火，这更加剧了烟灰的排放。阳光的缺乏会使植物灭绝，并且对食物链中的其他生物产生"多米诺效应"，恐龙就包括在这些动物之中。

恐龙灭绝的原因有可能是上述两个理论的结合。恐龙有可能是逐渐衰亡的，宇宙天体的撞击恰恰给了恐龙以致命的最后一击。

恐龙的灭绝证明了它们的劣势和进化的失败。然而，这些动物繁盛了1.5亿年。相比之下，最早的人类祖先也仅仅出现在300万年前。人类要取得与恐龙同样的成就还有很长的路要走。

最后一只旅鸽死于何时？

在200多年前，旅鸽是世界上数量最多的鸟类。尽管该物种仅见于北美东部，但其数量达30亿～50亿之多（占北美陆生鸟类的25%）。过度的捕猎导致旅鸽的数量急剧降低，难以维持物种存续。19世纪90年代，美国几个州通过法律保护这种鸽子，但为时已晚。最后一只野生旅鸽于1900年被射杀。1914年9月1日，最后一只旅鸽"玛莎"（Martha）死于辛辛那提动物园。

渡渡鸟是怎样灭绝的?

渡渡鸟是在 1800 年前后灭绝的。人们为了获取鸟肉,捕杀了成千上万只渡渡鸟。但猪和猴子对渡渡鸟蛋的破坏,有可能是渡渡鸟灭绝的主要原因。渡渡鸟原生于印度洋中部马斯克林群岛。1680 年后不久,生活在毛里求斯的渡渡鸟灭绝。留尼汪岛上的渡渡鸟在大约 1750 年绝迹。在罗德里格斯的渡渡鸟一直生活到 1800 年。

"濒危物种"和"受威胁物种"的区别是什么?

"濒危物种"是指全部或大部分种类都有灭绝危险的物种。"受威胁物种"是指在可预见的将来有可能成为濒危物种的物种。

物种被视为"濒危"的条件是什么?

判定物种"濒危"是个复杂的过程。没有固定的标准可以一成不变地适用所有的物种。一个物种的已知生存数量并不是唯一的决定性因素。已知生存数量有 100 万的某个物种,如果仅生活在一小块地域,也被视为濒危物种。而另一物种虽然生存数量不多,但如果遍布区域较广,就不能视为濒危物种。繁殖频率、后代出生的平均数目、存活率等繁殖数据都是决定因素。美国鱼类和野生动植物管理局(隶属美国内政部)局长凭借专家、生物学家、植物学家和博物学家提供的现场数据和研究,来决定哪些物种应被列为濒危物种。

根据 1973 年颁布的《濒危物种法》,如果某个物种受到下列任何一种情况的威胁,就可被列入濒危物种:

1. 栖息地或生活环境正在被破坏、改变、

仅仅 200 年,旅鸽就从世界上数量最多的鸟类沦为已经灭绝的物种。

减少或受到破坏、改变、减少的威胁。

2. 以商业开发、体育运动、科研教育为目的的活动对物种产生有害影响。

3. 发生重大疾病或被大量捕食。

4. 防止物种数量减少或栖息地退化的监管机制匮乏。

5. 影响物种存续的其他自然或人为因素。

如果物种受到上述威胁，局长就会确定"濒危栖息地"——保护物种所必需的、基本的生理或生物特征的栖息地。濒危栖息地可以包括对于保护物种很有必要的非栖息地区域。

非洲象的生存状况如何？

1979—1989年的10年间，由于偷猎和非法象牙贸易，非洲象有一半已经消失了（数量由130万锐减到60万）。这使得1989年10月《濒危野生动植物种国际贸易公约》（CITES）将非洲象由受威胁状态转为濒危状态。《象牙贸易禁令》也于1990年1月18日开始生效。博茨瓦纳、纳米比亚和津巴布韦已经达成一致意见，使象牙销售由各国内一个政府部门控制。所有国家进一步承诺，对销售、包装和运输进行独立监管，以确保遵守各项条款。最后，上述3个国家承诺，将象牙销售的年纯收入用来保护大象，如用于对大象保护进行监控、研究、执法及其他管理方面的开支，或在大象生活区域内进行地方性保护计划。

海龟是濒危动物吗？

世界范围内海龟数量的减少是由于以下几个原因：栖息地遭毁坏；人类过度捕捞海龟以获取龟蛋、皮革和龟肉；海龟不幸误陷渔网中。数量只有几百只的肯氏龟尤其处于危险之中。其他濒危种类包括中美洲河龟（泥龟）、绿海龟（海龟）和革龟（棱皮龟）。濒危的陆龟包括角龟（安哥洛卡陆龟）、沙漠陆龟（沙漠地鼠陆龟）和加拉帕戈斯象龟。

什么是不会对海豚造成伤害的金枪鱼？

大约在1万年前的更新世末期，大型哺乳动物都已灭绝，但包括鲸鱼、海豚和鼠海豚在内的鲸目哺乳动物幸存了下来。自公元前1000年以后，鲸目哺乳动物（尤其是鲸鱼）被人类无情地捕杀，以获取珍贵的产品。随着多种技术的进步，20世纪成为鲸目哺乳动物受害最为严重的时期。1972年，美国国会通过了《海洋哺乳动物保护法》，其目的就是在商业捕鱼活动中，减少对小型鲸目哺乳动物（尤其是条纹斑海豚和露脊海豚）的捕杀和伤害，例如误入捕捞金枪鱼的大型船曳渔网（可以收紧形成巨球状并能吊到甲板上的渔网）中的海豚。海豚经常和成群的黄鳍金枪鱼在一起游动，因此使用大型船曳渔网的渔民会将海豚和金枪鱼一同捕获。这种捕鱼方式会溺死海豚，因为它们需要呼吸空气。1972年，在导致海豚意外死亡和伤害事件中，由美国渔船造成的估计有3.68万起，其他国家的船只造成的有55 078起。1979年，这组数字分别下降到17 938起和6 837起。在20世纪80年代，外国船只杀死海豚的数量急剧上升到1年10万余只。大部分伤害事件发生在智利到南加利福尼亚州的太平洋东部地区。1999年，美国试图提出"金枪鱼对海豚无害"的说法，允许金枪鱼作业船队追赶并捞捕海豚。但这一做法并没有得到美国地方法院的支持。

为了进一步减少捕捞金枪鱼过程中伤害海豚的事件，由斯达克斯公司牵头的美国3个最大的金枪鱼罐头销售商决定，不出售以这种伤害海豚的捕鱼方法捕捞到的金枪鱼。

污　　染

⬤ 有害废物是如何分类的？

有害废物有4种——腐蚀性废物、可燃性废物、反应性废物和有毒性废物。

腐蚀性物质具有腐蚀或破坏功能。大部分酸都具有腐蚀性，可以破坏金属，烧伤皮肤，放出刺激眼睛的气体。

可燃物质很容易燃烧。这些物质会酿成火灾，刺激皮肤、眼睛和肺。汽油、油漆和家具上光剂都具有可燃性。

反应性物质和其他化学物质混合时，能够爆炸或产生有毒气体。例如，将漂白粉和氨混合会产生有毒气体。

有毒物质可以使人和其他生命体中毒。如果吞食或被皮肤吸收，将导致生病和死亡。杀虫剂和家用洗涤剂都具有毒性。

⬤ 什么是生物修复？

生物修复是指通过细菌、真菌和蓝细菌等微生物的作用，对污染物进行降解、分解或稳定化的过程。在这一过程中，在被污染的土壤或水中（如漏油）注入氧气和有机物，其中的微生物会吞噬并清除污染物。污染物被去除后，该有机物随即消亡。

● 什么是污染物标准指数？

美国环保总署和加利福尼亚州埃尔蒙特地区南部海岸空气质量监管部门制定了污染物标准指数，用来监视大气中污染物的浓度，同时向公众发布对健康有影响的信息。自1978年以来，这一衡量污染程度的标准一直在全国范围内使用。

污染物标准指数	健康影响	警示状态
0	良好	
50	中等	
100	不健康	
200	很不健康	警惕：老人和病人应待在室内,减少户外活动
300	危险	警告：普通人应待在室内,减少户外活动
400	高危	紧急：所有人待在室内,门窗紧闭,不活动
500	有毒	严重伤害：同上

● 什么是《毒物释放清单》？

《毒物释放清单》（TRI）是美国制造业排放的有毒化学物质和有毒化学种类的汇编，它由政府授权制定并对外公开。法律要求制造企业公布直接排放到大气、陆地、水中或转运到废物处理场的化学物质的数量。美国环保总署将这些报告汇编成一份年度清单，并将信息存入计算机数据库。

● 哪些曾经被誉为造福社会的神奇化学物质而如今却被禁止使用或受到严格控制？

滴滴涕（DDT，二氯二苯基三氯乙烷）、多氯联苯（PCB_3）和氯氟烃（CFCs）都曾被广泛使用。由于人们逐渐意识到这些化学物质对环境的破坏作用，现在都被禁止使用或受到严格控制。

DDT 对环境有怎样的影响？

尽管奥特马尔·蔡德勒（Othmar Zeidler）早在 1874 年就合成了 DDT，但 DDT 的杀虫功效却是瑞士化学家保罗·米勒（Paul Müller）在 1939 年发现的。由于发展了二氯二苯基三氯乙烷（DDT）的用途，米勒获得了 1948 年的诺贝尔医学奖。与当时使用的含砷化合物不同，DDT 对杀死害虫有特殊功效，但不会伤害其他动植物。在以后的 20 年中，它有效地控制了传播疾病的昆虫（如传播疟疾和黄热病的蚊子和传播斑疹伤寒的虱子），并杀死许多破坏庄稼的害虫。1962 年，蕾切尔·卡森（Rachel Carson）的《寂静的春天》（Silent Spring）的出版，引起了科学家对 DDT 的破坏作用的警觉。随着昆虫逐渐对 DDT 有了抵抗力和 DDT 对动植物生命周期累积的危害作用的突显，许多国家在 20 世纪 70 年代停止了 DDT 的使用。

什么是多氯联苯？

1970 年以前，多氯联苯（PCBs）作为变压器、电容器及其他电子装置的冷却剂被广泛用于电子行业。由于多氯联苯不能被分解，并且能够在水、土壤和空气中传播，所以会对环境造成污染。有的科学家认为，多氯联苯与癌症和生殖功能紊乱有关，并且会导致肝功能异常。因此，多氯联苯的使用、处理和生产在全球范围内受到政府的严格控制。

氯氟烃是如何影响地球臭氧层的？

氯氟烃（CFCs）是氢原子的一部分或全部被氟原子取代的碳氢化合物，如氟利昂。氯氟烃可以是液态或气态，不能燃烧且耐热，可用作制冷剂、气溶胶喷雾剂和各种溶剂。当被释放到空气中，氯氟烃会逐渐升高，到达地球的大气上层，在那里被太阳紫外线分解。结果，产生的一些分子碎片同大气中的臭氧发生反应，减少了臭氧量。氯氟烃分子的氯原子在一系列复杂的反应中充当催化剂，在这一反应中，两个臭氧分子变成了 3 个普通的氢分子。臭氧层的消耗要比自然修复过程快得多，结果留下的"空洞"让更多的紫外线进入地球表面，给人类的健康带来危害（如白内障和皮肤癌），扰乱脆弱的生态系统（如使植物产生的种子减少）。1978 年，美国政府禁止使用碳氟喷雾剂，并且现行的气溶胶喷雾剂由碳氟化合物改为碳氢化合物，如丁烷。1987 年，《蒙特利尔议定书》启动了全球合作，以减少氟氯烃的使用。

20 世纪 80 年代后期，人们开始大规模地减少破坏臭氧的两大主要化合物（CFC_{11} 和 CFC_{12}）在大气中的排放。在这些措施的基础上，专家指出，这些氯氟烃的浓度在 20 世纪末达到峰值，臭氧层也可以开始缓慢地进行自我修复。据说仅靠大气中的自然反应，得需要 50 ~ 100 年才能将破坏臭氧层的氯和溴的浓度恢复到自然水平。在那之前，这些化学物质还将继续侵蚀地球的臭氧层。

雾霾的成分是什么？

美国最普遍的污染物，即雾霾，是光化学反应导致的地表臭氧。臭氧是无臭、无味的气体，在光照条件下能够进行一系列化学反应。臭氧在大气平流层中是一种有益的气体，但地球表面对流层中的臭氧会危害到人体健康。如汽车排放的碳氢化合物、烃类衍生物和一氧化氮，都是光化学反应的原料。在氧气和日光照射的条件下，一氧化氮与有机化合物（如未燃烧汽油中的碳氢化合物）结合，生成一种发白的薄雾，有时伴有黄褐色。在这一过程中，产生大量新的碳氢化合物和碳氢氧化合物。雾霾较重时期，这些二代碳氢化合物可能占全部有机物的 95%。

减轻空气污染的一个具体方法是什么？

清除废气是指清除空气污染的主要成分——二氧化硫（SO_2）和一氧化氮（NO）。湿式洗涤器利用石灰、石灰石、钠碱或稀硫酸等化学溶剂来清除燃烧生成的二氧化硫。干式洗涤器将石灰（生石灰）泥浆或氨水喷洒到废气中。

1986 年切尔诺贝利事件后放射性沉降物的分布状况如何？

同位素铯 137 的放射性沉降物和核污染波及地区广泛，包括白俄罗斯、拉脱维亚、立陶宛、当时苏联的中部地区、斯堪的纳维亚、乌克兰、波兰、奥地利、捷克斯洛伐克、德国、瑞士、意大利北部、法国东部、罗马尼亚、保加利亚、希腊、南斯拉夫、荷兰和英国。由于风力和风向的变化，核辐射沉降物分布极其不均，从事故发生地一直延伸出 1 200 ~ 1 300 英里（1 930 ~ 2 090 千米）。约有 5% 的核燃料——即含 5 000 万 ~ 1 亿居里的 7 吨燃料——泄漏。这种沉降物会导致数万人死于癌症或遗传缺陷。尤其是降水丰富地区的家畜受到的辐射程度更是达到了难以承受的剂量。

什么是酸雨？

"酸雨"一词是由英国化学家罗伯特·安格斯·史密斯（Robert Angus Smith）创造的。1872 年，他出版了《空气和雨水：化学气候学的起点》（*Air & Rain: The Beginnings of a Chemical Climatology*）一书。从那以后，酸雨不幸地成为使用越来越频繁的词汇，被用来表示被酸（如硫酸和硝酸）污染的雨、雪、冻雨和其他形式的降水。

当汽油、煤炭或油料燃烧时，燃烧废物二氧化硫和二氧化氮在复杂的化学反应中与云中的水汽结合，形成酸。仅美国一国就向大气中排放了几千万吨氧化硫和氧化氮。它们与自然界中释放的硫化物和氮化物结合，对生态造成了极大的破坏。北美和斯堪的纳维亚的上百个湖泊的酸性非常强，以至于鱼类难以生存。庄稼、森林和建筑材料（如大理石、石灰石、砂岩和青铜）也都受到影响，但受到什么程度的影响并没有记载。然而，在欧洲，许多树木发育不良或枯死，"森林死亡"这一新词被用来描述这一现象。

释放气球有何危害？

乳胶气球和金属气球都是有害的。乳胶气球可以降落在水中，失去颜色，看起来像一只水母，如果被海洋动物误食会导致它的死亡，因为它们无法消化气体。金属气球可能会刮到电线上，造成电力中断。

酸雨有多酸？

酸度和碱度是通过 pH（氢离子浓度指数）值来衡量的。它的范围是 0 ~ 14。由于 pH 值是对数标度，一个单位的变化相当于增加了 10 倍或减少到原来的 1/10。因此，pH 值为 2 的溶液酸性要比 pH 值为 3 的溶液强 10 倍，其酸度是 pH 值为 4 的溶液的 100 倍。0 表示极酸，7 表示中性，14 则表示碱性很强。任何 pH 值为 5 以下的雨水都被视为酸雨；有的科学家的界定值为 5.6 或以下。正常的溶有二氧化碳（一种弱酸）的雨雪的 pH 值为 5.6。实际的 pH 值因地理位置的不同而有所变化。东欧和部分斯堪的纳维亚地区酸雨的界定值为 4.3 ～ 4.5；欧洲的其他地区为 4.5 ～ 5.1；美国和加拿大东部介于 4.2 ～ 4.6 之间；密西西比河流域介于 4.6 ～ 4.8 之间。北美最糟糕的地区为 4.2，集中出现在伊利湖和安大略湖周围。为了便于比较，一些常见的物质和对应的 pH 值如下：

浓硫酸	1.0	正常湖水与河水	5.6 ～ 8.0
柠檬汁	2.3	蒸馏水	7.0
醋	3.3	人的血液	7.35 ～ 7.45
酸　雨	4.3	海　水	7.6 ～ 8.4
正常雨水	5.0 ～ 5.6		

第一次重大的漏油事件发生在哪里？

第一次重大的商用石油泄漏事件发生在 1967 年 3 月 18 日。当时，"托利峡谷"号油轮搁浅，撞到了英格兰康沃尔海岸的七石礁上，导致 83 万桶（11.9 万吨）科威特原油泄漏到大海中。然而在第二次世界大战中，1942 年 1—6 月，德国潜艇在美国东海岸攻击油轮，造成 59 万吨原油泄漏。1989 年，"埃克森-瓦尔迪兹"号油轮泄漏了 3.5 万吨原油，引起了轰动，但与 1991 年 1 月 25 日故意将原油从科威特的悉兰德倒入波斯湾相比，简直是小巫见大巫。据估计，这次原油泄漏接近 150 万吨。1994 年 10 月还有一次重大的漏油事件，地点位于俄罗斯北极附近的科米地区。据报道，漏油量多达 200 万桶（28.6 万吨）。

除了上述的大灾难外，钻井平台每天都会发生污染，如钻井生活产生的废物（包括人类粪便、油脂、化学物质、淤泥、钻出的岩石等）也都被排放到水中。

海洋中的石油污染源是什么？

石油污染大部分是由于原油在油轮装卸过程中意外泄漏和油箱溢流造成的。其他的石油污染源包括机油清理不当、汽车漏油、轮船例行维护、输油管线泄漏及仓储设施和炼油厂的意外事故。

污　染　源	占漏油总量的百分比
江河和地表水的排放	31%
油轮活动（装卸等）	20%
污水处理厂和炼油厂	13%
海底自然渗出物	9%
小型船舶（渔船、渡船等）	9%
油轮意外事故	3% ~ 5%

什么是"牧工计划"和"橙剂"？

"牧工计划"是指越南战争中飞机在南越喷洒除草剂的军事行动计划。在这些计划中，美军使用了除草剂"橙剂"（除草剂 2，4-D 和 2，4，5-T 的总称）。该名字源于除草剂包装桶上的色码。美军向 400 万英亩（160 万公顷）的土地上，共喷洒了大约 1 900 万加仑（7 200 万升）的除草剂。

1970 年，"橙剂"对健康造成的影响开始引起人们的关注。从那以后，科学和政治上的辩论使得这个问题更加复杂化。1993 年，由 16 个成员组成的专家组审查现有的科学证据，发现除草剂和软组织肉瘤、非霍奇金淋巴瘤、霍奇金氏病和氯痤疮之间有明显的数据统计上的联系。此外，他们得出结论，接触"橙剂"和患皮肤癌、膀胱癌、脑瘤和胃癌之间没有任何联系。

什么造成家庭甲醛污染？

甲醛污染与大量使用以脲醛树脂黏合的木质建筑材料和含有甲醛的材料有关。甲醛主要源于刨花板的副地板；硬木胶合板或刨花板制成的护墙板；刨花板、中密度纤维板、硬木胶合板或实木制成的橱柜和家具。脲醛泡沫隔热材料（UFFI）已经受到了多数媒体的关注和监管。甲醛也用于窗帘、软垫、地毯、壁纸胶、牛奶盒、汽车车身、家用消毒剂、免烫衣物和纸巾中。活动住房的甲醛含量比普通房子的甲醛含量更高。在美国，每年甲醛的使用量达 60 亿磅（27 亿千克）。

上述产品中的甲醛释放到空气中（俗称"释气"），能使人类出现中毒症状。美国环保总署将甲醛定为潜在的人类致癌物（致癌因子）。

导致室内空气污染的污染物有哪些？

室内空气污染，又称"密闭建筑物综合征"，是由现代高效节能建筑减少了户外空气流通或通风不畅造成的化学污染和微生物污染。室内空气污染会使人表现出各种症状，如头痛、恶心，并刺激眼睛、鼻子和喉咙。此外，房屋也会受到消费品、建筑产品和香烟等室内空气污染的影响。下面列出了一些房屋中的污染物：

污染物	污染源	影响
石棉	破旧或损坏的绝缘材料、防火砖或隔音砖	若干年后，胸腔和腹腔癌症以及肺病
生物性污染物	细菌、霉菌和霉菌孢子、病毒、动物皮屑和猫唾液、螨虫、蟑螂和花粉	刺激眼睛、鼻子、喉咙；呼吸急促；头晕；嗜睡；发热；消化不良；哮喘；流感或其他传染病
一氧化碳	不通风的煤油炉和煤气暖炉；泄漏的烟囱和炉子；木材取暖火炉和壁炉；煤气炉；连接车库的汽车尾气；燃烧的香烟	浓度低时，劳累；浓度高时，视力受损和协调性降低；头疼；头晕；惶惑；恶心；浓度很高时会致命
甲醛	胶合板；护墙板、刨花板、纤维板；泡沫绝缘材料；火灾和烟草烟雾；纺织品和胶水	刺激眼睛、鼻子和喉咙；气喘和咳嗽；劳累；皮疹；严重的过敏反应；可能导致癌症
铅	汽车尾气；打磨或燃烧含铅油漆；焊接	儿童身体和心理发育受损；降低协调性和智力；损害肾脏、神经系统和红细胞
汞	某些乳胶漆	气体蒸发会损害肾脏；长期接触会损伤大脑
二氧化氮	煤油暖炉，不通风的煤气灶和取暖炉；香烟烟雾	刺激眼睛、鼻子和喉咙；可能削弱肺功能和增加幼儿呼吸疾病感染几率
有机废气	油漆、除漆剂、溶剂、木材防腐剂；烟雾喷剂；清洁剂和消毒剂；抗蛀剂；空气清新剂；储存的燃料；干洗衣物	刺激眼睛、鼻子、喉咙；头痛；缺乏协调性；恶心；损伤肝、肾和神经系统；某些有机物使动物致癌并可能会致人患癌
杀虫剂	杀死室内害虫和草坪、花园中害虫的产品	刺激眼睛、鼻子和喉咙；损害神经系统和肾脏；致癌
氡	房子地下的泥土和岩石；井水，建筑材料	不会立刻表现出症状；约10%的肺癌死亡率；吸烟者的危险更大

回收、保护和废物

什么是《资源保护和回收法》？

1976 年，美国国会通过了《资源保护和回收法》(RCRA)，并分别于 1984 年和

1986 年进行了两次修订。该法要求环保总署鉴定危害废物，制定废物管理标准，包括有害废物的产生、运输、处理、储存和清除。该法要求，每月储存、处理或清除 220 磅（100 千克）以上有害废物的所有公司必须持有许可证，说明如何处理这些废物。

💿 什么是《有毒物质控制法》？

1976 年，美国国会通过了《有毒物质控制法》（TOSCA）。该法要求，商品上市前都要检测有毒物质含量。当生产商计划生产某种化学制品时，必须通报环保总署（EPA）。如果呈递的数据不足以批准其使用，环保总署就会要求制造商进行进一步检测。如果后来确定有一种化学物质对公众和环境有不合理的危害，或者数据不足以了解该化学物质的功效，那么，制造商将承担评估该化学物质特性的费用和相应风险。如果检测不能使环保总署相信该化学物质的安全性，那么该物质的制造、销售或使用都会被限制或禁止。

💿 什么是《超级基金法》？

1980 年，美国国会通过了《综合环境反应、赔偿和责任法》（Comprehensive Environmental Response, Compensation, and Liability Act），俗称《超级基金法》（Super fund Act）。该法以及后来 1986 年和 1990 年的修正案，确立了由联邦政府和州政府共同资助的 163 亿超级基金，化学和石化行业（提供资助额的 86%）将被给予特殊的税收政策。超级基金的目的就是发现威胁人类健康和环境的有害废弃物的倾倒场所和地下油罐的泄漏地点，并进行彻底清理。为了不浪费纳税人的钱，这些清理活动遵循"污染者付费"的原则。环保总署负责确定危险废物的倾倒场所，找出可能的罪魁祸首，要求他们支付全部的清理费用，否则将对他们提起诉讼。当环保总署没有找到责任方，则从超级基金中支取清理费用。

💿 什么是"邻避效应"？

"邻避效应"（NIMBY）是"Not In My Back Yard"（不要在我家后院）的首字母缩略词，意指大部分社区居民抵制在自家附近修建新的垃圾焚化场、垃圾填埋场、监狱、公路等等。类似的还有 NIMFY，意思是"Not In My Front Yard"（不要在我家前院）。

什么是"棕地"？

美国环保总署将"棕地"定义为闲置废弃的、未充分利用的工业或商业用地。由于现实的或可觉察的环境污染，使得棕地的重新开发和规模扩张变得很复杂。房地产开发商认为，棕地不适宜重新开发。在美国，大约有45万个棕地，其中最集中的地区是东北部和中西部。

核废料的储存由哪个政府机构管理？

能源部、环保总署和核管理委员会（NRC）负责处理用过的核燃料和其他放射性废物。能源部负责开发废弃燃料和其他高能量的放射性废物的永久处理能力。环保总署负责制定环保标准，并评估废物对地质处置场安全性的影响。核管理委员会负责制定法规，执行环保总署的安全标准，并为废物处置场发放特许证等。

核废物是怎样储存的？

核废物包括由铀分裂产生的裂变产物（如铯、锶、氪）和由铀原子吸收自由中子形成的超铀元素。超铀元素的放射性没有裂变产物的强，然而，这些元素会在相当长的时间内（数十万年）仍具有放射性。核废物的类型包括以12英尺（4米）长棒形式存在的辐射燃料（用过的燃料）、以液体或污泥形式存在的高放射性废物，以及以反应堆硬件、管道、有毒树脂、燃料池水和其他被放射性污染的物品形式存在的低放射性废物（非轴或法定高放射性废物）。

如今，全美大部分用过的核燃料都安全地储存在一个专门设计的反应堆池中。如果容量已满，许可证持有者可使用地上的干燥储存桶。美国3个低强度的放射性废物处理场分别位于南卡罗来纳州的巴恩韦尔、华盛顿州的汉佛德和犹他州的埃文凯尔。每个处理场接收来自全美特定地区的低强度放射性废物。

大部分高强度核废物都储存在双层壁不锈钢大罐中，外围加筑3英尺（1米）厚的混凝土。1978年，法国人发现了现行最好的储存办法，将核废物同熔融的玻璃混合，然后密封于一个钢制的容器中，掩埋在专门的坑里。1982年的《核废物政策法》（Nuclear Waste Policy Act）规定，高强度的放射性废物要被深埋在地下地质处置场中。内华达州的尤卡山被选为一个处理高强度放射性废物的场所。然而，20世纪90年代后期，由于附近有休眠火山和著名的地震断层带，尤卡山地点的选择饱受争议。

美国的金属回收始于何时?

美国最早的金属回收是在 1776 年。当时纽约市的爱国人士推倒了英王乔治三世（George Ⅲ）的塑像,并将其熔化,制成了 42 088 发子弹。

第一个垃圾焚烧炉是何时建造的?

美国第一个垃圾焚烧炉于 1885 年建在纽约港的总督岛上。

为什么"莫博罗"号驳船举世闻名?

"莫博罗"是纽约长岛一艘满载垃圾但无法处理的驳船。美国 6 个州和 3 个国家曾拒绝它靠岸。这使人们开始关注东北部地区垃圾填埋能力匮乏的问题。这船垃圾最终在布鲁克林被焚烧,灰烬在艾斯利普附近被填埋。

一吨垃圾能变成多少甲烷燃料?

经过 10～15 年,一吨垃圾就会变成 14 126 立方英尺（400 立方米）的燃料。如果将这些垃圾填埋在一个垃圾填埋场中,那么在接下来的 50～100 年内,这些垃圾仍会持续产生甲烷气体,但相比于前 10～15 年的高峰期,其产量会逐渐减少。一吨垃圾在 10 年间会产生相当于其体积 100 倍的甲烷,但垃圾填埋场的经营者们通常不会最大限度地追求甲烷的产量。

回收一吨废纸能够节省多少垃圾填埋空间?

每回收 1 短吨（907 千克）废纸,可至少节省 3 立方码（2.3 立方米）的垃圾填埋空间。

美国的废纸回收始于何时?

美国的废纸回收实际上始于 1690 年。当时滕豪斯家族在费城附近的维萨肯溪岸边开办了第一家造纸厂。那时候,造纸厂的纸是由回收的破布制成的。

回收废纸节省了哪些自然资源?

回收 1 短吨（907 千克）废纸会节省平均 7 000 加仑（26 460 升）的水，3.3 立方码（2.5 立方米）的填埋空间，3 桶油，17 棵树和 4 000 度电——这些电足够一个普通之家使用半年。此外，还会减少 74% 的空气污染。

回收多少报纸可以挽救一棵树?

一棵 35 ~ 40 英尺（10.6 ~ 12 米）高的树能制成一堆 4 英尺（1.2 米）高的报纸。因此需要回收这么多的旧报纸，才能挽救一棵树。

一份报纸能产生多少废纸?

每天收到的订阅的报纸，例如《旧金山新闻》（San Francisco Chronicle），平均一年下来会产生 550 磅（250 千克）的废报纸。《纽约时报》（New York Times）周日版平均产生 800 磅（360 千克）的废纸。

美国第一个强制收取饮料瓶押金的是哪个州?

1791 年，俄勒冈州第一个立法强制收取饮料瓶押金。押金每瓶 5 美分。

聚氯乙烯燃烧时会出现什么问题?

氯化塑料，如聚氯乙烯（PVC）等，燃烧时容易生成盐酸气体。在燃烧过程中，它还会生成含有氯气的混合物戴奥辛（一种致癌或致畸的杂钚族碳氢化合物，是制造除草剂和消毒剂的副产品）。聚苯乙烯、聚乙烯和聚对苯二甲酸乙二醇酯（PET）在燃烧时不会产生这些污染物。

塑料如何降解?

塑料不会生锈也不会腐烂。这是它的优点，但要清除塑料时，这个优点却变成了缺陷。可降解的塑料中有淀粉，它可以被吃淀粉的细菌破坏，最终塑料被分解为小碎片。

化学可降解的塑料可以被化学溶剂分解。外科手术中使用的可降解的塑料缝线，可以缓慢地溶解在体液中。光降解塑料含有经过两三年光照即可分解的化学物质。用来包装饮料的塑料外壳中，有 1/4 是由一种叫乙烯基类或乙烯基酮类共聚物制成的，而这种共聚物是可被光降解的。

塑料容器上的回收标记内的数字是什么意思？

塑料工业协会制定了一种非正式的编码方法，用以帮助回收人员对塑料容器进行分类。该标志印在塑料容器的底部。在组成三角形的 3 个箭头内，有一个数字码，数字含义被列在下表中。最常见的回收塑料是聚对苯二甲酸乙二醇酯（PET）和高密度的聚乙烯（HDPE）。

数 字 码	材 料	具 体 实 例
1	聚对苯二甲酸乙二醇酯（PET/PETE）	2升装软饮料瓶
2	高密度聚乙烯（HDPE）	牛奶瓶和水罐
3	乙烯（PVC）	塑料管、洗发水瓶
4	低密度聚乙烯（LDPE）	产品包装袋、食品保鲜盒
5	聚丙烯（PP）	软塑料挤瓶、吸管
6	聚苯乙烯（PS）	快餐包装盒、普通包装盒
7	其他	食品盒

什么产品是由回收的塑料制成的？

树 脂	一 般 用 途	回收树脂制成的产品
HDPE	饮料瓶、牛奶瓶、牛奶和软饮料箱、管线、电缆、胶片	机油瓶、洗涤剂瓶、管线和桶
LDPE	聚乙烯套袋，如垃圾袋、涂层薄膜和塑料瓶	新垃圾袋、货架、地毯、纤维填塞物
PET	软饮料瓶、洗涤剂瓶、果汁瓶	瓶子或盒子等容器
PP	汽车电池盒、螺旋式帽和瓶盖、一些酸奶盒和人造黄油盒、塑料薄膜	汽车零件、电池、地毯
PS	家庭用具、电子仪器、外卖快餐包装塑料工具	隔热板、办公设备、餐厅托盘
PVC	运动商品、行李、管线、汽车零件、洗发水瓶、发泡包装、薄膜	下水管线、筑栅栏材料、房屋侧板

一种叫聚酯纺织纤维的新型衣料纤维是由回收的塑料汽水瓶制成的。纤维被编织成衣服，如外穿的毛呢上衣或者长内衣。加工人员估计，每制成 1 磅（0.45 千克）聚酯纺织纤维，就可以使 10 个塑料瓶免于被填埋。

买东西时是选择塑料袋还是纸袋？

正确的回答是两者都不选，二者都对环境有害。对于哪一个更有害这一问题，至今也没有明确的答案。一方面，塑料袋在填埋场降解慢，如果被动物吞噬还会危及它们的生命，并且生产塑料袋还会污染环境。另一方面，生产超市使用的棕色纸袋耗费木材，污染空气和水。总之，与纸袋相比，制造白色或透明的聚乙烯袋时耗能少，并且对环境的损害也较小。无须在纸袋和塑料袋间进行选择，你可以带上可以反复使用的帆布袋或系绳包去商场，积攒并反复使用你能找到的任何纸袋或塑料袋。

手工刷碗要比自动洗碗机洗碗更环保吗？

通常洗碗机比手洗节约能源和水。由于品牌不同，洗碗机每洗一次通常消耗 7.5 ~ 12 加仑（28 ~ 45 升）水。手洗一天的碗盘可能用去 15 加仑（57 升）水。一项大学进行的研究发现，洗碗机耗水量比手洗用水量少 37%。

使用洗碗机时，可采用以下几个措施来达到节省能源的目的。如果洗碗机有辅助加热器，家用热水器的设置可下调到 120 ℉（49℃）。有的洗碗机有"不加热，风干"的功能设置，在最后清洗结束后，打开舱门，晾干碗盘，这样会更节能。由于大多数洗碗机都能处理油污严重的盘子，将碗盘装入机器前预冲洗通常会更费水。

什么是"沃波"？

"沃波"（世界瓶）是最早批量生产的容器，它还可以用作建筑材料。这一构想是喜力啤酒家族的阿尔伯特·海内肯（Albert Heineken）提出的。啤酒瓶被设计成特殊的形状加以使用，喝空后，可以做玻璃砖来盖房子。实际上，用"沃波"盖的房子仅见于阿姆斯特丹附近诺德韦克喜力庄园上的一个小棚和一个同时停放两台车的车库。尽管没有普及推广，但"沃波"不失为是一个聪明独特的设计，为环保问题提出了一个可供参考的解决方案。

第 5 章
生　物

细　胞

什么是细胞理论?

细胞理论认为一切生物都是由称为"细胞"的基本单位构成的。细胞是具有生命特征的最简单的物质存在形式,许多生命以单细胞有机体的形式存在。包括植物和动物在内的更多复杂有机体是多细胞结构的,它们由多种专门化的细胞组成,这些细胞无法长时间单独存在。所有的细胞都由早期的细胞分化而来,在地球生命漫长的演化历程中经历了各种各样的变化。生物体的任何变化都是从细胞开始的。

科学家有关细胞的重大发现是什么?

17 世纪后期,罗伯特·胡克(Robert Hook)首先在软木塞的切片中发现了细胞,随后在骨骼和植物中都发现了细胞的存在。1824 年,亨利·迪特罗谢(Henri Dutrochet)提出动物和植物都有相似的细胞结构。罗伯特·布朗(Robert Brown)于 1831 年发现了细胞核,马蒂亚斯·施莱登(Matthias Schleiden)于这一时期将其命名为"核仁"(现在认为细胞核的结构与核糖体有关)。施莱登和西奥多·斯旺(Theodor Schwann)于 1839 年提出一个更广泛的细胞理论,前者认为细胞是植物的基本单位,而后者将这一论断扩展到动物界。罗伯特·雷马克(Robert Remak)于 1855 年首次描述了细胞分裂。1888 年,威尔赫姆·冯·瓦尔登-哈茨(Wilhelm von Waldeyen-Hartz)命名了染色体,并在细胞核中发现了它。瓦尔特·弗莱明（Walter Flemming）成为在整个细胞分裂过程中对染色体进行跟踪研究的第一人。

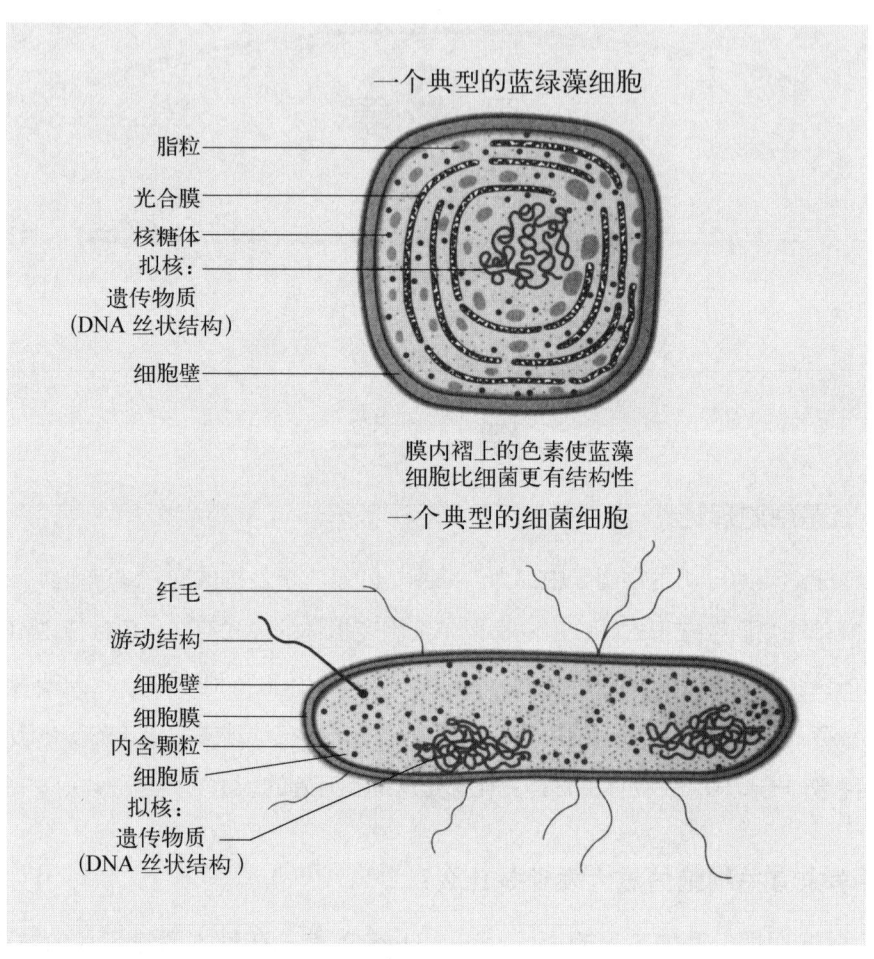

一个典型的蓝绿藻细胞

脂粒————

光合膜————

核糖体————

拟核：————

遗传物质
（DNA 丝状结构）

细胞壁————

膜内褶上的色素使蓝藻
细胞比细菌更有结构性

一个典型的细菌细胞

纤毛————

游动结构————

细胞壁————

细胞膜————

内含颗粒————

细胞质————

拟核：————

遗传物质
（DNA 丝状结构）

两个典型的原核细胞：蓝绿藻和细菌。

原核细胞和真核细胞的区别是什么？

每个有机体都是由两种结构不同的细胞类型之一构成的：原核细胞和真核细胞。只有单细胞生物具有原核细胞。原生生物、植物、真菌和动物都有真核细胞。

一个细胞中有多少线粒体？

线粒体的数量因细胞的种类而异，但人体肝脏的每一个细胞中都有超过 1 000 个线粒体。一个形式单一的线粒体是个可以自我复制的、具有双层膜的细胞器，可以在所有真核细胞（必有一个细胞核）的细胞质中被发现。每个细胞的线粒体的数量在 1～10 000 之间，平均值为 200。线粒体是许多代谢过程的场所，这些代谢过程对于三磷酸脉苷（ATP）、脂质和蛋白质的合成至关重要。

🔘 原核细胞和动植物真核细胞的细胞器有什么功能？

原核细胞和动植物真核细胞的细胞器功能如下：

结　构	功　能	原核细胞	真核细胞（动物）	真核细胞（植物）
细胞壁	保护、支撑细胞	有	无	有
细胞骨架	结构支撑；细胞运动	无	有	有
鞭毛和纤毛	运动或推动液体在表面的流动	有	常见	大多无
细胞膜	调控出入细胞的物质；识别细胞	有	有	有
细胞核	细胞的控制中心；指导蛋白合成和细胞繁殖	无	有	有
染色体	包含遗传信息	无	有	有
核仁	合成核糖体	无	有	有
核糖体	蛋白合成场所	有	有	有
线粒体	细胞的动力工厂；氧化代谢场所	无	有	有
叶绿体	光合作用的场所	无	无	有
溶酶体	消化老化的线粒体和细胞碎片；促使细胞死亡	无	有	有
内质网	形成隔间和囊泡	无	有	有
高尔基体	加工和转运细胞内蛋白质；形成分泌囊泡	无	有	有

🔘 植物细胞中有多少叶绿体？

叶绿体是光合作用的场所。绿色植物在光合作用中将二氧化碳和水合成糖，同时释放出副产品——氧气。叶绿体中含有叶绿素 A 和叶绿素 B，可以吸收光进行光合作用。单细胞植物可能仅有一个大叶绿体，而高等植物叶肉细胞可能有多达 20 ~ 100 个叶绿体。

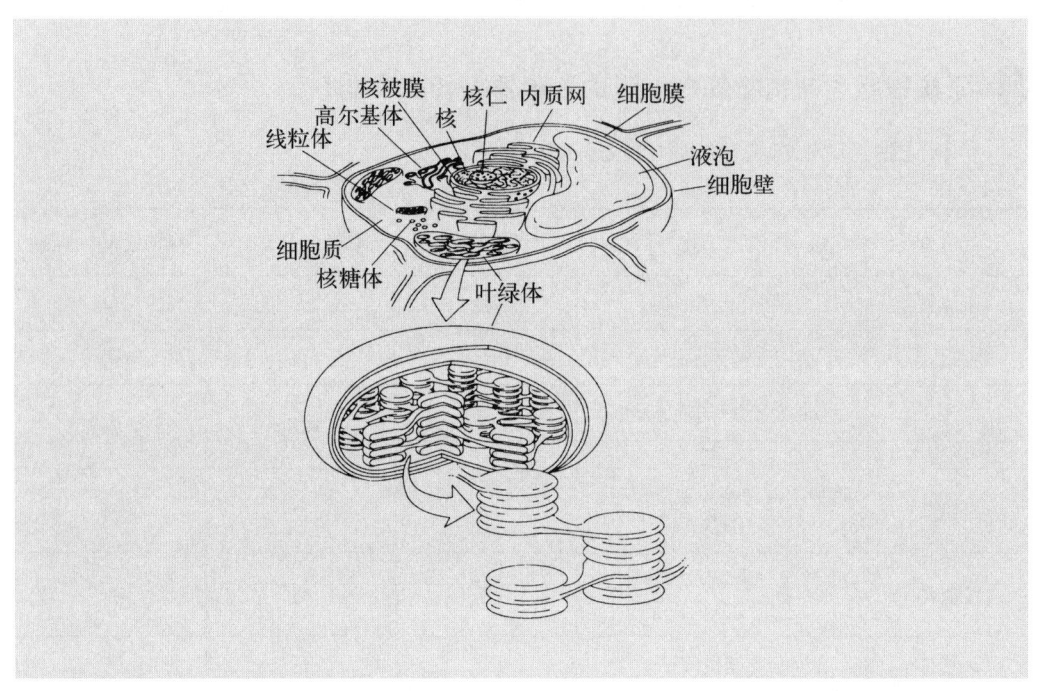

植物细胞的叶绿体。

所有细胞都有细胞核吗？

人体内只有红细胞没有细胞核，因此它们不能分裂。它们以每分钟 14 万个的速度在骨髓中产生。它们在人体的循环系统中存活大约 120 天后在肝脏中被破坏。

细胞有丝分裂分哪几个阶段？

高级有机体的真核细胞分裂包括两个阶段：有丝分裂（核分裂）和细胞质分裂（整个细胞的分裂）。实际细胞分裂的第一个进程是有丝分裂。在有丝分裂过程中，被复制的染色体受到调动，以便每一个新细胞获得一个完整的染色体。这一过程可分为 4 个阶段：前期、中期、后期和末期。性细胞的核分裂被称为减数分裂。通常有性繁殖须两个亲本，且总是与减数分裂和受精有关。

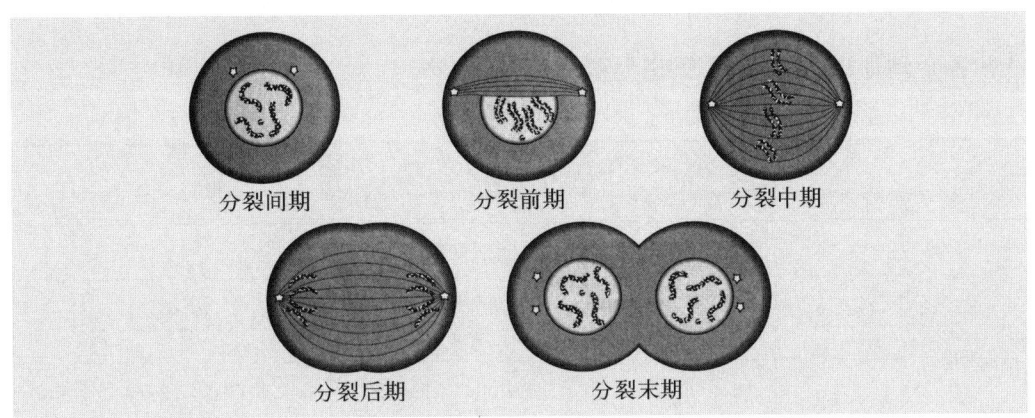

分裂间期　　　　　分裂前期　　　　　分裂中期

分裂后期　　　　　　　分裂末期

有丝分裂的不同阶段。

进化论和遗传学

达尔文的雀类研究的重要意义是什么？

在加拉帕戈斯群岛的研究中，查尔斯·达尔文仔细观察了动植物的样式，他认为物种经过长时间的演变会产生新的物种。达尔文收集了几种雀类，这些雀类都极为相似，但是每一种都进化出了专门的尖嘴或扁嘴，以便以不同的方式捕捉食物。有些雀类长着厚重的大嘴，便于敲开坚硬的植物种子。有的雀类长着细长的喙，便于捕捉昆虫。有一种雀利用细枝来捕食树洞中的昆虫。这些雀与南美的一种雀极为相像。实际上，加拉帕戈斯群岛上的所有动植物都与 600 英里（1 000 千米）外的南美海岸的动植物相似。达尔文认为，对于这种相似性最简单的解释就是南美大陆一些动植物的物种迁徙到了加拉帕戈斯群岛。这些动植物在它们新的家园中生活多年后发生了变化，形成了许多新的物种。进化论认为物种在长期面临自然环境的挑战中产生变化。

什么是间断平衡？

间断平衡是 1972 年奈尔斯·埃尔德雷奇（Niles Eldredge）和约瑟夫·J. 古尔德（Stephen J. Gould）首次详细阐述的宏观进化模式。它被视为新达尔文主义（主张渐进演变模式）的对立模式或其补充模式。间断平衡本质上认为地质史的大部分时间都处于进化变化较少的时期，在此之后则是较短的（从地质学的角度说，大概几百万年）迅速演变时期。

各个地质时期发生了哪些大事件？

纪	世	距今大约年代 （单位：百万年）	植物和微生物	动　　物
新生代（哺乳动物时代）				
第四纪	全新世	0.01	木本植物衰落，草本植物崛起	智人时代；人类主宰世界
	更新世	1.9	4次冰川时代，许多物种灭绝	4次冰川时代，许多大型哺乳动物灭绝
第三纪	上新世	6.0	草原面积扩大；森林减少；出现开花植物	大型食肉动物；草食哺乳动物；最早的灵长类
	中新世	25.0		许多现代哺乳动物进化
	渐新世	38.0	森林扩大；植物开花，单子叶植物崛起	大型类人猿进化；哺乳动物进化；剑齿虎
	始新世	55.0	裸子植物和被子植物繁盛	哺乳动物时代开始；现代鸟类、灵长类哺乳动物进化
	古新世	65.0		
中生代（爬行动物时代）				
白垩纪		135.0	被子植物崛起；裸子植物衰落	恐龙由鼎盛转向衰落，然后灭绝；齿鸟灭绝，第一批现代鸟类出现；原始哺乳动物灭绝
侏罗纪		200.0	蕨类和裸子植物普遍	大型恐龙；食虫有袋动物
三叠纪		250.0	裸子植物和蕨类称霸	恐龙首现；产蛋哺乳动物
古　生　代				
二叠纪		285.0	针叶树演变	类似爬行动物的现代昆虫；古生无脊椎动物灭绝
石炭纪		350.0	蕨类和裸子植物繁盛；大片沼泽；石松和木贼	大量古鲨鱼；许多棘皮动物、软体动物和昆虫；早期的爬行动物；古代两栖类遍布
泥盆纪		410.0	陆生植物形成；森林出现；裸子植物出现	鱼类时代；两栖动物；无翅昆虫和千足虫出现
志留纪		425.0	维管束植物出现；藻类繁盛	鱼类进化；海生蜘蛛繁盛；早期昆虫；甲壳动物

纪	世	距今大约年代 （单位：百万年）	植物和微生物	动 物
古 生 代				
奥陶纪		500.0	海生藻类繁盛；陆生植物首现	无脊椎动物兴盛；早期鱼类出现
寒武纪		570.0	藻类繁盛	海生无脊椎动物时代
前寒武纪时代				
太古代和元古代		3 800.0	细菌细胞；然后是原始藻类和菌类；海生原生动物	末期出现海生无脊椎动物
无生代		4 600.0	地球起源	

人类是怎样进化的？

人们普遍认为，现代人（智人）的人类谱系起源于一个大约 5 英尺高的猎人——能人。据推断，他是从非洲南方古猿进化而来的。更新世伊始（200 万年前），能人就已经变成了直立人（爪哇人），学会了用火，并拥有自己的文化。在更新世中期，约 12 万 ~ 4 万年前，直立人已经开始稳步地向智人（尼安德特人、克罗马农人和现代人）进化。史前智人会建造木屋和缝制衣服。

遗传学的奠基人是谁？

奥地利牧师和生物学家格雷戈尔·孟德尔（Gregor Mendel）被公认为是遗传学的奠基人。通过采用统计学知识来分析生物学现象，他发现了具体的和固定的比率，并以此阐述遗传的规律。然而，是英

奥地利牧师、生物学家格雷戈尔·孟德尔用蚕豆实验确立了遗传规律。

国生物学家威廉·贝特森（William Bateson）将孟德尔的工作引入了科学界的界野，而且"遗传学"一词也是贝特森首创的。

什么是孟德尔遗传？

孟德尔遗传是指遗传性状进行的遗传。奥地利牧师格雷戈尔·孟德尔对这一过程进行了研究和描述。孟德尔是正确推导出遗传基本原理的第一人。孟德尔遗传性状因为受一个基因或基因对的控制，因此也被称作单基因遗传特征。很多种人类疾病被认为或疑似与孟德尔遗传有关，包括常染色体显性遗传（如神经纤维瘤病）、常染色体隐性遗传（如囊性纤维化）、性连锁显性和隐性病症（如色盲和血友病）。

总之，孟德尔遗传疾病的发病率在人类人口中约为1%。许多造成人的差异性的非异常特征也是以孟德尔遗传方式实现的。

《物种起源》的重要意义是什么？

查尔斯·达尔文（Charles Darwin）在他的著作《物种起源》（*On the Origin of Species*）中最先提出了进化理论。《物种起源》的出版迎来了一个新的时代，促使人类对于人的属性问题进行思考。它所引起的思想革命连同对世界和人类自我概念的影响远远超过牛顿等人。第一版发行当天（1859年11月24日）就引起了轰动。该书一直被视为"震撼了世界的一本书"。每当人们讨论人类的未来、世界人口爆炸、生存斗争、人类与宇宙的意义，以及人类在自然界中的地位时，皆基于达尔文的理论。

该书是作者以博物学家的身份在"贝格尔号"军舰上对环球科考航行中的发现进行缜密分析和解读的成果。在那个年代，对生物多样性最盛行的解释就是《圣经·创世纪》（*Genesis*）中的故事。《物种起源》首次呈现了科学合理、组织严密的进化证据。达尔文的进化论基于"适者生存、优胜劣汰"的自然选择。如果个体间遗传能力存在差异，这个种族就必然会稳步完善。这个过程需要两步：第一步产生变异，第二步是这种变异经过自然选择的筛选，最有利的变异往往被保留下来。

谁首先提出"适者生存"？

尽管该词经常使人联想到达尔文，但它却是英国社会学家赫伯特·斯宾塞（Herbert Spencer）首创的。它描述的是这样一个过程：不适合周围环境的有机体往往会消亡，而达尔文有过好几个绰号。作为一个年轻的博物学家,他有学术追求,在"贝格尔号"上他被称作"菲洛斯"(Philos,哲人)。当同船的其他人对他满船的标本感到极为厌恶的时候,人们叫他"捕蝇草"(Flycater)。后来当他成为科学界的领袖后,记者称呼他为"唐恩的贤者"(The Sage of Down)和"科学的圣徒"(The Saint of Science),但他的朋友托马斯·亨利·赫胥黎(Thomas Henry Huxley)私下里却叫他"唐恩的恺撒"(The Czar of Down)和"科学的教皇"(Pope of Science)。他自己最喜欢的绰号是"傻瓜斯图尔特"(Stultis the Fool)。这个绰号是指他努力尝试做那些持有偏见的人认为不会有结果甚至是愚蠢的实验。

更适应周围环境的有机体更易于存活。

什么是贝氏拟态?

1861 年,英国博物学家亨利·沃尔特·贝茨(Henry Walt Bates)提出,无毒物种可以演变成(尤其在颜色和色彩图案上)一种看似有毒或不可食的物种,或者表现得更像一个有毒的物种,以避免被捕食者吃掉。典型的例子是美洲黑红蝴蝶模仿捕食者不吃的美洲黑脉金斑蝶。这就是"贝氏拟态"。在另一个例子中,鹰蛾幼虫感到不安时胀起头部及胸部,加之它的眼睛,看起来像一条小毒蛇的头。这种模仿甚至体现在行为上:幼虫前后晃动它的头部,像蛇一样发出"嘶嘶"声。后来德裔动物学家弗里茨·穆勒(Feitz Muller)发现,两种有毒物种也会互相模仿。这种现象叫作"穆氏拟态"。

斯科普斯审判(猴子审判)发生在何时?

中学生物教师约翰·T.斯科普斯(John T. Scopes)于 1925 年因讲授进化论被田纳西州法院传唤。田纳西州立法机构新通过一条法令:不准在该州公立学校讲授任何否定神创造人的理论。斯科普斯对此提出质疑,因而被定罪和判刑。但这一判决后来被撤销,而且该法令也于 1967 年被废除。

当时,学校董事会承受的压力仍然影响进化论的教学。反进化论者极力禁止讲授进

■ 黑红蝴蝶（左）自然进化后与捕食者不吃的黑脉金斑蝶（右）极为相似。

化论，即坚持《圣经·创世纪》中描绘的"人是神的独创"的观点。这引出了很多问题，其中包括政教分离的问题、公立学校的教学问题及科学家与市民的沟通能力问题等。逐步完善的化石记录、比较解剖学的成果和许多生物科学的发现，使进化思想被更广泛地接受。

什么是"红皇后假说"？

红色皇后假说也被称作"不断灭绝定律"，得名于刘易斯·卡罗尔（Lewis Carroll）《爱丽丝镜中奇遇记》（*Through the Looking Glass*）一书。书中，红皇后告诉爱丽丝，她必须以最快的速度奔跑才能待在原来的地方。这一论说是指一个物种循序渐进的进化，代表着所有其他物种的生存环境的恶化。这促使其他物种为了跟上步伐而进化。

质粒和朊病毒的区别是什么？

质粒是从细菌染色体分离的一个很小的、环状的、可以自我复制的DNA分子。质粒通常不在细胞外，并且通常对细菌细胞有益。质粒常常在基因工程中用来接收外源 DNA。朊病毒是一种传染性的蛋白质因子或结构变异的蛋白质，它可能会将相关的蛋白质转换为更多的朊病毒。朊病毒可能会导致一些退化性脑疾病，如人类的疯牛病或克雅氏综合征（CJD）。

什么是聚合酶链反应？

聚合酶链反应又称"PCR 技术"，是一种在不使用细胞的情况下非常迅速地扩增或复制 DNA 片段的实验室技术。DNA 与一种特殊的 DNA 聚合酶被培养在试管中，加入核苷酸和作为 DNA 合成引物的一小段单链 DNA。聚合酶链反应可在数小时内复制数十亿个特定 DNA 片段。每个 PCR 周期只需要 5 分钟左右。在周期结束时，一部分 DNA ——甚至带有数百个碱基对的 DNA ——已增加一倍。聚合酶链反应设备可反复重复这一周期。聚合酶链反应速度远远高于通过制造一个重组质粒并让其在细菌内复制来克隆 DNA 的速度。

PCR 技术是生化学家凯利·穆利斯（Kary Mullis）于 1983 年开发的，当时他正供职于加利福尼亚州一家生物技术公司——希特斯公司。1993 年，穆利斯因开创了 PCR 技术而获得了诺贝尔化学奖。

什么是基因工程？

基因工程，俗称"分子克隆"或"基因克隆"，是指在试管中人工重组核酸分子，将它们植入病毒、细菌质粒或其他载体系统，随后将嵌合分子纳入宿主有机体中，使它们能够继续繁殖。这样的分子组成也被称为"基因操纵"，因为它通常涉及利用生化手段产生新型遗传组合。

基因工程技术包括细胞融合和重组 DNA（RNA）或基因剪接的使用。在细胞融合过程中，精子和卵子细胞坚硬的外膜被酶剥夺，然后脆弱的细胞在化学物质或病毒的作用下混合并结合，结果可能从两个品种中产生一个新的生命形式。重组 DNA 技术通过利用细菌质粒（游离在细菌主要染色体外面的小型环状 DNA 片段）和一些酶〔如限制性内切核酸酶（可切断 DNA 链）、逆转录酶（从 RNA 链可制得一个 DNA 链）、DNA 连接酶（可将 DNA 链连接在一起）和标记聚合酶（可从一个单链"引物"分子中得到双链 DNA 分子）〕将一个有机体特定的遗传活性转移到新的有机体。这一进程是从分离合适的 DNA 链和对其进行片段化开始的。这些片段和载体结合后，被带入细菌细胞，在这里 DNA 片段继续在已打开了的 DNA 质粒上"拼接"。这些杂交质粒现在与宿主细胞混合，形成转化细胞。因为只有部分转化细胞能表现出所期望的特性或基因的活性，所以转化细胞被分开培养，并独自发育。这个方法已成功地为生物技术产业生产了大量的激素（如胰岛素）。要转化动物和植物细胞是更难的一项任务，然而，能使植物具有抗病性和耐旱性，以及使动物长成较大体型的技术还是存在的。因为基因工程可以干扰遗传的过程并能改变我们的遗传结构，所以人们对这种力量的伦理后果以及创造这些细菌形式可能产生的健康和生态方面的后果感到担忧。遗传工程的应用领域如下：

农业：提高作物产量，增强抗病性和耐旱性；防止因低温导致作物受损的细菌性喷剂；通过改变动物性状对牲畜进行改良。

工业：使用细菌将旧报纸和木屑转换成糖；用吸油及吸毒细菌处理石油泄露或清除有毒废物；用酵母菌以加速葡萄酒的发酵。

医学：改变人类基因以消除疾病（实验阶段）；更快、更经济地生产人类急需的重要物质，以缓解其供应不足和疾病的症状（但不能治愈），如胰岛素、干扰素（用于治疗癌症）、维生素、人体生长激素 ADA、抗体、疫苗和抗生素。

科研：在医学研究中改变基因结构，尤其是在癌症研究方面。

食品加工：奶酪陈化中应用的凝乳酶。

基因工程的首次商业应用是什么？

DNA 重组技术的首次商业应用是从细菌中生产人工胰岛素。1982 年，人工合成胰岛素被批准用来治疗糖尿病。胰岛素通常由胰腺产生，被屠宰的动物如猪或羊的胰腺作为胰岛素源。为了提供一个可靠的人类胰岛素源，研究人员从携带制造人类胰岛素遗传信息的人类细胞中提取 DNA 基因。科研人员复制了一份携带这种胰岛素基因的 DNA，并把它移植到一个细菌中。当细菌在实验室中生长时，微生物从一个细胞分裂成两个细胞，这两个细胞都得到一份复制的胰岛素基因。这两个微生物继续生长，然后分裂成 4 个，4 个变成 8 个，8 个变成 16 个，依此类推。每个细胞分裂就产生两个新的细胞，每个都有一份复制的人类胰岛素基因。由于细胞都有一份胰岛素的遗传"食谱"，因此它们能够制成胰岛素蛋白。

🌐 基因工程造出的最大蛋白质是什么?

拜耳公司生产的"第八血凝因子"是至今为止遗传工程制造的世界上最大的蛋白质,也是第一种基因工程药物。它由 2 322 个氨基酸组成,分子量为 30 万(相比之下,人类胰岛素只由 51 个氨基酸组成)。作为凝聚剂,"第八因子"发挥着维持生命的关键作用。血友病正是这种蛋白质缺失或功能不正常造成的。因此,即使是轻微的出血,如果未经处理,都可能导致患者死亡。

🌐 什么是人类基因组计划?

美国人类基因组计划始于 1990 年,由美国能源部和国家卫生研究所协调开展。该计划原定历时 15 年,但有效的资源和技术进步使预计完成日期提前至 2003 年。该计划的目标是找出人类 DNA 中大约 3 万个基因,确定组成人类 DNA 的 30 亿个碱基对的序列,并将这方面的资料储存在资料库中,改善数据分析的工具,向私营部门转让相关技术和提出该计划中可能出现的伦理、法律和社会问题。该目标不仅是确定这些基因,而且还要进行生化信息解码,直到找出遗传的编码,即所有基因的 4 个核苷酸的基本成分:A(腺嘌呤)、C(胞嘧啶)、G(鸟嘌呤)和 T(胸腺嘧啶)。这些字母编码在双螺旋结构的 DNA 中是以序列对链接的,意味着这一进程中有 30 亿碱基对参与其中。人类基因组的测序工作已被誉为当代最具有突破性的科学活动之一。它使我们能够深入地了解人类历史和个体身份,并为诊断、治疗和预防疾病开拓了广阔天地。

🌐 什么是克隆?

克隆是由原细胞通过有丝分裂(一个细胞分裂成两个细胞),或核分裂(细胞核分裂,每个染色体分裂成两个)产生的一组细胞。它延续现有的生物体的遗传特质。数百年来,园丁们一直在通过扦插克隆(复制)植物。对于那些不能扦插繁殖的植物或动物,现代科学技术大大扩展了克隆的范围。植物克隆技术始于植物扦插,取在繁殖力、装饰性或其他标准方面最好的一部分。由于所有植物的细胞都含有可以重建整个植物的遗传信息,所以插条可以取自植物的任何部分。放置在一个具有营养化学物质和生长激素的培养基中,插条中的细胞开始分裂,每 6 个星期增加一倍,直到细胞团产生小的、白色的球状点,即所谓的胚状体。这些胚状体发育成根或嫩芽,并且开始长成小型植物。这些植物移植到混合肥料中，长成与母本植物一样的副本。整个过程需花费 18 个月。这个过程也被称作组织培养，被用来制造克隆的油棕、芦笋、凤梨、草莓、抱子甘蓝、花椰菜、香蕉、康乃馨、蕨类植物等。除了形成优良、高产植物的副本，这种方法还通过种子遗传控制病毒性疾病。

⬡ 人类能被克隆吗?

理论上是可能的。然而，克隆人类胚胎有很多技术障碍，克隆人之前必须先解决所产生的伦理、道德、哲学、宗教和经济问题。大多数科学家认为，在目前的条件下克隆人是不安全的。

核移植或体细胞核转移是指将一个细胞的细胞核及其遗传物质转移到另一个细胞中。体细胞核转移可能被用来制造与受援体基因相容的组织。同时它也可以用于治疗特定的疾病。

	核 移 植	人类的生殖性克隆
最终产品	在培养皿中成长的细胞	人类
目的	治疗特定疾病的组织生成	替换或复制人类
时间框架	几星期(生长在培养液中)	9 个月
是否需要代孕母亲	不需要	需要
是否创造人	否	是
伦理影响	与所有胚胎细胞的研究类似	极其复杂的问题
医疗影响	与任何基于细胞的疗法类似	安全和长期疗效方面的担忧

⬡ 被成功克隆的第一个动物是什么?

1970 年，英国分子生物学家约翰·B. 格登（John B. Gurdon）克隆了一只青蛙。他将一个蝌蚪的肠道细胞的细胞核移植到一个去除细胞核的青蛙卵细胞中，这个卵细胞发育成了一只成体青蛙。该青蛙的所有细胞都具有这个蝌蚪的基因组，因此是蝌蚪的克隆体。

⬡ 被成功克隆的第一个哺乳动物是什么?

第一个由成体细胞克隆的哺乳动物是多利（Dolly），一只母羊，出生于 1996 年 7

月。多利出生在苏格兰的一个研究所。伊恩·维尔穆特（Ian Wilmut）领导的生物学家小组从一个成年母羊的一个乳腺细胞里提取了细胞核，把它移植到从另一个母羊身上提取的一个去核卵子中，施加电脉冲使细胞核与新的宿主融合，当卵细胞开始分裂并发育成为一个胚胎后，它被移植到一只代孕母羊体内。多利是捐赠乳腺细胞核的母羊的孪生妹妹。1998 年 4 月 13 日，多利生下了邦妮（Bonnie）。

▌绵羊多利是世界上第一个被成功克隆的成体动物。

什么是干细胞？

干细胞是来自早期胚胎的全能细胞。作为全能细胞，它们有能力分化成所有最终出现在成体中的细胞类型，包括肌肉、血液、神经或任何其他组织。

谁最先提出了胚种论？

胚种论是指属于微粒物质范畴的微生物、孢子、细菌，穿越宇宙空间，最终降落在一个合适的星球，并在那里开创新的生命起源。这个词本身意味着"泛种"。19 世纪，英国科学家开尔文勋爵（Lord Kelvin）提出，生命可能从外太空抵达地球，也许是由陨石带来的。1903 年，瑞典化学家斯万特·阿雷纽斯（Svante Arrhenius）提出了更加复杂的胚种论，认为地球上的生命起源于外星孢子、细菌和微生物的"种子"。

🔵 DNA 和 RNA 的区别是什么？

DNA（脱氧核糖核酸）是由核苷酸的单体聚合而成的核酸。核苷酸由磷酸（PO_4）、糖（脱氧核糖）和一个碱基组成。DNA 的碱基又可分为 4 类：鸟嘌呤（G）、胸腺嘧啶（T）、腺嘌呤（A）、胞嘧啶（C）。在 DNA 分子中，这个基本单元重复出现在两条核苷酸链组成的双螺旋结构中。这种链接要么出现在 A 和 T 之间，要么出现在 G 和 C 之间。碱基的结构不允许其他类型的连接。这种著名的双螺旋结构好像一个扭曲的长梯。1962 年，诺贝尔生理学或医学奖授予了确定 DNA 分子结构的詹姆斯·沃森（James Watson）、弗朗西斯·克里克（Francis Crick）和莫里斯·威尔金斯（Maurice Wilkins）。

RNA（核糖核酸）也是一种核酸，但它是由一根单链构成的。糖是核糖，而不是脱氧核糖。除了出现在 DNA 中的胸腺嘧啶（T）被另一种只与腺嘌呤（A）相连的尿嘧啶（U）取代外，碱基都是相同的。

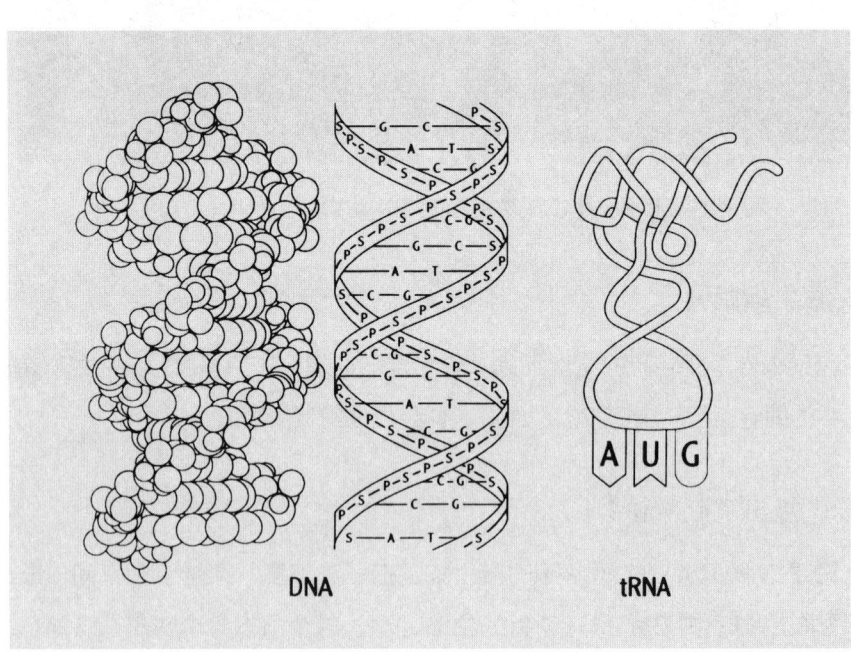

DNA 和 RNA 的双螺旋结构。

🔵 什么是 P53？

1979 年，p53 被发现。p53（有时被称为"基因组的守护天使"）是一种基因，当细胞的 DNA 被损坏时，它充当"紧急制动装置"以制止导致肿瘤生长和癌症的细胞周期性的分裂。它也充当一个"杀手"，在受损细胞发生病变的 DNA 被复制前编制自毁方案。然而，当 p53 发生变异时，它可能会失去其抑制力，或起到实际上促进异常细胞生长的破坏性作用。事实上，p53 是人类肿瘤中最常见的突变基因。科学家发现，一种化合物能够还原一个突变 p53。该发现可能导致针对 p53 基因突变的抗癌药物的发展。

一个典型的人类细胞中有多少DNA？

如果一个人类细胞中的DNA被拉伸并首尾相连排列，它长约6.5英尺（2米）。人体分布在数万亿个细胞中的DNA长达100亿～200亿英里（160亿～320亿千米）。

哪种生物的染色体最多？

心叶瓶尔小草，一种蕨类植物，拥有最多超过 1 260 条（630 对）染色体。

谁被视为胚胎学的奠基人？

德国外科医生卡什帕·弗里德里希·沃尔夫（Kaspar Friedrich Wolff）被视为胚胎学的奠基人。沃尔夫于 1759 年出版了他革命性的著作《繁殖理论》（Theoria Generations）。此前人们普遍认为，每个生物体都是从成人的种子或精子内一个人体微缩模型发展而来的。沃尔夫提出了这一理论：植物或动物的胚胎细胞最初是未指定的（不确定的），但后来会分化产生具有不同组织类型的独立器官和系统。

"个体发育重演系统发育"的含义是什么？

个体发育是生物体从受精卵到成体的发育过程；系统发育是一群有机体的进化史。因此，这个起源于 19 世纪生物学的短语，其含义是随着高级生物胚胎的发育，它将经历某些低级生物发育为成体的某些阶段。例如，在某个阶段，人类胚胎中会出现鳃并且外形有些类似于蝌蚪。

生命过程、结构及其他

什么是生物钟？

公元前 3 世纪由中国人首先发现，生物钟是一个内在机制，它控制植物和动物各种代谢活动的节奏。有的活动（例如交配、休眠和迁移）有一个年度周期；有的活动（如女性排卵及月经周期）遵循月历周期。不过，大部分活动都有昼夜节律，一天一夜 24 小时。250 年前，昼夜周期首先在植物中被发现。现有几乎所有的植物和动物都利用昼夜周期来调控代谢功能：植物花瓣或叶子的打开和闭合、发芽和开花，人体体温的变化、激素的分泌、血糖和血压水平及睡眠周期。

对这些日常节奏的研究的时间生物学揭示了，许多事故发生在凌晨 1—6 点之间，大多数婴儿出生在上午，心脏病发作往往发生在上午 6—9 点之间，并且大多数奥运纪录是在傍晚被打破的。生物钟的调节器可能是位于动物（包括人类）大脑中的松果腺。

生理韵律是否有科学依据？

几乎没有科学依据支持生理韵律。生理韵律认为，控制人类行为有 3 个精确的周期：生理周期 23 天；情绪周期 28 天；智力周期 33 天。危险临界时期会发生在两个或两个以上的周期相交的时候。

相比之下，生物节律（如活动周期、进食周期和睡眠周期）是众所周知的。它因人而异，大部分与地球 24 小时自转周期相关联。生物节律是真实的，而生理韵律则是骗人的。

"施皮格尔曼怪物"是什么？

美国微生物学家索尔·施皮格尔曼（Sol Spiegelman）进行了一次试验，发现最小的分子能够自我复制。他用一种名为 QB 的病毒开始实验。该种病毒包括一个由 4 500 个核苷酸（核酸单位）组成的单个核糖核酸（RNA 分子）。

通常，这种病毒可以通过侵入活细胞进行自我复制，因为它需要一个细胞复制酶。当施皮格尔曼向一个试管中的病毒添加复制酶和核苷酸后，病毒连续进行了几轮的自我复制，这时一个少于 4 500 个核苷酸的突变体出现了。这个突变体小一些，但它的复制速度比原来的病毒快得多。随后，另一个变体出现并替换了前一个变体，依此类推。最后，病毒退化成为一小段只有 220 个核苷酸的核糖核酸，它是识别复制酶所需的最小单位。这个小试管怪物只要条件允许就可以继续高速复制。

🏵 谁是生物化学的奠基人？

扬·巴普蒂斯塔·范·海耳蒙特（Jan Baptista van Helmont）被称为"生物化学之父"，因为他用化学术语研究并表现重要的生命现象。F. 霍佩-塞勒（F. Hoppe-Seyler）在 1877 年创造的"生物化学"一词，生物化学是与动态的生物化学过程或代谢有关的科学。该学科综合了化学家的动物化学和植物化学与生物学家和医生的生理化学、动物化学或生物化学。

海耳蒙特毕生致力于化学的研究，并将其视为医药学的真正关键。同时他被奉为现代病理学的创始人之一，因为他研究了疾病的外因以及疾病导致的解剖结构变化。

🏵 最早被发现的氨基酸是什么？

1806 年，法国化学家尼古拉斯-路易·沃克兰（Nicolas-Louis Vauquelin）从芦笋中分离出的天冬酰胺是第一种被发现的氨基酸。

分类、度量和术语

🏵 什么是生物信息学？

生物信息学是生物学、计算机科学和信息技术融合而成的一门科学，其最终目标是发现新的生物见解，以及创造一种全球视角，以便从中发现生物学的统一原理。生物信息学内部有 3 个重要的分支：1. 发展新的计算方法和统计方法来评估大型数据集之间的成员关系；2. 分析和解释不同类型的数据，包括核苷酸和氨基酸序列、蛋白质域和蛋白质结构；3. 开发和实施能够高效获取和管理不同类型信息的工具。

🏵 什么是放射性碳测年？

放射性碳测年是一个通过测量史前物体中的放射性碳含量以确定其年龄的过程。该技术是由美国化学家威拉德·F. 利比博士（Dr. Willad F. Libby）在 20 世纪 40 年代后期确立的。所有的生物都含有一种特殊的碳同位素——碳 14，它是由宇宙射线轰击大气中的二氧化碳而产生的。动物或植物死亡后，它们不再吸收放射性碳，现有的放射性碳开始以精确的、均匀的速度衰变（通过释放粒子）。其 5 730 年的半衰期能够测量过去 3.5 万～5 万年和史前发生的事件。最近加速质谱仪的发展，可以分离并检测不同质量的原子粒子，可以以一个较小的样本来确定更精确的日期。可测量余下的碳 14，并且可以和一个活的样本进行比较。这样一来，50 000 年或更短时间内的动物或植物（或更确切地说是其死亡后历经的时间）的年龄就能被确定。

继利比之后，其他有较长半衰期的同位素被用来作为"地质时钟"，来测定古老岩石的年龄。同位素铀 238（衰变为铅 206）的半衰期为 45.0 亿年，铀 235（衰变为铅 207）的半衰期为 7.04 亿年，钍 232（衰变为铅 278）的半衰期为 140.0 亿年，铷 87（衰变为锶 87）的半衰期为 488.0 亿年，钾 40（衰变为氩 40）的半衰期为 125.0 亿年，钐 147（衰变为钕 143）的半衰期为 1 060.0 亿年。这些同位素被用在形成气体的光发射（热释光）的定年技术中。其他测定过去的方法包括树年轮测龄（计数年轮）和热剩磁测龄（将岩石磁场与地球磁场变化的日期图表相比较）。

谁首创了"生物学"一词?

卡尔·布尔达赫（Karl Burdach）首先使用该词指代对人类的研究。让·巴蒂斯特·拉马克（Jean Baptiste Pierre Antoine de Monnet Lamarck）在 1812 年赋予该词以更宽泛的含义。他相信科学的整体性，为包括了化学、气象学、地质学、植物学和动物学在内的学科，创造了"生物学"一词。拉马克认为，个体获得的变化是积极的、几乎有目的的功能性适应的结果。这种变化以某种方式体现在基因上，从而成为后代特征的一部分。今天很少有专业生物学家认为这种事情会发生或可

让·巴蒂斯特·拉马克的进化理论早于查尔斯·达尔文，并对其理论有重大影响。

能发生。

生物学是有关生物的科学（希腊语 bios，意为"生命"），曾被笼统地分为两大领域，研究动物的动物学（希腊语 zoon，意为"动物"）和研究植物的植物学（希腊语 botanes，意为"植物"）。生物学现在被细分为数百个涉及生命结构、功能和分类的专门领域。它包括解剖学、生态学、胚胎学、进化论、遗传学、古生物学和生理学。

"分子生物学"一词起源于何处？

洛克菲勒基金会自然科学部的主任沃伦·韦弗（Warren Weaver）最先使用了"分子生物学"一词。韦弗用 X 射线衍射调查遗传的分子基础和生物大分子的结构。他在 1938 年的报告中称这个相对较新的领域为分子生物学。

什么是悉生学？

悉生学是对在无菌或只包含已知具体的细菌的环境中长大的动物或其他生物进行的科学研究。这些动物首先被从母体中取出，然后被放置在消过毒的隔离笼中。科学家们可以利用这些动物来确定具体的因子，如病毒、细菌和真菌对身体有怎样的影响。

当前生物分类的 5 个界是什么？

卡罗勒斯·林奈（Carolus Linnaeus）于 1735 年基于有机体的相似度和差异性的分类方法把所有的生物分成动物和植物两界。然而，从那以后，真菌似乎不能被妥善地分到两界中的任何一个界。尽管真菌一般被认为属于植物界，但它们没有叶绿素、根、茎或叶，几乎与任何真正的植物都没有相似之处。它们还有动物

分类学家卡罗勒斯·林奈设计了一种至今仍在使用的动植物分类方法。

界的一些特征，以及自己独特的属性。因此，真菌属于另一界。因采用生化技术和电子显微镜观察，生物体根本的差异被发现，在这些新证据的基础上，R.H. 惠特克（R. H. Whittaker）在 1959 年提出了目前的 5 界分类法。每个界分别列出如下：

原核生物界——单一细胞生物体，没有环绕细胞遗传物质的细胞膜。原核生物这一术语适用于这一情形：遗传物质游离于没有膜形成的细胞核的细胞质中。该界包括细菌和蓝绿藻（也称为蓝绿菌或蓝藻）。细菌不产生自己的食物，但蓝藻可以。蓝藻是 35 亿～15 亿年前的主要生命形态，通过光合作用产生了世界上大部分的氧气。

原生生物界——由于在细胞质中发现细胞核膜和其他细胞器，大多数单细胞有机体有环绕细胞遗传物质的细胞膜，所以它们是真核生物。原生生物界包括真正的藻类、硅藻、软泥霉菌、原生动物和眼虫。原生生物在营养模式等诸多方面是多种多样的。某些古老的单细胞生物可能是活生生的例子，它们引起了多细胞真核生物（真菌、植物和动物）的出现。

真菌界——单细胞或多细胞真核生物（有细胞核膜或在遗传物质的周围有细胞膜）。细胞之间的细胞核流动使细胞看似有多个细胞核。这种独特的细胞结构，加上独特的有性繁殖模式，使真菌有别于其他所有的有机体。由香菇、酵母菌、霉菌等构成的真菌不产生自己的食物。

植物界——多细胞生物体，有细胞核和细胞壁，直接或间接滋养所有其他的生命物质。大多数使用光合作用（含有叶绿素的绿色植物利用太阳光作为能量的来源，合成复杂的有机物，特别是碳水化合物的过程），并且大多数是自养生物（从无机物中制造自己的食物）。

动物界——多细胞生物体，真核细胞（无细胞壁）形成组织（进而形成器官）。大多数动物通过摄入其他生物获得食物；它们是异养生物（不能利用无机元素生产自己的食物）。大多数动物至少在生命周期的一部分中能够四处走动（移动）。

目前的动物和植物分类系统是谁创立的？

对数百万种植物和动物进行命名和排列经常被称作分类学，这种分类提供了一个比较和概括的基础。一种常见的分类形式是一种有层次的安排，在组内再分组，不同的组别以等级表示。

卡罗勒斯·林奈创立了一个分级的植物分类体系（1753 年）和动物分类体系（1758

年），使用了今天仍然在使用着的命名系统。每一个植物和动物都被赋予两个拉丁语学名（双名法），一个是属的名字，一个是种的名字。他通过观察具体的异同对生物进行归类。虽然林奈开始只分了两个界，但是当代分类已扩大到 5 个界。每个界分为两个或两个以上的门。属于同一门的生物之间比另一个门的生物具有更密切的关系。这些门可以继续再向下分，每下降一级，生物彼此之间的关系都要比上一级近得多。一般来说，从一般到具体的分级排名系统是界、门、纲、目、科、属和种。此外，中间的分类层次可以在名前加入前缀"亚"或"总"，比如，"亚门"或"总科"。动物学家多次对动物分类进行研究，他们的分类并不一致。随着新信息的出现和新阐释的发展，这个分类系统仍在不断发展和变化。下表比较了 4 种生物 5 个界的等级分类。

分类等级	人 类	蝗 虫	白 松	伤寒菌
界	动物界	动物界	植物界	原生生物界
门	脊索动物门	节肢动物门	导管植物门	细菌门
纲	哺乳纲	昆虫纲	裸子植物亚门	裂殖菌纲
目	灵长目	直翅目	松柏目	真细菌目
科	人 科	蝗科	松 科	杆菌科
属	人 属	飞蝗属	松 属	沙门氏菌属
种	智人种	美洲种	北美乔松	伤寒沙门氏菌

真菌、细菌、藻类及其他

⚙ 肉眼看得见细菌吗？

1985 年，生活在刺尾鱼肠道内的微生物费氏刺骨鱼菌首次被发现，还被误认为是原生动物。后来的研究分析了该生物的遗传物质，证明这是一种前所未有的超大细菌——直径 0.015 英寸（0.38 毫米），大小相当于小号字体中的一个句点。

⚙ 细菌繁殖的速度有多快？

在适宜的环境中，无论是在实验室的培养液中，还是在自然环境中，细菌都可以很快地繁殖。例如，生长在适宜条件下的大肠杆菌每20分钟分裂一次。实验室培养液中的一个细菌可以在12小时内形成$10^7 \sim 10^8$个细菌的菌群。

什么是炭疽？

能引起炭疽病的炭疽杆菌是菌体粗大、革兰氏染色阳性、无动力、由孢子形成的杆状细菌。炭疽杆菌的3个致病因素是水肿毒素、致命毒素以及囊抗原。人类炭疽有3个主要的临床表现：皮肤炭疽、肺炭疽和肠炭疽。如果得不到治疗，各种形式的炭疽可导致败血症（血液中毒）和死亡。

硅藻是什么？

硅藻是可在显微镜下看得见的微小藻类，属于原生生物界的硅藻门，颜色呈黄色或褐色。几乎所有的硅藻都是单细胞藻类，生活在淡水及咸水中，尤其是北太平洋和南极的寒冷水域中。硅藻是海洋浮游生物（浮动的动物和植物）和许多小动物的一种重要的食物来源。

硅藻有坚硬的细胞壁，这些"硬壳"是由它们从水中提取的二氧化硅形成的。目前还不清楚它们是如何做到这一点的。当它们死亡后，它们玻璃状的硅藻外壳沉到海底硬化，变成岩石，即所谓的硅藻土。其中最有名的和易得的硅藻之一是加利福尼亚州中南部沿海的蒙特雷地层。

"仙女环"是怎样形成的？

"仙女环"又称蘑菇圈，往往在一片草地上被发现。它有3种类型：不影响周围植被的蘑菇圈、造成植被疯长的蘑菇圈及破坏周边环境的蘑菇圈。蘑菇圈是从菌丝体（位于地下，是真菌吸收食物的部分）开始形成的。真菌是在草地的外缘生长的，因为腐烂的菌丝体"耗尽"中心土壤的养分。这将形成一个环形的效果。以后的每一代离这个中心越来越远。

真菌的科学研究被称为什么？

与真菌有关的科学是真菌学。过去，真菌被分在其他的界中，但现在，根据其独特的细胞结构和有性繁殖的独特形式，真菌被公认为是一个单独的界。

真菌是异养生物（不能从无机物中产生自己的食物）。它们分泌的酶在体外消化食物，真菌细胞吸收养分。它们的活动在自然界中是必不可少的，可以分解有机质和促进养分循环。

一些被叫作腐生生物的真菌从非生物有机质中获得养分。其他真菌是寄生虫，它们从活的宿主的有机组织中获得养分。绝大部分的真菌是多细胞生物并且具有丝状结构。蘑菇是一种繁殖结构的变体。孢子在蘑菇中（上）生长。蘑菇上每个孢子分离后，也可能会长成一个新的蘑菇。

地衣是什么？

地衣是生长在岩石、树枝或裸露地表上的生物。它们由共生在一起的绿藻和无色真菌组成，没有根、茎、花或叶。真菌没有叶绿体，不能自己制造食物，但是可以从完全被它包围的藻类那里吸收养分，同时使藻类免受阳光和水分的侵害。

真菌和藻类的这种关系称为共生（两个生物紧密联系，不一定对两者都有利）。地衣是第一个被公认的并且仍然是共生现象的最佳典型。地衣共生的特性在于，它发展得非常完善和平衡，以至于表现得像一个单一的有机体。

谁首创了"病毒"一词？

英国医生爱德华·詹纳（Edward Jenner）是病毒学的奠基人，他开创了疫苗接种治疗的先河，并首先创造了"病毒"一词。使用对某一病毒有免疫力的病毒正是詹纳所采用的策略，他给一些人接种牛痘（奶牛得的一种疾病），使他们免得天花。这个过程就是疫苗接种。疫苗一词的拉丁语名为"牛痘"。疫苗通常是剂量非常温和的致病细菌或病毒（减毒的或灭活的）。这些疫苗刺激体内产生抗体，抗体识别并攻击感染部位。病毒是一种非常微小的寄生生物，只能在宿主细胞内繁殖。病毒侵入宿主细胞后自我复制，并接管了细胞进行 DNA 复制的"器械"。然后病毒颗粒冲破细胞，引起疾病。

现代细菌生物学的创始人是谁？

德国细菌学家罗伯特·科赫（Robert Koch）和法国化学家路易·巴斯德（Louis Pasteur）被公认为现代细菌学的创始人。巴斯德发明了一种保存食物或饮料的方法，他通过加热食品，使温度高到足以杀死大部分导致腐败和疾病的微生物。这一过程被称作巴斯德灭菌法。通过证明肺结核是一种特定的芽孢杆菌所造成的传染性疾病，而不是遗传造成的，科赫为公众健康奠定了坚实的基础，这将大大减少这种疾病的发生。他分离微生物的操作方法、他的实验程序和4个测定病因的原则，使医学研究者能够更好地了解和控制细菌感染。

法国化学家路易·巴斯德被认为是现代细菌学的创始人之一。

🌐 为什么科赫原则具有深远的意义？

德国细菌学家罗伯特·科赫在研究生物体致病的过程中提出了后来研究人员认为很有价值的4个原则。要证实某种病毒是某种疾病的起因，必须满足以下4个条件：

1. 必须在所有发病动物身上而不是健康动物身上发现大量的病毒。

2. 必须从发病动物身上分离出这种病毒，并使其在实验室的培养皿中繁殖。

3. 当分离出的病毒被注射到其他健康动物的体内，其他健康的动物必须患上同样的疾病。

4. 必须从实验宿主身上重新找到、分离疑似致病病毒，与先前病毒比对，二者完全相同。

第 6 章
植物世界

物理特征、作用及其他

🌳 如果将地球的历史压缩为一年，那么植物在进化过程中有哪些重要日期？

时间（百万年）	事　件	日　期
3 600	藻类首次出现	3月21日
433	陆生植物出现	11月27日
400	蕨类和裸子植物出现	11月30日
300	主要的煤层形成	12月8日
65	开花植物出现	12月26日

🌳 **授粉的最佳类型是什么？**

　　能生长发育的花粉转移到植物的柱头、胚珠或胚厚基（将来发育成种子）上时，有效授粉就会发生。未经授粉，便没有受精。由于植物是不可移动的有机体，它们通常需要借助外部因素将植物的花粉传递到可以受精的地方。这种情况形成异花授粉，即一植物的花粉通过媒介传到另一植物的柱头上。一些植物能进行自花授粉——将自己的花粉转移到自己的柱头上。但两种方法中，异花授粉似乎更好一些，因为它可以引入新的遗传物质。

异花授粉的媒介包括昆虫、风、鸟类、哺乳动物和水。很多时候，花朵提供一种或多种"好处"——油脂、香水、含糖花蜜、固体食物、栖息之所，来吸引这些媒介，有时甚至是花粉本身。有时植物"引诱"这些媒介传播花粉。通常植物利用鲜艳的色彩和芳香的气味来吸引这些媒介。例如，有些兰花使用气味和颜色，成功地模仿某些雌性蜜蜂和黄蜂，相应的雄性蜜蜂和黄蜂就会尝试与它们交配。通过这一过程（伪交配），兰花实现了受精。尽管有些植物迎合各种媒介，但是其他植物还是非常有选择性的，并且只通过某一种昆虫授粉。这种极端的授粉的专一性，往往能够保持一个植物物种的纯度。

植物结构可适应所用媒介的类型。例如，像其花粉可经风传播的草类和针叶树，其结构简单，往往没有花瓣，随意暴露的枝状柱头可以捕获空气中传播的花粉。细长花丝上的花药（产生花粉的器官）悬垂，使轻飘飘的、圆圆的花粉很容易被风吹走。这些植物出现在昆虫媒介很少的草原和山区。相比之下，半封闭、不对称、花期长的花（例如鸢尾、玫瑰和金鱼草等）都有一个"着陆平台"和位于花基部的花蜜，以容纳蜜蜂等昆虫媒介。大量黏稠花粉会轻而易举地附在昆虫身上，从而传到另一朵花上。

什么是向性？

向性是植物受到刺激而引起的反应运动，包括如下几类：

向药性——植物对化学品的反应，可能发生叶子内卷。

向地性——植物对地心引力的反应，相对于地心引力运动。植物嫩芽向上生长为负向地性，而根向下生长为正向地性。

向水性——植物对水分和湿度的反应，如根向水源方向生长。

偏日性——植物叶子避开阳光暴晒的反应。

向光性——对光线的反应，植物转向光源方向为正向光性；植物背向光源方向为负向光性。嫩芽主轴通常是正向光性；根一般对光线不敏感。

向温性——植物对温度的反应。

向触性——植物的攀爬器官对接触的反应。例如，植物的卷须会像弹簧那样缠绕在支撑物上。

乔木和灌木

🌳 铁杉有毒吗？

有两种常见的植物被称为铁杉：毒芹和加拿大铁杉。毒芹生长迅速，它的任何部位都有毒。古时候，人们冒着中毒的巨大风险，使用极少量的这种植物来缓解疼痛。古代，毒芹主要用于执行死刑。古希腊哲学家苏格拉底死于口服毒芹制成的药水。注意不要将其和常绿科加拿大铁杉混淆。加拿大铁杉的叶子可以用来泡茶。

🌳 美国寿命最长的树种是什么？

在美国的树中，最古老的是狐尾松（刺果松），生长在内华达州和南加利福尼亚州的沙漠中（尤其是在怀特山），有些树已经超过 4 600 岁了。这些松树的潜在寿命估计有 5 500 岁。但同世界上幸存的最古老的物种，即中国浙江的银杏相比，它们是比较年轻的了。银杏树最先出现在 1.6 亿年前的侏罗纪时期。银杏俗称白果或公孙树，这一树种在公元前 12 世纪就已经在日本种植了。

美国寿命最长的树种

树　名	树龄(年)	树　名	树龄(年)
刺果松	3 000 ~ 4 700	花旗松	750
巨　杉	2 500	落羽杉	600
红　木	1 000 ~ 3 500		

🌳 如何通过树的年轮计算重要事件发生的时间？

可以将不明年龄的一段木头和正在生长的树木进行比较，以确定这段木头曾经是这棵树的一部分的日期。因此，只要一个事件涉及破坏或砍伐这棵树，树木年轮就可以用来确定该事件发生的时间。建设一座中世纪大教堂或美洲印第安人村庄的时间；发生的地震、滑坡、火山爆发或火灾的时间；甚至一幅荷兰油画的木材板条被切割的确切日期都可以确定。每年树木都会产生一个环形的年轮，它由一个较宽的浅色环和一个窄的深色环组成。在春季和初夏，树干细胞快速生长变大，这就形成了宽的浅色环。在冬季，生长速度大大减缓，细胞小得多，这会产生窄的深色环。在最寒冷的冬天或干热的夏季，则没有细胞产生。

 谁是根据树干截面年轮判断树龄的第一人？

画家、工程师莱昂纳多·达·芬奇（Leonardo da Vinci）注意到了这一现象。他还发现，某年的潮湿度可以通过树年轮之间的距离确定。距离越大，树木周围地面的湿度就越大。

年轮反映了树的年龄，并且明确显示出诸如季节性降雨量等气候状况。

 为什么落叶在有些年份是鲜红色，在有些年份则是暗红色？

红色秋叶的产生有两个必要的条件：叶子造糖必须在温暖、晴朗的日子；温暖的日子之后必须是气温 45 ℉（7.2℃）以下的凉夜。这种天气组合使树叶中聚集了糖和其他物质，这促成了红色花青素的制造。温暖的阴天限制了暖色的形成。随着阳光的减少，糖的合成也减少，并且这一小部分糖被转移到树干和树根中，在那里它不会产生颜色效果。

 成年的橡树上有多少片叶子？

一棵健康的老橡树估计有大约 25 万片叶子。

 美国板栗遭到栗疫病破坏之前，板栗树在美国东部森林所占的比例是多少？

20 世纪，栗疫病菌破坏了美国板栗，使之变成了小株和残杆。在此之前，它是重要的森林树种，广泛分布在北美东部。宾夕法尼亚中南部、新泽西和新英格兰南部，近乎一半的阔叶林都曾被板栗占据。在整个范围内，该物种在几乎占全部树木总量 1/4 的落叶林中处于绝对优势地位。

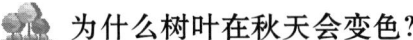 为什么树叶在秋天会变色？

类胡萝卜素（光合细胞中的色素）是造成秋天落叶颜色差异的主要原因。在生长季节，这种色素出现在叶片中。不过，颜色被绿色的叶绿素遮盖。到了夏末，当叶绿素生产停止时，类胡萝卜素的其他颜色（如黄色、橙色、红色或紫色）就显现出来了。下面列出的是一些常见树木的秋季叶片的颜色。

树　　木	颜　　色
糖槭和漆树	火焰红和橘黄色
红枫、山茱萸、檫树、猩红栎	暗红色
杨树、桦树、郁金香树、柳树	黄　色
桉　树	洋李紫
橡木、榉树、落叶松、榆树、山核桃、美国梧桐	棕褐色或褐色
洋　槐	落叶前保持常绿
黑核桃和灰胡桃	落叶前不会变色

栗疫病不能破坏栗树的哪些部位？

栗疫病不能破坏栗树的根部，它能迅速长成一棵新栗树。

最高的树是什么树？

曾测量的最高的树是澳洲维多利亚省瓦茨河谷的澳洲桉树。据 1872 年的报道，测到过一棵 435 英尺（132 米）高的澳洲桉树，它原本可能超过 500 英尺（152 米）。

什么是榕树？

榕树是亚洲热带地区的固有树种，榕属成员之一。它是一种壮观的常绿树种，有时高达 100 英尺（30.48 米）。由于庞大的枝杈横向蔓延，树枝扎地成根，成为继生的支柱样的支撑树干。一年下来，一棵榕树可能会蔓延到占据一个巨大的区域，外围周长达 2 000 英尺（610 米）之广。

怎样识别松树、云杉、冷杉？

识别这 3 种树的最佳方法就是通过它们的松果和叶子：

松　树	
美国五针松	每束五根松针，松针柔软，长 3 ~ 5 英寸*。球果长 4 ~ 8 英寸。
欧洲赤松	每束两根松针，松针硬挺，黄绿色，长 1.5 ~ 3 英寸。球果长 2 ~ 5 英寸。
云　杉	
白云杉	深绿的松针坚硬，但不刺人，生于枝条四周，长不到 1 英寸。松果长 1 ~ 2.5 英寸，下悬。
蓝云杉	松针长约 1 英寸，银蓝色，硬挺且有刺；松针生于树枝四周。松果长 3.5 英寸。
冷　杉	
香脂冷杉	针扁平，长 1 ~ 1.5 英寸，成对相对排列。松果竖直，圆柱形，长 2 ~ 4 英寸。
弗雷泽冷杉	貌似香脂冷杉，但松针较小且更圆。
花旗松	单松针，长 1 ~ 1.5 英寸，极软。松果鳞片长有伸出的刚毛。

*1 英寸 = 0.025 4 米

冬季北美的哪些针叶树会落叶？

水杉是落叶乔木。叶片在夏天呈亮绿色，秋季落叶之前为红铜色，这种树以前只作为化石被世人所知。1941 年该树种在中国被发现，美国自 20 世纪 40 年代以来一直种植落叶乔木。美国农业部向全美实验种植者分发种子，现在水杉已经遍布全美。

秋天唯一会全部落光叶子的美国本土针叶树是落羽杉和落叶松。

蔷薇科有树吗？

苹果树、梨树、桃树、樱桃树、李树、花楸树和山楂树都是蔷薇科的树种。

"猴球树"（奥塞奇橙）是什么树？

奥塞奇橙（学名桑橙）会结出较大的、酷似橙子的果实，这些果实大致呈球形，直径 3.5 ~ 5 英寸（8.8 ~ 12.7 厘米），表面粗糙，有卵石般的感觉。

🌳 为什么含羞草的叶片在受到触摸后会合拢?

含羞草受到触摸后,刺激传递到植株的其他部位。然后,电信号开启运动细胞,从而控制叶片运动。

🌳 生长最快的陆生植物是什么?

竹子的生长速度是最快的,24 小时内可以长高约 3 英尺(1 米)。这种快速的生长是细胞分裂和细胞增大造成的。

🌳 如何用甘油保存叶子?

通常用甘油和水来保存比较粗糙的叶子,如玉兰叶、杜鹃花叶、榉树叶、冬青叶、石南叶或鸡爪枫叶。这些叶子应保持新鲜。作为秋季的颜色,叶片应在刚变色的时候采摘。保存液是由两份开水与一份甘油混合制成的。如果有必要的话,将叶茎分离,放到温和的溶液中,距液面约 3 ~ 4 英寸(7 ~ 10 厘米)。当叶子上形成甘油滴时,表明已经吸收了足够的甘油。擦去过多的油。整株树枝也可以这样处理:用一个足够大的容器使得溶液完全覆盖所有的叶子。这种方法中使用的溶液由等量的甘油和水制得。树叶放在厚报纸上控水几天,然后用一点肥皂水清洗,夹在绳上晾干即可。

花和其他植物

🌳 植物学的创始人是谁?

古希腊人狄奥弗拉斯托斯(Theophrastus)被称作"植物学之父"。他的两部植物学巨著《植物志》(*On the History of Plants*)和《植物的本源》(*On the Canses of Plants*)内容如此丰富,以至于在 1800 年后植物学才有了新的发现。他将农业实践和植物学结合起来,确立了植物生长的理论,分析了植物的结构。他将植物和周围的自然环境联系起来,发现了 550 种不同的植物,并对其进行分类和描述。

🌳 花的各个组成部分是什么?

萼片——位于花蕾的外侧或开放花朵的下面，其作用是保护花蕾不干枯。一些萼片通过本身的刺或化学物质抵御天敌。

花瓣——用来吸引传粉媒介，通常在授粉后不久就会脱落。

花蜜——含有由开花器官分泌的不同量的糖和蛋白质，通常在花杯内部的杯底形成。

雄蕊——花的雄性繁殖器官，由长丝及产生花粉的花药组成。

雌蕊——雌性繁殖器官，由柱头、花柱和含有胚珠的子房组成。受精后，胚珠发育成熟，变成种子。

🌳 "不完全花"是什么意思?

"不完全花"是指单性花，只有雄蕊（雄性器官）或者雌蕊（雌性器官）的花。

🌳 鳞茎与球茎、块茎和根茎有什么不同?

"鳞茎"一词泛指任何长于地下的存储器官。存储器官为休眠期储存能量。休眠是植物度过恶劣的气候条件（冬季的严寒或夏季的干旱）的自然方法。

鳞茎由一个小的基生盘（可以发育成根的变态茎）和肉质鳞片构成。包围胚胎的鳞片是为鳞茎休眠和早期生长提供养分的变态叶。有些鳞茎有一个薄如纸的鳞茎皮覆盖在鳞片外面。基生盘能够使鳞片固定在一起。新的鳞茎在基盘的侧芽长出。郁金香、水仙、百合和风信子都具有鳞茎。

球茎其实是一个已变化成一大团存储组织的变态茎。球茎上方的"眼睛"是一个生长点。球茎被与鳞茎皮类似的干叶基盘所包裹。根从球茎基盘的下侧长出。新球茎长在老球茎上方或旁边。球茎类花卉包括剑兰、小苍兰和番红花。

块茎是一个像球茎的、坚实的大块地下茎，但没有基盘和外衣。根和芽从"眼"（生长芽）周围、底部甚至顶部长出。有的块茎呈圆形，有的块茎是扁平且凹凸不平的。块茎包括大岩桐、花叶芋、毛茛和银莲花。

块茎根是一个已吸收了水分及养分的膨胀根，就像是一个块茎，在老茎基础上出现新的生长，在那里形成根。块茎根可以通过老茎上切掉带"眼"的一块进行繁殖。大丽花有块茎根。

┃ 食虫植物茅膏菜用细长的叶子吸引并捕捉昆虫。

根茎是一个增厚的分权储存茎，通常沿土壤表面或稍低于土壤表面横向生长。根在底部表面向下生长，而芽和叶片从根茎向上生长。它通过将母体切成小块进行繁殖。日本鸢尾、西伯利亚鸢尾和有髯鸢尾、马蹄莲和延龄草是根茎。

食虫植物如何分类？

食虫植物是吸引和捕食动物并消化吸收其身体汁液以获取营养的植物。食虫植物根据捕食的性质及其俘获机制，被分为 450 ~ 500 种和 12 个属。捕虫器主动闭合展示了在捕获猎物过程中动作的快速。捕蝇草和黄花狸藻是主动型捕虫器。半主动捕虫器利用两个阶段的闭合，猎物先被捕虫器的黏性液体捕获，当猎物挣扎时，捕虫器慢慢收紧抓力。茅膏菜和捕虫堇的捕虫器是半主动的闭合。被动的捕虫器用花蜜引诱昆虫，使之陷入捕虫袋中被水淹死。被动的捕虫器的一个例子是猪笼草（5 个属）。北卡罗来纳州东南部绿色沼泽自然保护区的食虫植物种类最多。

哪些植物对儿童是安全的？

有些植物即使被儿童吞食，也会被认为是安全的：

非洲紫罗兰	金盏花
紫菀	诺福克岛松
海棠	矮牵牛

波士顿蕨	紫色激情（芦笋）
加利福尼亚州罂粟	玫瑰
彩叶草	吊兰
蒲公英	瑞典常春藤
麝香百合	虎百合
栀子花	紫罗兰
凤仙花	吊竹梅
玉树	白网纹草

🌳 植物有何象征含义？

芦荟——治愈、保护和关爱	当归——灵感
侧柏——不变的友谊	矢车菊——单身的祝福
罗勒——美好祝愿、爱情	月桂——光荣
洋甘菊——耐心	细香葱——实用
白三叶草——想我	香菜——隐藏的价值
小茴香——忠诚	茴香——恭维
蕨类——真诚	天竺葵——真正的友谊
秋麒麟草——鼓励	向日花——永恒的爱
冬青——希望	蜀葵花——抱负
金银花——爱的契约	夏至草——健康
牛膝草——牺牲、清洁	常春藤——友谊、继续
斗篷草——安慰	薰衣草——奉献、美德
柠檬香蜂草——同情	墨角兰——开心、幸福
薄荷——清爽永恒	牵牛花——爱戴
旱金莲花——爱国	栎树——力量
牛至——物质	三色堇——思想
欧芹——欢庆	松树——谦卑
红罂粟——安慰	玫瑰——爱情
迷迭香——回忆	金光菊——正义

芸香——优雅、明目　　　　　鼠尾草——智慧、不朽

蓝鼠尾草——我想你　　　　　红鼠尾草——永远属于我

香薄荷——趣味、有趣　　　　酸模——关爱

青蒿——坚贞、戏谑　　　　　香豌豆——快乐

香车叶草——谦卑　　　　　　艾菊——敌意

龙蒿——持久的兴趣　　　　　百里香——勇气、力量

缬草——乐意　　　　　　　　紫罗兰——忠诚、奉献

蓝色紫罗兰——忠诚　　　　　柳树——悲伤

百日草——思念不在身边的朋友

"一品红"会使孩子和宠物中毒吗？

"一品红"会使孩子和宠物中毒的说法是错误的。即使孩子吃了整株"一品红"，也只不过胃有些不适罢了。

 不同种类和颜色的玫瑰分别有何象征意义？

玫　瑰	意　义	玫　瑰	意　义
黄玫瑰	嫉妒；不忠	包心玫瑰	爱情使者
红色玫瑰花苞	青春；美丽	新娘玫瑰	幸福的爱情
白玫瑰	沉默	卡罗来纳玫瑰	危险的爱
兰开斯特玫瑰	团结	五月玫瑰	早熟
勃艮地玫瑰	无意识的美	苔藓蔷薇	情色妖娆
麝香玫瑰	变化无常的美	圣诞玫瑰	安宁
犬蔷薇	愉悦和痛苦	绒球玫瑰	文雅

 哪种兰花常用作胸花？

以英国植物学家威廉·卡特利（William Cattley）命名的淡紫色的卡特兰经常被用作胸花。

美国的国花是什么?

经过多年的审议,美国于 1986 年 10 月 7 日正式定玫瑰为国花。其他被提名的备选花有山茱萸、山月桂和耧斗花。

 不同国家的国花都是什么?

国　家	国　花	国　家	国　花
阿根廷	波塞花	洪都拉斯	玫　瑰
澳大利亚	金合欢	印　度	莲　花
比利时	罂　粟	爱尔兰	三叶草
玻利维亚	黄杨叶坎吐阿木	意大利	百　合
巴　西	卡特兰	日　本	菊　花
加拿大	糖　槭	墨西哥	仙人掌
智　利	智利风铃草	纽芬兰	瓶子草
中　国	牡　丹	新西兰	银　蕨
哥斯达黎加	卡特兰	挪　威	石　楠
丹　麦	三叶草	波　兰	罂　粟
厄瓜多尔	金鸡纳	俄罗斯	向日葵
埃　及	睡　莲	苏格兰	蓟　花
英格兰	玫　瑰	南　非	帝王花
法　国	鸢　尾	西班牙	石　榴
德　国	矢车菊	瑞　典	北极花
希　腊	紫罗兰	瑞　士	火绒草
荷　兰	郁金香		

 西番莲花有何特殊意义?

16 世纪西班牙修士最先给这种花命名。他们从这种花的形态中看到了耶稣受难的象征:该花有 5 个花瓣和 5 个萼片,这象征耶稣受难时在场的 10 个忠诚的门徒；5个花丝的花冠与基督头上的荆棘冠类似，5个雄蕊代表在耶稣身上的5处伤口；3个柱头代表钉入他手脚的3枚钉子。大多数的西番莲花原产于西半球热带地区。

众所周知的短语"芝麻开门"与芝麻有什么关系？

芝麻种子成熟后会裂开，该短语很可能受到这一现象的启发。中东人对这种植物非常熟悉，并且在近东地区的饮食中，芝麻籽和芝麻粉仍然被使用。

茴香在古代是用来做什么的？

罗马人将茴香从埃及带回欧洲，用来抵税。它成为流行的调味品，用来制作蛋糕、甜饼、面包和糖果。

在美国北部，春天第一朵盛开的野花是什么？

北方春天的第一朵花是不同寻常的，而且比较罕见，因为它的花开在沼泽中。臭菘在2月份开花。在新英格兰和中西部，人们一般都知道春天开花最早的是獐耳细辛，它在3—4月初开花。

什么是苦艾？

苦艾是一种耐寒的、生长迅速的多年生芳香草本植物，通常高度为3～4英尺（61～122厘米）。它原产于欧洲，但广泛生长于北美。利口苦艾酒的原料是从该植物中提取的。

三叶草最多能有多少片叶子？

在美国发现了有十四片叶子的白三叶（白车轴草）和红三叶（红车轴草）。

曼陀罗草的名称是从哪里来的？

曼陀罗草是剧毒植物詹姆斯城杂草名称的讹误。在弗吉尼亚的詹姆斯城，殖民者非常熟悉这种杂草。它也被称为"刺苹果""疯狂苹果""臭草""天使的小号""魔鬼的小号""白人的杂草"。即使少量的进食这种植物的任何部分都有潜在的较高的致命性。即使如此，在这种植物中发现的一些生物碱还是被医生用作麻醉剂。

丝瓜海绵是什么？

丝瓜是一种非木质的葫芦科藤本植物。果实内部纤维骨架被用作海绵。英语常用名有时写成"loofah"。洗碗布葫芦、抹布葫芦和蔬菜葫芦都是颇受欢迎的丝瓜海绵的别名。

常春藤会破坏砖墙吗？

纽约植物园的专家说，常春藤有可能破坏已经有隐患的墙壁，但完好的砂浆通常不会受到影响。

长势茂盛的常春藤使墙体潮湿，它吸附在墙上的吸盘很容易腐烂。某些有机物形成腐殖酸，能够溶解碳酸盐岩，如大理石和石灰砂浆。

猫为什么喜欢猫薄荷？

猫薄荷（荆芥）是一种耐寒的多年生草本植物，为猫科动物所喜欢，也称为土荆芥或山藿香，属薄荷科。整个猫科都对猫薄荷有反应。美洲狮、猞猁、老虎和狮子等闻到猫薄荷的刺激性气味会出现打滚、蹭脸、伸爪、扭动身体等行为。猫薄荷叶片中的油脂可能使猫兴奋，因为它含有一种叫反式荆芥内酯的化学物质，与雌猫尿液中的一种排泄物类似。

为什么有些蘑菇被称作毒菌？

"毒菌"一词可追溯到中世纪，和当时被认为是有毒的蟾蜍联系在一起。形状似凳子的毒菌是不可食的毒蘑菇。据说蟾蜍受到惊吓时，背后的疣会分泌出有毒物质蟾毒素。

什么是"活石"？

南非石质沙漠中的各种肉质植物，因其模仿其周围的环境被赋予此名。每个植物嫩芽由两个几乎融合在一起的鼓起的叶片组成，且颜色类似于鹅卵石。较大的雏菊样的花是从这两片叶子之间长出的。

亚马孙河维多利亚王莲有什么独特之处？

它超大！仅在亚马孙河上被发现，王莲的叶子直径达 6 英尺（1.8 米）。12 英寸（30

厘米）的花在连续两个晚上的黄昏时开放。

园艺、农艺及其他

 最肥沃、生产力最高的土壤类型是什么？

菜园土有 3 个大类：黏土、砂土、壤土。黏土土壤沉重，很多粒子紧紧贴在一起。用手指捏黏土，可以在手中形成一个光滑的泥球。大多数植物很难从黏土中获得养分，而且土壤往往容易涝渍。黏土土壤非常适合一些根较深的植物，如薄荷、豌豆、蚕豆等。

沙质土壤质轻，粒子不会黏在一起。用手搓沙质土壤，会出现沙砾碎末。沙质土壤适合许多高山和干旱的植物，如龙蒿和百里香等中草药和洋葱、胡萝卜、西红柿等蔬菜。

壤土被认为是最好的菜园土，因为它均衡地混合了较小和较大物质颗粒。它很容易向植物根部输送养分，而且它们也容易排涝并能很好地保留水分。手抓壤土可以形成球状，但它含砂，不会像黏土一样发亮。

 化肥袋上的数字表示什么意思？

如 15-20-15 这样的三个数字是指化肥中植物所需的大量营养元素的重量百分比。第一个数字代表氮，第二个代表磷，第三个代表钾。为了确定每个元素在化肥中的实际数量，用化肥的总重量（磅）乘以这个百分比。例如，标有 15-20-15 的一袋 50 磅（22.7 千克）化肥，含有 7.5 磅（3.4 千克）的氮、10 磅（4.5 千克）的磷和 7.5 磅（3.4 千克）的钾。其余的为添加物。

 菜园土的"pH"值是什么意思？

从字面上看，pH 值代表"潜在的氢元素"（potential of hydrogen）。土壤学家使用该词体现土壤样品中的氢离子浓度。相对的碱度和酸度通常用 pH 值表示。该值的中性点是 7。土壤测试 pH 值低于 7 就是酸性；土壤测试 pH 值大于 7 就是碱性。pH 值是基于一个以 10 为底数的对数。因此，测试 pH 值为 5 的土壤的酸性是 pH 值为 6 的土壤的 10 倍，而测试 pH 值为 4 的土壤的酸性是 pH 值为 6 的土壤的 100 倍。

最适合植物生长的土壤的 pH 值是多少?

当土壤 pH 值介于 6.0 和 7.5 之间时,磷、钙、钾、镁等养分最容易被植物吸收。在强酸条件下(低 pH 值),这些养分变得不易溶解,不易被植物吸收。土壤 pH 值高也会降低植物对营养成分的吸收。如果土壤碱性大于 pH 值 8,磷、铁和许多微量元素不溶解,不能被植物吸收。

是否有简便快捷的土壤酸碱度的测定方法?

有的园丁利用简单的味觉和嗅觉来检查土壤。酸性土壤闻起来和尝起来都是酸的。有人将土壤样品放到一瓶醋中。如果醋开始冒泡,就说明土壤中有许多石灰。如果没有气泡,则应向每平方码(0.84 平方米)土壤中添加 4 盎司(113 克)石灰。

翻土的最佳时间是何时?

尽管一年中任何时刻均可以翻土,但秋天翻地效果最佳。秋天翻地使地表毛糙,冬天的冷冻和解冻会打碎土块并使土壤空气流通。越冬的昆虫大部分会被清除。冬季平整的土地将减少来年春天播种时土壤出现气穴的可能性。秋天翻土为土壤添加剂(如粪肥和堆肥)在播种前的分解提供了时间。

花园土如何制成盆栽土?

花园土必须经过消毒,然后混合粗沙和泥炭苔,才能制成盆栽土。将土壤放入加盖的烘盘中,放进烤箱即可消毒。当插入土壤中的温度计在 30 分钟内显示温度达 180 ℉(82℃)时,盆栽土便制得了。

合成土的成分是什么?

合成土由多种有机物和无机物组成。无机物包括轻石、烤黏土、煤渣、蛭石、珍珠岩和沙土。蛭石和珍珠岩用来存留水分和排涝。有机物包括木头渣、粪肥、泥炭藓、植物残渣和泥煤。泥炭藓可以保湿和降低混合物的 pH 值。添加石灰可以抵消泥煤的酸性。合成土又指生长基、混合土、盆栽土、植物培养基、温室土、盆栽混合土和改良土。多数合成土缺少重要的矿物质,可以在混合过程中添加或者与水一起添加。

🌳 "双层掘土"是什么意思?

"双层掘土"适宜多年生作物,会形成较深的播种床,尤其是如果该地区土壤由重黏土组成时。它需要移走 10 英寸(25 厘米)的表层土壤到保存区,然后再向下挖 10 英寸(25 厘米),用有机物和化肥改良这一层土壤。第一次挖掘的土壤也照此进行改良,然后回填原处。

🌳 什么是"节水型园艺"?

"节水型园艺"大量种植节水作物,这是缺水地区进行园艺的现代方法。"节水型园艺"一词源于希腊语"xeros",意为"干燥",这种园艺方式使用抗旱的作物和低维护的草本植物,仅需要两到三周浇一次水。滴灌、种植床厚覆盖和有机土改良是其他的节水技术,可以更好地促进水分的吸收和保存,进而减少浇水时间。

🌳 植物的"双重休眠"是什么意思?

需要双重休眠的植物为了让种子发芽,需要一个独特的分层。这些植物的种子必须有一个温暖和水分充足的时期,然后再经历一个寒冷的时期。如果要发芽,种子包衣和种子胚胎必须进行这种双重休眠。在自然界中,这一过程通常需要两年。一些有名的植物都需要经历双重休眠,如某些百合、山茱萸、桧树、丁香、牡丹和荚蒾等。

🌳 园艺学中的"雨影区"一词是什么意思?

围墙或紧密栅栏背风处的地面接收到的雨水比迎风面的地面少,围墙或栅栏造成了一个雨影区域。

🌳 "水培法"一词是什么意思?

该词指在土壤以外的培养基中种植作物;植物的无机养分(如钾、硫、镁、氮)以溶液形式不间断地提供给植物。水培法主要用在没有土壤或土壤不宜种植的地区。由于可以精确控制养分的比例和根部的含氧量,水培法经常用来种植用于研究的植物。植物营养学家朱利叶斯·冯·萨克斯(Julius von Sachs)是现代水培法的先驱。自 19 世纪中叶以来,供研究的植物一直生长在培养液中。加利福尼亚州大学科学家威廉·格里克

（William Gericke）于1937年为"水培法"一词下了定义。在水培法已经被商业应用的数十年中，它已适应了许多情形。美国国家航空航天局在空间站中利用水培法生产庄稼作物，并循环使用二氧化碳，生成氧气。尽管研究取得了成功，但水培法仍有很多局限性，业余的园艺工作者可能会对此感到失望。

种子可以保存多少年？

保存在密闭容器内并置于凉爽、干燥地方的种子适宜保存较长时间。下表列出了常见种子的保存时间：

蔬 菜 种 子	保 存 年 限	蔬 菜 种 子	保 存 年 限
蚕 豆	3	芥 蓝	3
甜 菜	3	生 菜	4
甘 蓝	4	瓜 果	4
胡萝卜	1	洋 葱	1
花椰菜	4	豌 豆	1
甜玉米	2	辣 椒	2
黄 瓜	5	南 瓜	4
茄 子	4	萝 卜	3
菠 菜	3	西红柿	3
南 瓜	4	芜 菁	5
甜菜叶	3		

幼苗种植前如何锻炼耐寒？

"锻炼耐寒"是一个园艺词汇，意为使室内培育的幼苗逐步适应户外环境。把幼苗托盘置于半保护状态的花盆中，每天放在户外几个小时。每天延长它们户外驻留时间一小时左右；一星期后，它们即可在户外种植。

容器种植植物、黄麻包裹根球植物和裸根植物的区别是什么？

容器种植的植物终生或大部分时间生长在某种通常由泥煤、塑料或黏土制成的花盆中。根球包有黄麻进行妥善保护的植物是树根连同土壤一起被小心挖出后用黄麻包好的植物。裸根植物也是从种植地挖出，但没有保留根球。通常，从苗圃邮购的植物是裸根的，但根部有潮湿的泥炭藓保护着。裸根植物最容易受损。

🌳 混栽是什么意思?

关于这一问题并没有许多科技文献记载，但是园艺工作者和农民多年来已经注意到，一些植物在种植在其他植物旁时会产生某种亲和性。例如，旱金莲花能吸引苹果树上的蚜虫，并将黑蝇从蔬菜上引开。洋葱和大蒜既可作杀菌剂又可作杀虫剂，其原因可能是它们有效地积累了硫，许多害虫回避这种气味。有些植物不适宜混栽。适宜混栽和不宜混栽的植物见下表：

	适 宜 混 栽	不 宜 混 栽
矮菜豆	马铃薯、莴苣、西红柿	洋 葱
胡萝卜	散叶莴苣、洋葱、西红柿	
玉 米	马铃薯、蚕豆、黄瓜	
黄 瓜	豆类、玉米	马铃薯
莴 苣	胡萝卜、黄瓜	
洋 葱	西红柿、莴苣	豆 类
马铃薯	豆类、玉米	黄 瓜
西红柿	洋葱、胡萝卜	马铃薯

🌳 哪些植物最适宜容器栽培?

多数蔬菜可以用容器栽培，即使是南瓜那样的大型植物。各种小型蔬菜更适于用容器栽培，因为它们需要的空间小，且发育早。日光灯甚至可以在冬季帮助有叶作物在室内生长。大多数块根植物最适宜在户外生长。西红柿等水果也可在室内种植，但需温和的气温和至少 6 个小时的夏日光照。以下一些植物可以进行容器栽培：矮菜豆、蔓生菜豆、甜菜、花椰菜、卷心菜、胡萝卜、黄瓜、羽衣甘蓝、莴苣、洋葱、胡椒、西葫芦和西红柿。

🌳 树木园和植物园有什么区别？

严格说来，树木园是一个拥有大量树种的花园，经常有一些供学习、研究和展示的罕见树种。实际上，多数树木园也展示灌木和其他植物。植物园主要是一个植物学和园艺学领域的科研机构。现代植物园除了研究实验室、图书馆和草药室外，还拥有大量生长在温室和户外的植物，通常位于精心设计的花园中。

🌳 谁创立了美国历史上第一个植物园？

1728年，约翰·巴特拉姆（John Bartram）设计并规划了占地5～6英亩（2～2.5公顷）的植物园，这个植物园位于宾夕法尼亚州的费城。

🌳 什么是"莎士比亚花园"？

"莎士比亚花园"包括威廉·莎士比亚（William Shakespeare）剧本和诗歌中提到的全部植物。莎士比亚提及的200种花草并不能都在美国生长。下面是你可以参观的莎士比亚花园：

加利福尼亚州旧金山金门公园；

加利福尼亚州圣马力诺亨廷顿植物园；

伊利诺伊州埃文斯顿西北大学；

艾奥瓦州锡达拉皮兹埃利斯公园；

纽约州波基普西瓦萨学院；

南达科他州韦辛顿斯普林斯安妮·哈撒韦小屋。

🌳 什么是花道？

花道是日语的表达方式，意为"适当截取树木花草的枝、叶、花朵，将其艺术地插入花瓶等花器中的方法和技术"。它是古代日本的插花艺术。花道遵循一定的古代规则，以实现完美的和谐、美丽和平衡。有人称花道为用花朵创作的雕像。在日本，它已有1 400年的历史。6世纪的和尚使用卵石、岩石、树枝和花枝开始了花道艺术。在日本，花道发展和实践最初为男子垄断——起初是僧侣，然后是武士和贵族。当然，今天许多女子和男子共同从事花道艺术，虽然日本一流的插花学校大多数的校长还是男子。

🌳 什么是战时菜园?

第一次世界大战期间,爱国人士种植了"自由菜园"。第二次世界大战期间,美国农业部部长克劳德·R. 威卡德(Claude R. Wickard)鼓励美国住户在所有地方种植蔬菜。到1945 年,据说有 2 000 万战时菜园在废弃的零星土地上生产了全美约 40% 的蔬菜。这些菜园分布在大街和人行道之间的狭长地带、城市广场和芝加哥库克县监狱周围。"战时菜园"一词源于英国人理查德·加德纳(Richard Gardner)在 1603 年写的一本同名书籍。

🌳 新手刚开始种植菜园时面积该有多大?

这完全取决于现有空间的大小、期望获得的产量和乐意投入的精力。大小适中的 10 英尺 ×20 英尺(3 米 ×6 米)的地块,平整成传统的垄,非常易于锄草、耕作、播种和收获。甚至一个 10 英尺 ×10 英尺(3 米 ×3 米)的地块也足够作为一个色拉菜园(厨房菜园),可种植各种色拉蔬菜、草本植物和日常调味品。整块种植而不是按垄种植的集约种植法以较小的面积就可以实现增产。尽管两个 4 英尺 ×4 英尺(1 米 ×1 米)的地块可以种出种类更多的蔬菜,但只要一个这样的地块,整个生长期便足以生产供一人食用的色拉蔬菜。

🌳 西红柿需要搭架吗?

只有少数人不提倡搭架。他们坚持认为西红柿是自然蔓生的,这易于提高产量。事实上,搭架使植株离开地面,这样就不易染病和受到蜗牛的侵害。搭架的西红柿更容易采摘和更好地利用花园空间。搭上支架后,西红柿成熟得更快、更均匀。同样是搭架,不同人有不同的做法:有人说 5 英尺(1.5 米)长的结实木棍最好,也有人提倡用铁丝笼,还有人声称木制圆锥架最佳。

🌳 菜园中锄草有"最佳时机"吗?

锄草通常是最令人讨厌、最费时的园艺工作。一些研究(以豆类的锄草为例)表明,在蔬菜生长的前三到四周内锄草收成最好,而此后即使杂草疯长,也不会明显减少蔬菜的产量。

最能吸引蝴蝶的一年生和多年生植物是什么?

藿香、大波斯菊、屈曲花、天芥菜、马缨丹、万寿菊、墨西哥向日葵、火炬花、旱金莲、香雪球、醉鱼草(又名蝴蝶草)、石竹、堇菜、百日菊能都吸引蝴蝶。

花园里种植什么花能够吸引蜂鸟?

红喇叭、紫丁香、醉鱼草、胡须舌、珊瑚钟、剑叶兰、毛地黄、蜂香薄荷、花烟草、矮牵牛、夏石竹、红鼠尾草等都有艳丽的色彩(红色和橙色系)和引诱剂(花蜜),以吸引蜂鸟。

为什么草坪修剪后的草屑要留在草坪上?

草坪修剪后的草屑是草坪非常珍贵的养分来源,它们为新草提供氮、钾和磷,并减少化肥的使用。短小幼嫩的草屑能够迅速分解。此外,没有把草屑扔到垃圾堆里而留在草坪上也减少了垃圾的数量。

什么是雪霉病? 如何防治雪霉病?

雪霉病是美国北方草坪的常见病,典型病症是长有白色棉花样的霉层。早春雪融时,雪下经常生有雪腐镰刀菌。在潮湿地区,避免在晚秋施肥可以防止这种疾病的传播。看到草坪染上这种疾病后,可用杀菌剂处理,10 ~ 14 天后再施一次杀菌剂。

如何使水仙在种植的第二年就开花?

只要水仙的新芽一出现就试着给它施肥,这有助于根的更新并促进叶和花的发育。如果没有开花,问题可能是过度拥挤,使得开花受阻。每隔 3 ~ 5 年将水仙花的球茎挖出,分离并重新栽种。

冬季如何使天竺葵存活?

只要天竺葵不受到冻害,在凉爽的温室中或有阳光、无暖气的地下室等场所,它们就可以安全地越冬。在这种半休眠状态,它们只需要偶尔浇点水。植株上剪下的插条在冬末或初春能够生根，长成新的天竺葵（有人建议让其秋天生根）。家中没有合适的光照和温度条件，可以使土壤完全变干，根部和土壤稍有分离，迫使天竺葵进入休眠状态。虽然它们可以挂在凉爽（45 ℉～50 ℉，即7℃～10℃）、略微潮湿的室内的房椽上，但最好还是装在纸袋中，扎上袋口，并定期查看。它们的叶子会干燥枯萎，如果茎枯萎了，可以少喷一点儿水。如果出现霉菌或腐烂的部位，应将其剪掉，将天竺葵移到干爽的地方，并让袋口打开一两天。早春时节，修剪茎直到出现绿色的健康组织，再把它植入装有新土的花盆中。

什么是果树的需冷量？

果树的结果期结束后，必须有一个休眠期。果树休养生息为来年坐果积聚力量。这一轮要经受32 ℉～45 ℉（0℃～7.2℃）气温的考验，其休眠期时间跨度是以小时数来计算的。樱桃树需要约700小时的需冷量。

"五合一"果树是什么？

这些令人好奇的果树是同一种水果（通常是苹果）的5个不同品种嫁接到一个根茎上形成的。果树开花时在同一棵树上会出现多种色彩的花朵，十分壮观。

什么是果树架棚？为什么要给果树架棚？

给果树架棚是训练果树沿着一个平面生长。它可以在一个狭小空间（如靠墙）生长。即使根在人行道或者是机动车道下，它还是会茁壮生长。由于许多果树成对栽植，架棚果树可以紧密栽植，为彼此提供花粉，还可节省空间。

脐橙是如何出现的？

脐橙源于19世纪早期巴西种植园的一棵变异果树。这棵变异树上的嫩芽被嫁接到另一棵树上，然后那棵树的树枝又被嫁接到了另一棵树上，依此类推。

无籽葡萄是怎样种植的？

由于无籽葡萄不能按常规方法（即脱籽）繁殖，种植者必须从其他的无籽葡萄的植株上获得插条来进行扦插。尽管无籽葡萄具体的起源人们还不得而知，但葡萄可能是几千年前的伊朗人和阿富汗人最早培育的。起先，最早的无籽葡萄是硬籽壳未发育的基因变异。该变异叫作无籽发育。今天常买到的现代无籽葡萄是绿色汤普森无籽（Thompson seedless）葡萄，90%的葡萄干都是由这种葡萄制成的。

"苹果佬"真的栽了很多苹果树吗？

约翰·查普曼（John Chapman）绰号"苹果佬"，确实曾在美国中西部种植苹果园。他还免费送给拓荒者苹果树苗，鼓励他们向西部拓展苹果园。传说中，他是一个赤脚的流浪汉，游荡在乡下，将肩上袋子中的种子随意撒播。他是个令人好奇的人物，经常向路人布道，宣扬《圣经》和宗教哲学。1845年去世时，他已是一个成功的商人，拥有上千英亩的果园和苗圃。

无籽西瓜是天然的吗？

无籽西瓜经过50年的研究，于1988年首次引入美国。无籽西瓜植株要获得常规的有籽西瓜的花粉。农民常常将有籽西瓜和无籽西瓜紧密地种在一起，依靠蜜蜂授粉。无籽西瓜中白色的"种子"用于固定受精卵和胚胎。无籽西瓜是不育的，不会受精，所以荚果不会硬化，不会变成我们熟悉的黑瓜子。

什么是平铺修剪？

平铺修剪是将紧密栽种在一起的树木和灌木修剪成一面高高的叶墙。很多树种，包括枫树、埃及榕和欧椴都被用来平铺修剪。因为需要花费大量时间来护理平铺修剪的绿荫甬道（叶墙），所以在美国花园中很少见到，但在欧洲却经常看到。

传说中苹果树的种植者是被称为"苹果佬"的约翰·查普曼。

什么是矮针叶树？

针叶树是常青的灌木和树木，拥有针形的树叶、松果，木质含树脂，如松树、云杉、冷杉和杜松。生长 20 年后，不同于其他的高大树木，矮针叶树或缓生林木高度一般约 3 英尺（91 厘米）。

日本矮树种植（盆栽）的艺术的秘诀是什么？

这种带有细小枝叶和虬曲树干的微型树木可能有上百年的历史了。为了限制植物的生长，必须小心地剥夺它们的养分，剪掉生长最快的枝芽，将它们放在花盆里以减小其根系。有选择地修剪，剪掉终端萌芽，连线布线手法是控制树木外形的方法。

奇亚籽是什么？

较小的黑色奇亚籽来自美国西南和墨西哥的一种野草。该草籽具有较高的蛋白质含量。因为其黏液质的属性，所以它们不能按常规方式发芽。然而，如果将其撒在人工制成的中空的陶制容器中（通常是动物的形状），种子很快形成一层富含蛋白质的绿色奇亚籽，随时可以采摘。

毒葛、毒橡树和毒漆树的区别是什么？

这些木本植物几乎生长在北美各地，而且看起来也比较相似，都有 3 片小叶交替组成的复叶，果实都是浆果，茎都是锈黄色。但是毒葛有时表现得更像藤本植物而非灌木，能够长得很高，灰色的果实没有绒毛，叶子有点裂开。另一方面，毒橡树呈灌木状，但可以攀爬，小叶裂开与橡树叶相似，果实有绒毛。毒漆树仅生长在北美酸性潮湿的沼泽中，这种灌木可高达 12 英尺（3.6 米），果实悬挂成串，颜色灰黄。毒漆树有尖锐的深绿色交替复叶，黄绿色的花朵不太显眼。接触毒葛、毒橡树和毒漆树的任何部分都可能患严重的皮炎。

如何用自然方法清除毒葛？

清除毒葛可以用盐水溶液进行喷洒。对于较大的毒葛，可以割断地表或地下的藤，并用盐水浸泡其根部。两周后，需用同样方法再处理一次。不能用火烧，烟灰会导致暴露的皮肤、眼睛、鼻腔和肺部出现皮疹。

🌳 苹果蝇是什么？

苹果蝇，经常被叫作苹果实蝇。苹果蝇生长在美国东部和加拿大的果园中，幼虫靠苹果、李子、樱桃等的果肉为食。

🌳 草莓种植中常见的病虫害是什么？

蠼螋、蛞蝓和蜗牛在有些地方是最棘手的问题。草莓叶也会受到日本金龟子、蚜虫、蓟马、象鼻虫、线虫和叶螨的侵扰。

🌳 怎样保护果树不被田鼠啃食？

珍贵的树木，尤其是新栽的果树，可以用铁丝、胶合板或塑料包裹或防护起来。其他的控制方法，如浸泡在大蒜中的熔岩碎块，是有效的驱虫剂。大蒜喷剂也会驱走多数啮齿动物。

🌳 化学喷剂用来控制植物病虫害之前，所用的传统喷剂是什么？

园艺工作者已经使用碗橱和有机植物材料很长时间了。小苏打水喷剂是很好的杀菌剂。在四品脱（约 1.89 升）水中放入两勺小苏打，混合即成。将一头大蒜捣碎放入两品脱水（约 0.95 升）中，制成大蒜喷剂，加热 5 分钟后冷却即可。大蒜喷剂是有效的杀虫剂和杀菌剂。杂草问荆、接骨木叶、欧洲蕨的叶子都已被用来制成喷剂，用来防治发霉、黑斑病和许多侵害花园植物的霉菌和细菌。

🌳 乔治·华盛顿·卡弗博士有何功绩？

乔治·华盛顿·卡弗博士（Dr. George Washington Carver）在植物病学、土壤分析和作物管理等方面作出了巨大的贡献，许多采纳了他的方法的南方农民增加了作物的产量和收益。卡弗确立了使用豇豆、红薯和花生烹饪的食谱。他最终用红薯制成了 118 种食品，用花生制成了 325 种，用山核桃制成 75 种。他促进了土壤的多样经营，推广了花生、大豆和其他使土壤肥沃的作物。他的其他贡献包括利用大豆制成塑料，后来亨利·福特（Henry Ford）用其来制造汽车的零件。他从阿拉巴马红黏土和杂交棉中提取染料和颜料。卡弗在很多方面都有过人的天赋，几乎成了美国民间英雄中的神话人物。

农业化学家乔治·华盛顿·卡弗确立了重要的作物管理方法，发现了上百种作物的新用途。

第一个实际投入使用的温室建于何时？

法国植物学家朱尔斯·查尔斯（Jules Charles）于 1599 年在荷兰莱顿建造了第一个温室，用来种植药用的热带植物。在那里最受欢迎的植物是名为罗望子的印度枣，它的果实可被制成治疗性饮料。

第一个植物专利是何时签发的？

环境美化设计师亨利·F. 伯森贝格（Henry F. Bosenberg）由于培育了蔓生玫瑰，于 1931 年 8 月 1 日获得了美国第一号植物专利。

第7章
动物世界

生理特性及其他

美国首家动物园是何时建成的?

美国首家动物园是 1859 年注册并建成的费城动物园。该动物园的正式运营却由于美国内战、资金短缺和动物运送困难等问题,延期至 1874 年。开放初期的费城动物园占地 33 英亩（133 550 平方米）,展出 282 种动物。

什么动物妊娠期最长?

妊娠期最长的动物不是哺乳类动物,而是生活在阿尔卑斯山附近的卵胎生两栖动物黑蝾螈。这种生活在瑞士阿尔卑斯山海拔 4 600 英尺（1 402 米）高处的黑蝾螈的妊娠期长达 38 个月。

动物,尤其是哺乳类动物的生命周期有多长?

在所有哺乳类动物中,人类与鳍鲸寿命最长。以下为部分动物物种的最长生命周期表。

动　　物	拉 丁 名	最长生命周期（年）
玛伦龟	*Testudo sumeirii*	152+
圆蛤	*Venus mercenatia*	约150

动　　物	拉　丁　名	最长生命周期(年)
普通乌龟	*Verrapene Carolina*	138
欧洲池龟	*Emys orbicularis*	120+
欧洲陆龟	*Testudo graeca*	116+
鳍鲸	*Balaenoptera physalus*	116
人类	*Homo sapiens*	116
深海蛤	*Tindaria callistiformis*	约100
虎鲸	*Orcinus orca*	约90
欧洲鳗	*Anguilla anguilla*	88
湖鲟	*Acipenser fulvescens*	82
淡水贻贝	*Margaritana margaritifera*	70～80
亚洲象	*Elephas maximus*	78
安第斯神鹫	*Vultur gryphurs*	72+
鲸鲨	*Rhiniodon typus*	约70
非洲象	*Loxodonta africana*	约70
雕鸮	*Bubo bubo*	68+
密西西比短吻鳄	*Alligator mississipiensis*	66
绯红金刚鹦鹉	*Ara macao*	64
鸵鸟	*Struthio camelus*	62.5
马	*Equus caballus*	62
猩猩	*Pongo pygmaeus*	约59
短尾雕	*Terathopius ecaudatus*	55
河马	*Hippopotamus amphibius*	54.5
黑猩猩	*Pan troglodytes*	51
白鹈鹕	*Pelecanus onocrotalus*	51
大猩猩	*Gorilla gorilla*	50+
家鹅	*Anser a.domesticus*	49.75
灰鹦鹉	*Psittacus erythacus*	49

动　　物	拉 丁 名	最长生命周期（年）
印度犀牛	*Rhinoceros unicornis*	49
欧洲棕熊	*Ursus arctos arctos*	47
灰海豹	*Halichoerus gryphus*	46+
蓝鲸	*Balaenoptera musculus*	约45
金鱼	*Carassius auratus*	41
普通蟾蜍	*Bufo bufo*	40
蛔虫	*Tylenchus polyhyprus*	39
长颈鹿	*Giraffa camelopardalis*	36.25
野骆驼	*Camelus ferus*	35+
巴西貘	*Tapirus terrestris*	35
家猫	*Felis catus*	34
金丝雀	*Serinus caneria*	34
美洲野牛	*Bison bison*	33
山猫	*Felis rufus*	32.3
抹香鲸	*Physeter macrocephalus*	32+
美洲海牛	*Trichechus manatus*	30
红袋鼠	*Macropus rufus*	约30
非洲水牛	*Syncerus caffer*	29.5
家狗	*Canis familiaris*	29.5
狮子	*Panthera leo*	约29
非洲香猫	*Viverra civetta*	28
猛蛛亚目	*Mygalomorphae*	约28
红鹿	*Cervus elaphus*	26.57
老虎	*Panthera tigris*	26.25
大熊猫	*Ailuropoda melanoleuca*	26
美洲獾	*Taxidea taxus*	26
塔斯马尼亚袋熊	*Vombatus ursinus*	26

动　　物	拉　丁　名	最长生命周期（年）
宽吻海豚	*Tursiops truncatus*	25
家鸡	*Gallus g.domesticus*	25
灰松鼠	*Sciurus carolinensis*	23.5
土豚	*Orycteropus afer*	23
家鸭	*Anas platyrhynchos domesticus*	23
郊狼	*Canis latrans*	21+
加拿大水獭	*Lontra canadensis*	21
家羊	*Capra hircus domesticus*	20.75
居草切叶蚁	*Myrmecina graminicola*	18+
普通兔子	*Oryctolagus cuniculus*	18+
白鲸	*Delphinapterus leucuas*	17.25
鸭嘴兽	*Ornithorhynchus anatinus*	17
海象	*Odobenus rosmarus*	16.75
家养火鸡	*Melagris gallapave domesticus*	16
美洲河狸	*Castor Canadensis*	15+
陆地蜗牛	*Helix spiriplana*	15
豚鼠	*Cavis porcellus*	14.8
西欧刺猬	*Erinaceus europaeus*	14
圆头倭犰狳	*Calyptophractus retusus*	12
水豚	*Hydrochoerus hydrochaeris*	12
毛丝鼠	*Chinchilla laniger*	11.3
秘鲁巨人蜈蚣	*Scolopendra gigantea*	10
黄金仓鼠	*Mesocricetus auratus*	10
环节虫	*Allolobophora longa*	10
袋网蜘蛛	*Atypus affinis*	9+
埃及大沙鼠	*Gerbillus pyramidum*	8+

动　物	拉　丁　名	最长生命周期（年）
多刺海星	*Marthasterias glacialis*	7+
千足虫	*Cylindroiulus landinensis*	7
家鼠	*Mus musculus*	6
纯色獴	*Salanoia concolor*	4.75
南撒哈拉蔗鼠	*Thryonomys swinderianus*	4.3
西伯利亚飞松鼠	*Pteromys volans*	3.75
普通章鱼	*Octopus vulgaris*	2 ~ 3
囊鼠	*Thomomys talpoides*	1.6
黑脉金斑蝶	*Danaus plexippus*	1.13
臭虫	*Climex lectularius*	0.5（182天）
黑寡妇蜘蛛	*Latrodectus mactans*	0.27（100天）
普通家蝇	*Musca domesticus*	0.04（17天）

什么是现存的最大与最小的动物？

最大的动物	名　称	长度与重量
海洋哺乳动物	蓝鲸	100 ~ 110英尺（30.5 ~ 33.5米）长 135 ~ 209英吨（122.4 ~ 189.6公吨）重
陆地哺乳动物	非洲丛林象	雄象肩高10.5英尺（3.2米） 5.25 ~ 6.2英吨（4.8 ~ 5.6公吨）重
鸟	北非鸵鸟	8 ~ 9英尺（2.4 ~ 2.7米）高 345磅（156.5千克）重
鱼	鲸鲨	41英尺（12.5米）长 16.5英吨（15公吨）重
爬行动物	咸水鳄	14 ~ 16英尺（4.3 ~ 4.9米）长 900 ~ 1 500磅（408 ~ 680千克）重
啮齿动物	水豚	3.25 ~ 4.5英尺（1 ~ 1.4米）长 250磅（113.4千克）重

最 小 的 动 物	名 称	长 度 与 重 量
海洋哺乳动物	康氏矮海豚	4~5.6英尺（1.25~1.7米）长 50~70磅（22.7~31.8千克）重
陆地哺乳动物	大黄蜂蝙蝠或猪鼻蝠	1英寸（2.54厘米）长 0.062~0.07盎司（1.6~2克）重
	小臭鼩	1.5~2英寸（3.8~5厘米）长 0.052~0.09盎司（1.5~2.6克）重
鸟类	吸蜜蜂鸟	2.25英寸（5.7厘米）长 0.056盎司（1.6克）重
鱼类	侏儒虾虎鱼	0.35英寸（8.9毫米）长
爬行动物	壁虎	0.63英寸（1.6厘米）长
啮齿动物	侏儒鼠	4.3英寸（10.9厘米）长 0.24~0.28盎司（6.8~7.9克）重

动物园中的熊冬眠吗？

　　动物园中的熊不冬眠，原因在于动物园中的笼子和围场内的温度常年保持温暖，而且熊还有专职饲养员喂养。熊只会在温度低于零度、缺乏食物的情况下冬眠。

▌野生熊在冬眠之前，必须大量进食食物（有时这些食物是由人提供的）。

🦁 动物和人是如何辨别气味的?

动物、人类和其他一些生物有机体依赖嗅觉来分辨食物、配偶、捕食者,并提供感官愉悦(例如花香)和危险警告(例如化学危险)。他们的鼻腔内有感受细胞,这些含蛋白质的细胞在接收到化学危险气味之后,就会通过专门的感受细胞向大脑中的嗅球传递电信号。嗅球中的细胞将这一信息传到脑前部的嗅觉区,就会产生嗅觉。

🦁 除了人类之外,哪些动物最聪明?

根据行为动物学家爱德华·欧·威尔逊(Edward O. Wilson)的研究,以下 10 种动物最聪明:

1. 黑猩猩(2 种)

2. 大猩猩

3. 猩猩

4. 狒狒(7 种,包括西非鬼狒和山魈在内)

5. 长臂猿(7 种)

6. 猴子(种类很多,尤其是猕猴、赤猴和西里伯斯黑类人猿)

7. 小齿鲸(7 种,尤其是虎鲸)

8. 海豚(80 多种海豚中的大多数都很聪明)

9. 大象(2 种)

10. 猪

🦁 除人类之外,其他动物有指纹吗?

众所周知,大猩猩和其他一些灵长类动物与人类一样具有指纹。然而,与人类最为接近的、堪称人类近亲的黑猩猩却没有指纹。令人意外的是,考拉也有指纹。澳大利亚的科研人员发现,考拉指纹的形状、大小和纹理都与人类指纹极为相似。

🦁 动物是否可以分辨颜色?

大多数爬行动物和鸟类都具有很强的色彩分辨能力。然而,大多数哺乳动物却都是色盲。类人猿和猴子具有分辨色彩的能力。猫和狗除了能分辨黑、白、灰 3 色之外,分辨不出其他任何颜色。

🐾 动物身体的某些部分有再生功能吗？

某些动物确实具有再生功能。然而，随着动物物种复杂程度的增加，再生功能就逐渐减弱。原始的无脊椎动物具有再生功能，如扁虫（扁形虫）能够对称分裂，每一部分都成为另一部分的克隆。高级无脊椎动物中，再生通常发生于棘皮动物（如海星）和节肢动物（如昆虫和甲壳纲动物）中。附属物（如肢体、翼和触角）的再生通常出现在昆虫（如蟑螂、果蝇、蝗虫）和甲壳纲动物（如龙虾、螃蟹和小龙虾）中。例如，小龙虾脱落的钳子会在下次脱皮（表层壳或皮脱落，继而长出新壳或新皮）的过程中再生。有时新生的虾钳与脱落的大小不同，但经过几次脱皮（一年2～3次）之后，新钳就逐渐长得与原始钳大小一致。有些两栖类动物和爬行动物甚至能够新生出脱落的腿和尾巴。

🐾 动物的听力频率为多少？

声频即音高。频率单位通常用赫兹（Hz）表示。声音通常以次声（低于人类听觉范围）、声波（在人类听觉范围内）和超声波（高于人类听觉范围）来划分。

动　　物	频率（赫兹）	动　　物	频率（赫兹）
狗	15～50 000	海豚	150～150 000
人	20～20 000	蝙蝠	1 000～120 000
猫	60～65 000		

🐾 动物有血型之分吗？

动物因其种类的不同，导致其血型数量的不同。人类通过对动物血液的研究发现，动物的血型也很复杂。除了人类以外，猴子、猩猩、大象、狗等高等动物也存在血型，甚至乌龟、青蛙身上也可以找到血型的痕迹。狗的血型有7种，猫的血型有2种，羊的血型有7种，马的血型有9种，猪的血型有16种，牛的血型有12种。以下表格为动物的血型种类。

动 物 种 类	血 型 数 量	动 物 种 类	血 型 数 量
猪	16	恒河猴	6
牛	12	水貂	5
鸡	11	兔	5
马	9	小鼠	4
羊	7	大鼠	4
狗	7	猫	2

所有的动物都有红色血液吗？

血液的颜色与传输氧气的化合物有关。含铁的血红蛋白呈红色，所有脊椎动物和部分无脊椎动物体内流淌的都是这种血液。环节动物血液中有的含有绿色素——血绿蛋白，有的含有红色素——血红蛋白。某些甲壳纲动物（节肢动物的身体分节，而且通常有鳃）的血液中含有蓝色素——血蓝蛋白。

动物睡眠时打鼾吗？

研究数据和观察表明，某些动物在睡眠中是打鼾的，这些动物包括狗、猫、奶牛、羊、水牛、大象、骆驼、狮子、豹子、老虎、大猩猩、黑猩猩、马、骡、斑马和非洲大角斑羚等。

哪些动物跑得比人快？

猎豹是陆地上跑得最快的哺乳动物，它能在两秒钟内，从 0 加速到 45 英里／时（64 千米／时）。有人对猎豹的奔跑速度进行过测量，测量的结果为猎豹在短距离内可达到 70 英里／时（112 千米／时）。在通常猎食的状态下，猎豹的奔跑速度平均为 40 英里／时（63 千米／时）。人类在非常短的距离内的奔跑时速为 28 英里（45 千米）。以下表格的数据是 1/4 英里（0.4 千米）内所达到的最快速度。

动　　物	最快速度（英里／时）	最快速度（千米／时）
猎豹	70	112.6
叉角羚	61	98.1
角马	50	80.5
狮子	50	80.5
汤姆森瞪羚	50	80.5
夸特马	47.5	76.4
麋鹿	45	72.4
非洲猎狗	45	72.4
郊狼	43	69.2
灰狐	42	67.6
鬣狗	40	64.4
斑马	40	64.4
蒙古野驴	40	64.4
格力犬	39.4	63.3
惠比特犬	35.5	57.1
家兔	35	56.3
黑尾鹿	35	56.3
豺	35	56.3
驯鹿	32	51.3
长颈鹿	32	51.3
白尾鹿	30	48.3
疣猪	30	48.3
灰熊	30	48.3
家猫	30	48.3
人	27.9	44.9

昆虫、蜘蛛及其他

世界上共有多少种昆虫？

到目前为止，世界上为人们所认识、识别的昆虫大约有 75 万～100 万种。但专家指出，这只是通过研究发现的昆虫数目，估计还不足世界昆虫种类的一半。现在，昆虫专家每年都会发现大约 7 000 种新的昆虫，但也有许多已被发现的昆虫种类由于生存地域被破坏，尤其是热带森林地区环境的恶化而灭绝。

为什么会经常在琥珀中发现昆虫？

很久以来，人们就对古树树脂的化石，即用来做珠宝镶嵌工艺品的琥珀倍感兴趣。在多米尼加发现的诸多琥珀中，平均每 100 个琥珀中就会有一颗含有昆虫。有的琥珀中甚至含有几千只昆虫——有的是整只昆虫，有的是昆虫肢体。研究考证发现，大概在 3 000 万年前，这些昆虫正在树上爬行或休息时，首先是被树干所分泌出的黏稠的树脂困住，之后又被继续渗出的树脂所包裹，往后再经过漫长的时间，逐渐变成了化石。科学家们通过对这些化石的深入研究，发现这些昆虫很多已经绝迹，但却与现在所发现的昆虫种类有着千丝万缕的联系。

世界上最具破坏力的昆虫是什么？

最具破坏力的昆虫当数沙漠蝗虫，即《圣经》里的蝗虫，其集中居住在非洲和中东的干旱、半干旱地区，延伸到巴基斯坦及印度北部。这种短角蚱蜢一天能吃掉相当于自身体重的食物。在远距离的迁徙飞行过程中，能将所经之路的庄稼、蔬菜吞噬得一干二净。据考证，一大群蝗虫一天就能消灭掉约 2 万吨（1 814.4 万千克）粮食和蔬菜。

谁将舞毒蛾引进了美国？

1869 年，利奥波德·特鲁夫特（Leopold Trouvelot）教授将舞毒蛾卵由法国带入了美国马萨诸塞

沙漠蝗虫——世界上最具破坏力的昆虫。

州，准备用舞毒蛾卵与蚕配种，用以治愈蚕的萎蔫病。他把舞毒蛾卵放在了窗台上，不一会儿，卵就被风吹走了。在以后的 10 年中，附近树上出现了大量的舞毒蛾。不到 20 年，马萨诸塞州东部地区的树木就变得枝枯叶黄。1911 年，一艘装载有被舞毒蛾啃食过的病树的船只又将另一批舞毒蛾从荷兰带入美国。现在，这种害虫已经蔓延到美国的 25 个州，尤其是东北部地区。密歇根州和俄勒冈州的一些地方也报告说，当地有大批舞毒蛾出没。

是否存在舞毒蛾幼虫的天敌捕食者？

有大约 45 种鸟类、松鼠、花栗鼠和白足鼠捕食这种对人类危害极大的舞毒蛾。在由其他国家引进的 13 种舞毒蛾的天敌中，其中一种蝇类，即康刺腹寄蝇（一种寄蝇）会寄生在幼虫身上。其他种类的寄生虫和各种黄蜂也能有效地控制舞毒蛾的继续繁殖和扩散。这种大蛾原产于欧洲，在橡树、白桦树、枫树和其他硬木树的树叶上产卵。当卵孵化成毛茸茸的黄色幼虫时，这些幼虫就开始大量吞食树叶，树干很快就光秃秃的一片，更严重的还会造成树木的死亡。舞毒蛾幼虫从 0.5 英寸（13 毫米）长到 2 英寸（5.1 厘米）长。在此成长过程中，幼虫结茧化成蛹，蜕变为成虫蛾。

哪些昆虫对人类有益？

世界上不光存在对人类有危害的昆虫，也存在一些造福人类的昆虫。这些昆虫包括蜜蜂、黄蜂、苍蝇、蝴蝶、蛾子和其他一些传授花粉的昆虫。许多水果、蔬菜都依赖这些昆虫传授花粉，产生种子。从另一个角度看，昆虫还是鸟、鱼和许多动物的重要食物来源。甚至在某些国家，白蚁、蚕蛹、蚂蚁、蜜蜂等昆虫已成为人们餐桌上的美味佳肴，有的还用于治疗疾病。由昆虫产出的产品有蜂蜜、蜂蜡、虫胶和丝绸等。螳螂、瓢虫、草蜻蛉等在危害人类的同时，也捕食一些危害人类的昆虫。寄生于有害昆虫体内或附在有害昆虫体上的寄生虫也有益于人类，比如黄蜂就在有碍西红柿生长的幼虫体内产卵。

昆虫变态发育分哪几个阶段？

昆虫变态发育（生物生长过程中生物构造的显著变化）大致分为两个阶段，通常称作完全变态阶段和不完全变态阶段。蚂蚁、蛾子、蝴蝶、白蚁、黄蜂和甲虫等有明显生长期的昆虫都是通过完全变态成形的。而蚱蜢、蟋蟀和虱子等昆虫则是通过不完全变态成形的。

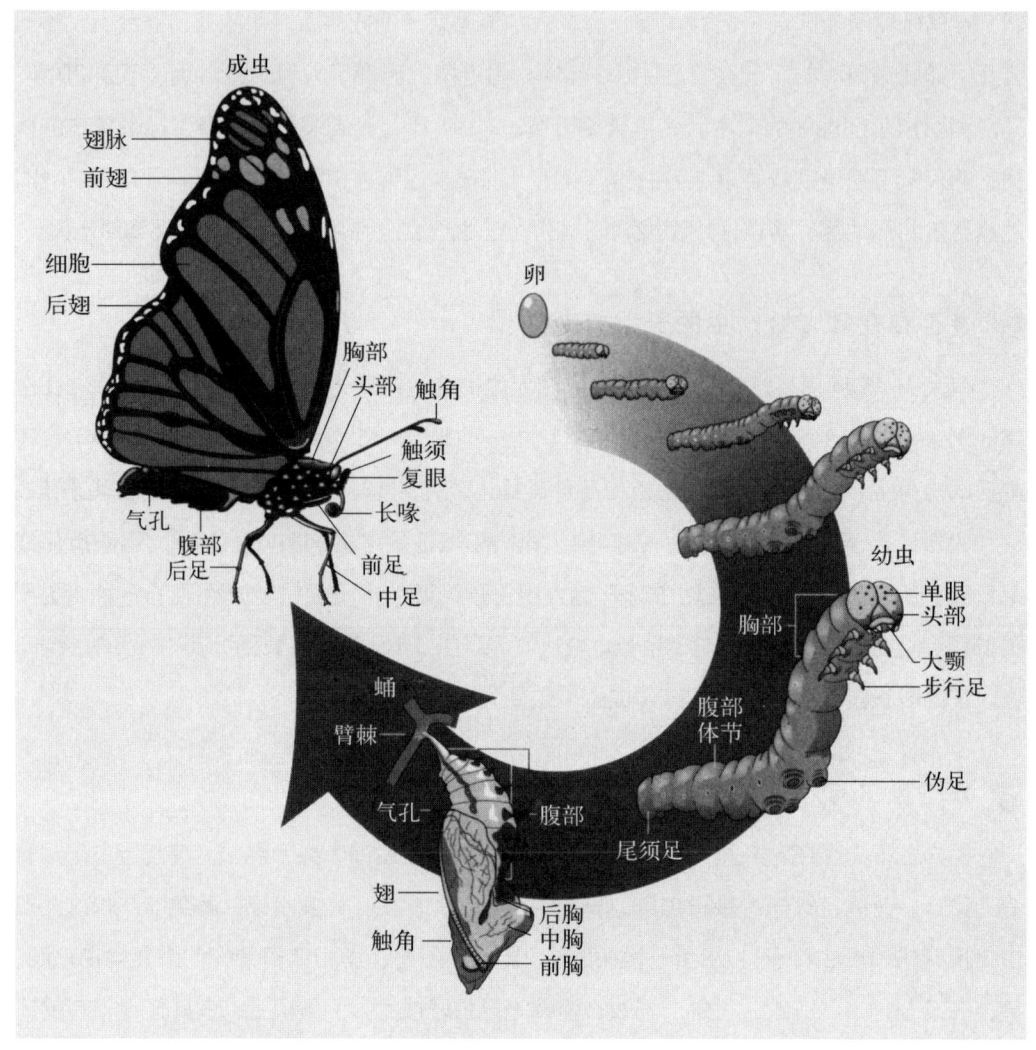

成虫
翅脉
前翅
细胞
后翅
胸部
头部
触角
触须
复眼
长喙
气孔
腹部
后足
前足
中足
卵
幼虫
胸部
单眼
头部
大颚
步行足
腹部
体节
伪足
尾须足
蛹
臂棘
气孔
腹部
翅
触角
后胸
中胸
前胸

▎蝴蝶的生命周期为完全变态。

完 全 变 态
卵——一次产一枚或多枚卵(可多至1万枚)。
幼虫——从卵中孵化出的物体即为幼虫。幼虫与成虫很相像。
蛹——幼虫长大以后也要冬眠。这时身体就会长出外壳以抵御严寒。蛾子一类的昆虫会结茧自卫。处于休眠状态的幼虫会以休眠几周甚至几个月的方式度过寒冬。蝴蝶的幼体不叫幼虫,而被称为蝶蛹。
成虫——昆虫身体的某些部分在休眠期间快速生长。当身体机能成熟后,成虫就会破茧而出。

不　完　全　变　态
卵——一次产一枚或多枚卵。
早期若虫——孵化出的昆虫除了略小于成虫外，形状与成虫相仿。然而，通常有翅膀的昆虫在这一期间还没有长出翅膀。
晚期若虫——在这段时期,昆虫开始蜕皮,随之长出翅膀。
成虫——这时的昆虫完全成形。

什么样的蝴蝶园适合公众参观?

蝴蝶园不是普通意义上的花园，只有种植了许多特殊的花草树木，吸引来无数蝴蝶盘旋其中的园林才叫蝴蝶园。全美国有许多蝴蝶园可供公众参观。蝴蝶园通常建于动物园、植物园、自然保护区、综合大学和商业公园中。世界各国现有许多蝴蝶园，游人可在园中欣赏到几千种蝴蝶。

美国选出了国家昆虫吗?

美国一些市民向美国国会请愿，要求将帝王蝶定为国家昆虫。但是到目前为止，他们还未申请成功。

蝴蝶与蛾子有什么区别?

蝴蝶与蛾子有以下区别:

特　征	蝴　蝶	蛾　子
触角	有小结	没有小结
活动时间	白天	夜间
色彩喜好	亮	暗
休息时翅膀放置的位置	直立背上	收拢并贴于身体

注: 尽管大多数蝴蝶和蛾子具有以上区别,但也有例外。蛾子身上有毛,而且大多数蛾子长有极小的钩状物,称为刚毛,将前翅和后翅连接起来。

美国最受人喜爱的州昆虫是什么?

蜜蜂显然是最受人喜爱的州昆虫，因为已有 16 个州将蜜蜂选为州昆虫。这 16 个州为阿肯色州、加利福尼亚州、佐治亚州、堪萨斯州、路易斯安那州、缅因州、密西西比州、密苏里州、内布拉斯加州、新泽西州、北卡罗来纳州、俄克拉何马州、南达科他州、田纳西州、佛蒙特州和威斯康星州。

蝴蝶能辨别颜色吗?

蝴蝶的感官异常灵敏,在各类动物中,蝴蝶的视觉光谱最宽。蝴蝶能辨别光谱中的红色,甚至紫外光也可以辨别。蝴蝶的辨色能力远远超过人类,它们能够分辨出人类分辨不出的色彩。

谁首先发现蜜蜂会跳舞?

奥地利生物学家、诺贝尔奖获得者卡尔·冯·弗里施(Karl von frisch)以研究"蜜蜂舞蹈"而闻名于世。冯·弗里施花了近40年时间研究和揭示蜜蜂是如何以跳舞的方式来传达蜜源信息的。1943年,他发现,当野外采集到花粉的蜜蜂返回蜂巢后,就在蜂巢上方翩翩起舞,因此这种舞被称为"收获舞"。

冯·弗里施同时还发现,收获舞可分为小园舞和摆尾舞两种。

所谓小园舞就是蜜蜂在蜂巢上方呈"8"字形快速飞舞,通常表示蜜源距离蜂巢很近,可能在50米之内。

如果蜜源的距离很远(100米之外),便换成另一种舞姿,即摆尾舞。蜜蜂沿直线爬行,然后再移向左,这种舞蹈的运动路线呈"8"字形。蜜蜂摇摆其腹部,舞蹈的中轴线跟巢顶的夹角正好是蜜源方向和太阳方向的夹角。

蜜蜂跳舞时头朝上或头朝下,与蜜源位置的方向有关:

跳舞时头向上,表明找寻蜜源位置必须朝向太阳的方向飞行。

跳舞时头向下,表明找寻蜜源位置必须背向太阳的方向飞行。

跳舞快慢与蜂巢距离蜜源位置的远近也有关系:

蜜源位置愈远,蜜蜂摆尾的时间就愈长,并且在摆尾时发出的嗡嗡声音愈久。

在研究蜜蜂的初始阶段,很多人都难以相信蜜蜂是以舞蹈的形式来传达蜜源的位置的,如此神奇的沟通方式的确令人难以置信。

更奇妙的是,蜜蜂不仅具有神奇的沟通能力,而且还具备更为神奇的能力,即蜜蜂在传递信息的这段时间里,太阳因时间的推移,位置发生改变,蜜蜂对此能进行准确的

▌一只蚂蚁制服了一只白蚁兵蚁。

估量，这着实令人称奇。例如：一只蜜蜂采到蜂蜜后，用15分钟时间飞回蜂巢，然后再用15分钟跳舞，告诉其他蜜蜂蜜源的方向和位置。这些伴着侦察蜂跳舞的蜜蜂，虽然立即飞往蜜源的位置，可时间已经过去了30分钟，太阳已经移动了7°～8°了。但蜜蜂会把太阳在这30分钟内的位置移动情况考虑在内，它们仍能顺利地找到蜜源植物。

⚫ 什么是"杀人蜂"？

　　昆虫学家通常用"非洲蜂"一词，而不用"杀人蜂"。巴西的养蜂人希望培育出一种在热带地区产更多蜜的蜜蜂，就于1956年将这一蜂种引入巴西。1956年，有35只非洲蜂王被运到美洲大陆，因为一时疏忽，其中的26只逃到了南美的热带丛林中，成为"杀人蜂"的始祖。很快这种蜂就与当地人们所熟知的欧洲蜂种杂交，其后代将原有蜂种取而代之。尽管这一蜂种产蜜量远远大于原有的欧洲蜂种，但其所带来的危险也大大超过其他蜂种。它毫不留情地进攻进入其领地或对其构成威胁的人们。自从被引进之后，受其攻击致死的人数众多。因为自然条件恶劣，非洲蜂养成了惊人的团结精神，培养了战斗力，脾气暴躁，毒性强。

⚫ 哪种蜜蜂的叮咬对人类危险性最大？

　　非洲蜜蜂的防御性极强，在稍有挑衅或根本没有挑衅的情况下，它们就会发起集体攻击，不仅速度快，而且攻势凶猛。

什么是游牧养蜂人？

为了能采到更好的蜜，养蜂人会带着蜂群异地迁徙，这种养蜂人被称为游牧养蜂人。他们通常在春夏季向北方迁徙，让蜜蜂传授花粉，而在秋冬季则迁徙到气候温暖的南方。

一个蜂群中有多少只蜜蜂？

一般来说，一个蜂群大约有5万~7万只蜜蜂，这个数量的蜜蜂一年能产60~100磅（27~45千克）蜂蜜。比1/3略多一点的蜂蜜被留在蜂房中，以供蜂群生存。

1磅重的蜂蜜需要蜜蜂采集多少朵花的花粉？

蜜蜂必须要在大约200万朵花上采蜜，才能生成1磅（0.45千克）重的蜂蜜。蜂蜜的采集都由工蜂完成。工蜂的寿命为3~6周，这一生命长度足以采集一茶匙容量的花蜜。

白蚁有天敌吗？

白蚁有两种天敌：

1. 巢内寄生天敌

许多种白蚁巢内均有真菌、细菌和病毒寄生，其中许多微生物能引起白蚁生病，最后导致白蚁死亡，直至全巢覆灭。另外，巢内寄生的螨类有时也能杀灭白蚁。

2. 巢外捕食天敌

（1）不能破巢的天敌：此类动物主要捕食有翅纷飞的成虫和暴露在外面的白蚁，或采用不捣毁蚁巢的方式进入巢内，捕食或诱出白蚁后取食，如蜘蛛、蚂蚁、蜻蜓、青蛙、鸟类、黑猩猩等。研究表明，鸟、蚂蚁、蜘蛛和蜻蜓都会在白蚁从一地飞往另一地时，捕食尚不具备抵御能力的带翅膀的幼蚁。

（2）能破巢的天敌：此类动物能捣毁蚁巢，直接从巢内捕食白蚁，如穿山甲、针鼹、大蚁熊、土豚、犰狳、鸭嘴兽、食蚁兽等。

如何区别蚂蚁和白蚁?

蚂蚁和白蚁在生物学分类中同属一目（介于纲和科之间）。二者都为节肢动物，腿为多节连接。

国内外有许多记载，甚至在日常生活中，许多人常常将蚂蚁和白蚁混为一谈，认为"白色的蚂蚁就是白蚁"，其实并非如此。虽然白蚁与蚂蚁在外形上都是很小的昆虫，生活习性上都是巢居的群居昆虫，且都有搏斗的习性，但是它们在分类地位、外部形状、生活习性等方面均有明显的差异。

1. 白蚁属等翅目昆虫，在进化系统上比较原始，为现今地球上最古老的社群性昆虫，距今已有 2.5 亿多年的历史。有翅成虫的前后翅几乎等长，翅长远远超过身体，且翅脉复杂而原始，有时有网状结构；蚂蚁属膜翅目昆虫，进化上比较先进，与蜜蜂近缘，距今仅有 7 000 万年的历史。

2. 白蚁的工蚁、兵蚁大多是淡白色或灰白色，触角为念珠状，每节近乎圆形，且胸腹之间无明显收缩，宽度变化不一；蚂蚁多为黄色、褐色、黑色和橘红色，其胸腹之间有明显的腰节，触角呈膝状，且每节长短不一。

3. 白蚁属不完全变态昆虫，由卵到成虫，经幼蚁或若蚁阶段，无蛹期；蚂蚁属完全变态，由卵到成虫经幼虫期或蛹期。

4. 白蚁的工蚁及兵蚁身体表皮的角质化程度不高，体壁柔软，畏光，活动和取食时需筑蚁路或有掩护，大多种类的眼已退化；蚂蚁身体表皮角质化程度较高，体壁坚硬，不

蚂蚁的承重量有多大?

蚂蚁承重能力很强，能够承载超过自身体重的 10～20 倍甚至更重的重量。蚂蚁在整个动物界的承载能力超过很多生物（包括人，人绝对不可能承载自身体重 10～20 倍的重量）。就其身体而言，蚂蚁因其能够承载自身体重 10～20 倍，有的甚至是自己体重的 50 倍的重量，堪称动物界中名副其实的"超级大力士"。蚂蚁可以负载如此的重量爬行相当远的路程，甚至还能爬树。这就相当于一个重 100 磅（45千克）的人背负一辆小轿车，步行 7～8 英里（11～13 千米）的路程后，再背着汽车爬上最高的山。

畏光，除少数种类外，活动时一般不筑路。

5. 白蚁主要取食木材和含纤维素的物质，除少数种类外，一般不储粮；蚂蚁食性很广，为肉食性和杂食性，有储粮习性。

6. 白蚁成虫在纷飞落地、脱翅后，雌雄才能交配繁殖，且长期居住在一起，经常交配；蚂蚁却在飞行中交配，交配后雌雄即分离，且雄蚁就失去意义了。

哪种昆虫的嗅觉最灵敏？

雄性大蚕蛾或许是世界上嗅觉最灵敏的昆虫。昆虫是没有鼻子的，但大多数昆虫却进化出其他嗅觉极其灵敏的器官，用以感受气味。比如鳞翅目的飞蛾（雄性大蚕蛾就是该目的昆虫），它的一对触角形似鸟羽，这种触角称作羽状触角，上面生有 1.6 万个接收器。法国著名昆虫学家让-亨利·法布尔（Jean-Henri Fabre）在《昆虫记》中描述道：几十只雄蛾像回家一样蜂拥到一个捕虫网中，来找网中的雌蛾，以回应它发出的爱的召唤。法布尔发现，雌蛾的气味（现在我们称之为蛋白酶），可以使远在 7 英里（11 千米）之外的雄蛾闻到，哪怕是在逆风的情况下。

雄蚊子叮人吗？

不叮人。叮人的通常都是雌蚊子，雄蚊子是不叮人的。雄蚊子的口器较雌蚊子的口器有所退化，不能刺破皮肤，所有雄蚊子不吸血，主要靠花蜜、植物汁液和其他汁液维持生命。而雌蚊子所需的营养除上述雄蚊子所需的以外，还吸食人和动物的血液。原因就是它有一个特殊的口器。在雌蚊子头部下端，有一个像针一样的喙状口器，粗看像一根针似的，实际上是由 6 根比头发丝还细的针组成的，其中两根是食道管和唾液管，另有两根刺血针和两片锯齿刀。这 6 根针的外面由一层薄鞘包裹着，鞘尖上还有一个"夹钳"，把 6 根针扎成一小捆，蚊子叮人就靠这个锋利的喙。

雌蚊所吸的血用来供养自己，更重要的是，只有吸血之后，才能使卵获得营养。有些蚊子一次就能孵 200 枚卵，这需要吸食血液来补充营养，这样，蚊子的卵才能成熟，这也是为下一代的繁衍准备丰富的营养。

什么是"长腿爸爸"？

"长腿爸爸"指两种无脊椎动物。第一种为无害、不蜇人的长腿蜘蛛纲动物，也被人们称作盲蜘蛛。这种动物除了不具有蜘蛛的分节身体特征之外，其他与蜘蛛无异，所以很容易被人混淆。尽管这种动物的腿与蜘蛛的腿数量一样多，都是 8 条，但要比普通蜘蛛的腿长许多，而且要细许多。正是由于长腿的优势，使得盲蜘蛛可以将身体高高支起，以防止蚂蚁和其他一些小型敌人的进攻。它们不像蜘蛛那样织网，而属食肉类动物，捕食昆虫、蜘蛛、蛆虫等无脊椎动物。它们也吸食植物汁液，在万不得已的情况下还吃所有能吃的东西，如面食、牛奶等。盲蜘蛛需要经常喝水。"长腿爸爸"也指身体细长、腿细长，长有用于吸水和花蜜的喙状口器的大蚊。

一只蜘蛛能产多少卵？

一只蜘蛛的产卵数量因蜘蛛种类的不同而有很大差异。一些大蜘蛛能产 2 000 多枚卵，而许多小蜘蛛却只产 1～2 枚卵，也许一生的产卵数都超不过 12 枚。普通大小的蜘蛛的产卵数在 100 枚左右。大多数蜘蛛一次性产下所有的卵，而所有的卵都产在同一个囊中。还有一些蜘蛛分数次产卵，卵分别产在不同的囊中。

钢铁和蜘蛛网丝相比，哪个更坚固？

答案就是蜘蛛网的丝比钢铁更坚固。最坚固的蜘蛛网丝的抗拉强度仅次于熔融石英纤维，是同等重量钢铁的 5 倍，且其抗击能力是防弹纤维的 5 倍。抗拉强度为一个物体在不被撕扯的情况下所承受的最大纵向应力。一条直径 0.004 英寸（0.01 厘米）的合成纤维的最大承受力为 2.8 盎司（80 克）。

在抗拉强度方面，蜘蛛丝比钢丝强许多倍。

一只蜘蛛平均多长时间织一张网？

一般来说，一只圆网蜘蛛只需 30～60 分钟就能织成一张蜘蛛网。蜘蛛目为蜘蛛纲类动物中最大的一支，其中包括 3.2 万多种。这些蜘蛛通过不同的方式来获取食物，从大型食鸟蜘蛛所使用的简单的绊网，到圆网蜘蛛织出的复杂的、漂亮的网。有些蜘蛛网形似漏斗,有的蜘蛛群体建造共同网。

织出的网就像是原始车轮向外辐射的辐条,辐条的数量和质量完全取决于蜘蛛的种类。蜘蛛通过收集其前面的线,并在其后面产生新的线来替换损坏的线。因为圆形网的韧性、坚固程度会逐渐减弱,所以每隔几天就需要重新修补、加固,以提高捕获食物的能力。热带地区的一种叫内菲拉(Nephila)的圆网蜘蛛织出的网最大,周长达 18 英尺 9 英寸(6 米),雕纹棉蜘蛛(*Glyphesis cottonae*)织出的网最小,仅有 0.75 平方英寸(4.84 平方厘米)。

地球上最早出现蟑螂是在什么时候?

迄今为止所发现的最早的蟑螂化石已有 2.8 亿多年。有的蟑螂有 3~4 英寸(7.5~10 厘米)长。蟑螂在夜间捕食昆虫,不仅吃人所吃的食物,还吃书本、墨、白涂料等。

蚯蚓是如何"回收"土壤的?

据估计,世界上现有 4 000 多种蚯蚓,中国已发现有 200 多种。所有这些蚯蚓都能为人类提供生态服务。比如,它们通过挖洞,使土壤通气,保持水分,以适合植物的生长。此外,蚯蚓每天能吃掉相当于它的体重 30% 的植物、动物和其他物质。其中很多物质随后以"粪球"的形式排泄到地球表面。然后蚯蚓通过挖洞的过程重新掩埋这些粪球,从而基本上实现了对土壤的回收利用。

蜈蚣有多少条腿?

蜈蚣,蜃足纲成员,具有不均匀数量的步足对,从 15 对到 171 对以上不等。真正的蜈蚣(蜈蚣目)有 21 对或 23 对腿,常见的家蜈蚣有 15 对腿。

跳蚤为何能跳那么远?

跳蚤的跳跃能力主要来自两个方面,一方面是跳蚤结实有力的腿部肌肉,另一方面就是橡胶似的节肢弹性蛋白肉趾。节肢弹性蛋白位于跳蚤后腿上。跳蚤在起跳前蹲伏、蜷缩、积聚,然后放松某些部位的肌肉。节肢弹性蛋白中存储的能量就好像弹簧,会一下子将跳蚤弹出很远。跳蚤可以向前跳跃,也可以向上跳跃。有些种类的跳蚤可以跳到自身身长的 150 倍远的地方。这就相当于一个人仅仅一跳，就要跳出 2.25 个足球场远的距离，或是 100 层楼的高度。人蚤（*Pulex irritans*），又称致痒蚤，能跳 13 英寸（33 厘米）远，7.25 英寸（18.4 厘米）高。

萤火虫是如何发光的？

萤火虫，学名 *photinus pyroles*，也叫发光虫，所发出的光是一种毫无热量的光，在生物学上叫作生物发光。萤火虫之所以能发出光来，是因为它腹部的一个特殊发光器。这个发光器由发光层、反射层和透明的表皮层组成。反射层有一种不透明的细胞层，细胞内含有一些白色颗粒状的尿酸盐的结晶，它能够阻挡光射入虫体内，并能够通过透明的表皮把光反射到体外。发光器的主体发光层中含有一些化学物质，这些物质在虫体内的荧光素酶的催化作用下，能进行复杂的氧化反应，生成一些处于激发态的新物质。这些物质经转换后，就能发出光亮。

在萤火虫发光这样一个氧化过程中，它的反应速度的快慢同参加反应的氧的供给量成正比。这些氧由分布于发光器周围的许多小气管提供。如果各个气管供给的氧十分充足，氧化反应速度就会加快，产生的光就亮；反之，各个气管供给的氧不足的话，氧化反应速度就慢，光也弱。萤火虫的呼吸节奏也不是恒定不变的。氧气的摄入量随着萤火虫呼吸作的起伏有时多些，有时少些。这样，萤火虫发出的光也时强时弱，就变得一闪一闪的。

果蝇的寿命有多长？

成体果蝇的寿命差异很大。在理想的条件下，成体果蝇可生存 40 天。在拥挤的条件下，它的寿命则减少到 12 天。然而，在正常的实验室条件下，成体果蝇通常仅存活 6~7 天。

墨西哥跳豆为什么能跳动？

豆蛾在灌木（俗称大戟）的花或荚中产卵。卵在荚中孵出幼虫或毛虫。毛虫在壳内运动时，重量的偏移造成了豆子的跳动。阳光或手掌的温度也会激发豆子的跳动。

水 生 生 物

斑马贻贝有什么负面影响?

斑马贻贝是长有黑白条的双壳软体动物,它们可能是在1985年或1986年向圣克莱尔湖排放压舱水时被引入北美的。斑马贻贝是硬壳品种,它们的足丝附着在水下硬底处并繁殖。在世界范围内,各水厂进水口、管道和热转换器中都发现了大量的斑马贻贝。它们可以阻塞电厂、工业用水和生活用水的进水口,弄脏船体和发动机的冷却水系统,扰乱水下生态系统,因此必须手工清理水处理设施,以清除这种贝类。因为没有天敌,缺乏食物和空间的竞争者,它们繁殖速度极快,四处游动的幼虫生长迅速,所以斑马贻贝对于地表水资源有很大威胁。

怎样确定鱼的年龄?

确定鱼龄的一个方法是观察鱼鳞,鱼鳞上长有和树木的年轮一样的生长环。鱼鳞上长有同心的骨脊或"环纹",可以反映出每条鱼的生长历程。嵌入皮肤中的鱼鳞成簇隆起,每簇鱼鳞代表一年的生长周期。

成群游动的鱼如何同时改变游动路线?

这种令天敌困惑的游动方式是因为鱼觉察到了水压的变化。鱼的这种被称为侧线的探测系统位于身体两侧。沿着侧线有成簇的纤毛,纤毛长在体内一个充满果冻样物质的杯状物中。如果鱼受到惊吓突然掉转方向,就会使周围水域产生压力波。这种水波压力使附近鱼的身体侧线内的"果冻"变形,带动纤毛触动神经,将信号传给大脑,使鱼改变游动方向。

鱼的游速是多少?

鱼的最大游速在一定程度上取决于鱼身和鱼尾的形状及体内的温度。旗鱼是游得最快的鱼,至少在短距离内,游速可达60英里/时(95千米/时)以上。然而,美国一些渔民认为,蓝鳍金枪鱼是游得最快的鱼,但到目前为止,最快纪录也仅为43.4英里/时(69.8千米/时)。由于实际测量的难度极大,获得这方面的数据是非常困难的。黄鳍金枪鱼和沙氏刺鲅的游速也很快,10~20秒的冲刺速度分别为46.35英里/时(74.5千米/时)和47.88英里/时(77千米/时)。飞鱼的游速为40英里/时(64千米/时)

多，海豚为 37 英里／时（60 千米／时），鳟鱼为 15 英里／时（24 千米／时），鲥鱼为 5 英里／时（8 千米／时）。人类的游速为 5.19 英里／时（8.3 千米／时）。

如何区分雌、雄龙虾？

只有将龙虾翻过来时，才能看到雌龙虾和雄龙虾的区别。雄龙虾距头胸甲（甲壳）最近的两个游泳足（用来游泳的叉状的附肢）坚硬、锋利、多刺。而在雌龙虾中，同样的游泳足是柔软和毛茸茸的。雌龙虾还有一个盾牌似的硬甲"焊接"在第三对步足之间。在交配过程中，雄龙虾将精子存入这个硬甲中，数月后，雌龙虾用它来使它的卵受精。

珍珠是如何形成的？

珍珠是在海水牡蛎和淡水河蚌中形成的。在这些软体动物体内有一种窗帘样的组织叫作套膜，朝向贝壳一侧（即内侧）的套膜中的一些细胞在壳形成的特定阶段会分泌珍珠层（又称珠母层）。珍珠是牡蛎对外来物作出反应的结果，比如牡蛎壳内的一粒沙子或一个寄生虫。牡蛎在外来物周围分泌珍珠层来中和入侵者，最后把它变成了珍珠。珍珠层由碳酸钙、脆性文石和贝壳硬蛋白组成。人工将刺激剂植入牡蛎体内生成的珍珠就是人工养殖的珍珠。

珊瑚礁是怎样形成的？

珊瑚礁只生长在温暖的浅海中。死去的珊瑚虫的碳酸钙骨骼作为框架，后来的珊瑚虫一层一层地附在上面。长期的积累加上海平面的上升逐渐形成了几百米深、上百米长的礁石。珊瑚虫体形如柱；下端固定在礁石的硬底部；上端向水面四处伸展。整块珊瑚礁由上千个珊瑚组成。根据分泌骨骼的种类，珊瑚可以分为硬珊瑚和软珊瑚。硬珊瑚的珊瑚虫沉积成固态的碳酸钙骨骼，因此多数游泳者看到的只是珊瑚的骨骼；珊瑚虫白天蜷缩在一起，身体呈杯状。

珊瑚为什么会有颜色？

珊瑚和虫黄藻为共生关系。虫黄藻是能进行光合作用的鞭毛藻类（单细胞动物）。鞭毛藻类给予珊瑚独特的粉色、紫色和绿色。排斥鞭毛藻类的珊瑚呈白色。

什么是巨型管虫?

这种虫是在 1977 年被发现的,当时载人深潜器"阿尔文"号正在探测位于距加拉帕戈斯群岛 200 英里(322 千米)、太平洋海面下 1.5 英里(2.4 千米)处的加拉帕戈斯海脊。以史密森尼国家自然历史博物馆蠕虫专家梅雷迪斯·琼斯(Meredith Jones)的名字命名的巨型管虫在海底热液喷口处被发现。这些虫没有嘴和肠,长达 5 英尺(1.5 米),头顶由 20 万小触角组成的羽状羽冠构成。这种虫之所以增长速度惊人,是由于它们体内的食物来源——巨型管虫营养体组织内的共生细菌〔每盎司(28.35 克)组织中有超过 1 000 亿个共生菌〕。管虫将从水中吸收的氧气、二氧化碳和硫化氢转运到这些营养体组织,那里的细菌利用这些物质最后合成了管虫生长所需的碳水化合物和蛋白质。

这仅是"阿尔文"号历史性航行的重大发现之一。科学家原本预计在这些海洋深处会找到"沙漠",因为那里没有光线穿透。世界上的大多数生物都依靠光合作用(利用阳光制成化合物)作为其食物链的基础。但在大洋深处,巨型管虫、深海热液蟹和软体动物却能茁壮成长,因为这些深海热液生物群落可以依靠化能自养菌,从火山口喷出的氧化物中获取维系生命的能量,或者依靠共生关系,如巨型管虫及其共生菌。

什么是"美人鱼的钱包"?

"美人鱼的钱包"(鳐鱼卵夹)是用来保护释放到自然环境中的角鲨、鳐鱼和魟鱼卵的保护套。长方形的"钱包"是皮革制的,每个角都伸出长长的卷须。卷须将保护套固定在水草或岩石上,在 6~9 个月的孵化期间保护胚胎。空的废弃保护套经常被冲到海滩上。

电鳗能产生多少电?

电鳗体内有产生电流的器官,它们由体内脊柱两侧的电路板组成。电鳗通过中枢神经系统可释放平均 350 伏,最高 550 伏的电压。电击由 4~8 个单独的电荷组成,每个电荷只持续三千分之一到二千分之一秒。这些作为防护机制的电击 1 小时可以重复高达 150 次,而电鳗没有显出任何疲态。巴西、哥伦比亚、委内瑞拉和秘鲁河流中发现的最大功率的电鳗可产生 400~650 伏的电压。

海豚睡眠时一半的大脑功能停止运转,静静地停在水中。

鲑鱼怎样找到产卵地的路径?

科学家也不太清楚鲑鱼为什么在大洋中巡游数千千米,历时几年后仍能记得返回自己出生河流的路径。然而,他们认为鲑鱼和家鸽一样具有天生的"指南针"或独立于天文学和物理学之外的搜索识别机制。有的科学家提出,当它们穿越地球的磁场时,体内的"指南针"利用洋流产生的很小的电压识别方向。还有人认为,鲑鱼的回归机制可能与水的盐度变化或巡游途中特定的气味有关。

软体动物按壳可分为几类?

科学家都认同软体动物分为 5 大类:腹足纲软体动物、双壳纲软体动物、掘足纲软体动物、多板纲软体动物和头足纲软体动物。第六类单板纲软体动物曾被认为已经灭绝,但科学家已经在很深的海洋水域中发现了它们的踪迹,现在被认为十分罕见。

大多数贝壳属于腹足纲或者双壳纲。世界上 3/4 的软体动物,即约 6 万种,被列入腹足纲,它通常拥有卷起的上下连体的贝壳。帽贝、芋螺、榧螺、骨螺、海鲍和海螺都属于这一类。1.1 万种双壳纲软体动物有两片壳,通常在一侧绞合。河蚌、牡蛎、鸟蛤和贻贝都是人们熟悉的双壳纲软体动物。

其他 3 类软体动物的品种比较少。科学家识别出约 500 种掘足纲软体动物。它们有锥形的壳,略微弯曲的中空管与长针或象牙相似,因此有的收集者把它们叫作象牙壳。约 600 种多板纲软体动物的壳有 8 个独立可动的盾片。这些盾片被坚硬的椭圆带(托带)固定,由于酷似盔甲,它们又叫"铠甲"壳。650 种头足纲软体动物与其他软体动物截然不同。有的有包裹软体的壳,如著名的分室鹦鹉螺栖息在一个由一系列逐渐增大的小室组成的贝壳中,这些小室都被纸一样薄的壁分成独立的空间。其他物种,如乌贼、鱿鱼,壳在体内支撑身体。另一种头足纲动物章鱼则完全没有壳。

🦁 鲨鱼有多少种？多少种对人构成威胁？

目前已知的鲨鱼种类超过 500 种，长度从 6 英寸（15 厘米）到 66 英尺（20 米）不等，但只有大约 30 种鲨鱼曾攻击过人类，真正伤人的更少。比较罕见的大白鲨是最大的食肉鱼之一。精确测量的最大标本体长 21 英尺（6.4 米），重 5 000 磅（2 270 千克）。

🦁 距海岸多远会受到鲨鱼的攻击？

对 570 起鲨鱼伤人事件的研究发现，多数鲨鱼伤人发生在近海。由于多数下水的人距离海岸都很近，这些数据也并不令人吃惊。

海 岸 距 离	鲨鱼攻击的百分率（%）	该距离游泳人数的百分率（%）
50 英尺（15 米）	31	39
100 英尺（30 米）	11	15
200 英尺（60 米）	9	12
300 英尺（90 米）	8	11
400 英尺（120 米）	2	2
500 英尺（150 米）	3	5
1 000 英尺（300 米）	6	9
1 英里（1.6 千米）	8	6
1 英里以上（1.6 千米以上）	22	1

爬行动物和两栖动物

🦁 爬行动物和两栖动物的区别是什么？

爬行动物体表覆有鳞片、背甲、盾片，它们的脚趾有爪。两栖动物有潮湿、含腺体的皮肤，脚趾无爪。爬行动物的卵有羊皮纸般厚而坚硬的壳，可以保护发育中的胚胎，防止其失去水分，即使在干燥的陆地上也能起到保护作用。两栖动物的卵没有保护性的外层，总是在水中或潮湿处产卵。幼小的爬行动物在相貌上是其父母的微缩版，只是颜色和花纹有时会有些变化。未成年的两栖动物经历了一个水生幼虫阶段，然后变态（改变形态和结构）发育为成体。爬行动物包括短吻鳄、鳄鱼、海龟和蛇。两栖动物包括蝾螈、蟾蜍和青蛙。

🦁 美国有哪些本土的毒蛇？

毒 蛇 名 称	平 均 长 度
响尾蛇	
东部菱斑响尾蛇	33~65英寸（84~165厘米）
西部菱斑响尾蛇	30~65英寸（76~419厘米）
森林响尾蛇	32~54英寸（81~137厘米）
草原响尾蛇	32~46英寸（81~117厘米）
大盆地响尾蛇	32~46英寸（81~117厘米）
南太平洋响尾蛇	30~48英寸（76~122厘米）
红菱响尾蛇	30~52英寸（76~132厘米）
莫哈维响尾蛇	22~40英寸（56~102厘米）
角响尾蛇	18~30英寸（46~76厘米）
噬鱼蛇	
食鱼蝮蛇	30~50英寸（76~127厘米）
铜头蝮蛇	24~36英寸（61~91厘米）
纹面蝮蛇	30~42英寸（76~107厘米）
珊瑚蛇	
东方珊瑚蛇	16~28英寸（41~71厘米）

🦁 陆地上什么蛇爬行最快？

黑曼巴蛇是一种致命的非洲毒蛇，可长达13英尺（4米）。据记载，速度可达7英里/时（11千米/时）。作为一种极具攻击性的毒蛇，在追击猎物时身体前部会高高竖起。

鳄鱼在陆地上的速度可达多少?

鳄鱼快速运动时可以跳跃疾驰,速度可达 2~10 英里 / 时(3~17 千米 / 时)。

怎样确定幼年短吻鳄的性别?

短吻鳄的性别是由卵孵化时的温度决定的。90~93 ℉(32~34℃)的高温会孵出雄性,82~86 ℉(28~30℃)的低温则孵出雌性。温度的决定作用发生在为期两个月的孵化期的第二周和第三周。这段时间之前和之后的温度波动都不会改变幼鳄的性别。鳄鱼是被巢穴顶部的腐败物质的高温孵出的。

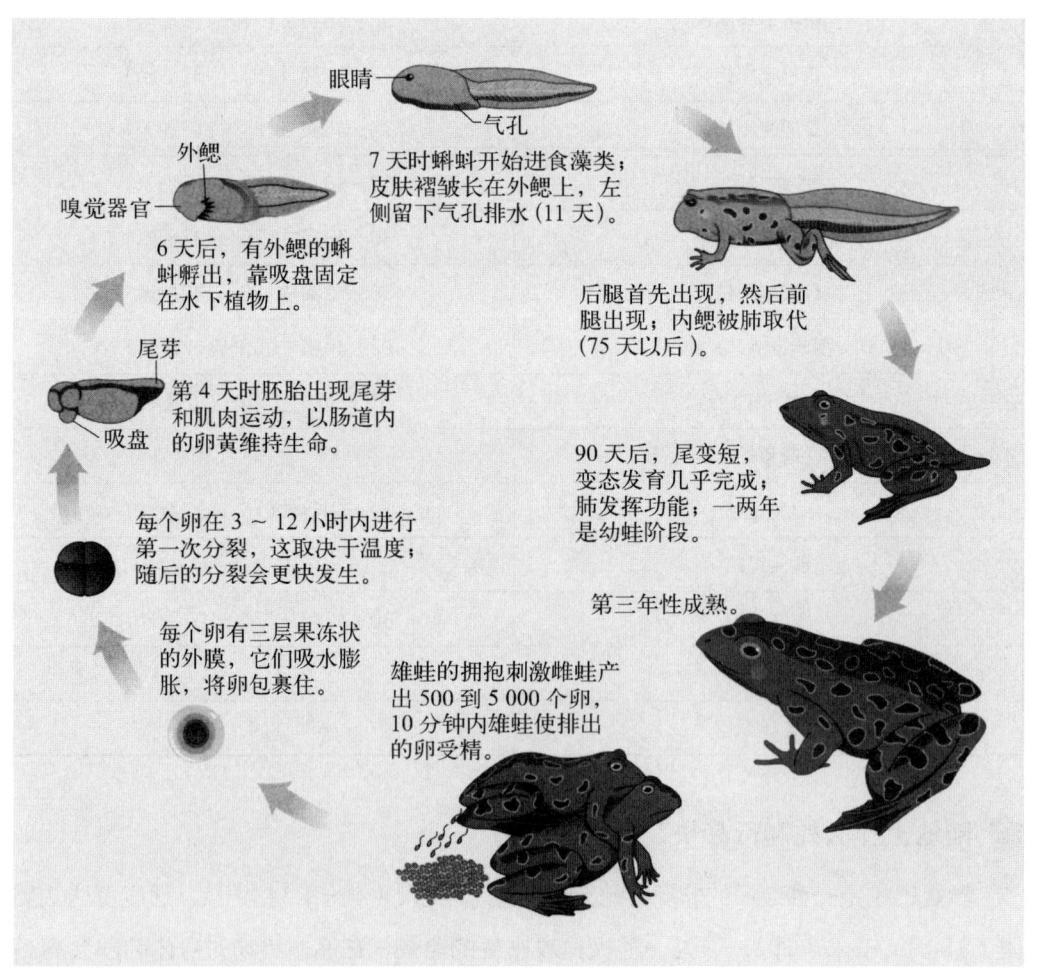

蛙的生命周期。

🦁 苏里南蟾蜍怎样养育幼蜍?

不同于普通的蟾蜍和青蛙,雌性苏里南蟾蜍将它的卵装在后背皮肤上特别的囊袋中。每一个卵都在自己的囊袋中发育。蝌蚪的尾巴同母体连在一起,与哺乳动物的胎盘相似,进行养分和气体交换。蝌蚪发育迅速,在囊袋中经历变态发育。变成幼蛙后,它们离开这个囊袋,开始独立生活。

🦁 海龟的上壳和下壳叫什么?

海龟用壳来保护自己。上壳叫背甲,下壳叫腹甲。这些壳被称作鳞甲。背甲和腹甲在体侧相连。

鸟　　类

🦁 鸟类的听觉有多敏感?

在大多数鸟类中,听觉是仅次于视觉的重要感官。鸟类的耳朵紧贴身体,并且被羽毛覆盖。然而,羽毛并没有能够阻塞声音的羽小枝。夜间的猛禽,如大角猫头鹰,有高度发达的听觉,就是为了能够在黑暗中捕捉到猎物。

🦁 鸟类如何学会其种属所特有的旋律的?

鸟类学习"歌曲"的能力似乎受到遗传和后天经历的影响。科学家认为,鸟类先天具有识别本属鸟类声音的能力,并且倾向于学习自己本属的"歌曲"。鸟类歌唱时,经历了一个实践阶段(与人类婴儿咿呀学语十分类似)。在这一阶段,鸟类逐渐完善了本属独特"歌曲"的音阶和结构。为模仿出完美的鸣叫声,鸟类必须在出生的前几个月里倾听成鸟的叫声。

🦁 哪种鸟产的蛋最大/最小?

象鸟,又称巨鸟或大鹏,是马达加斯加一种已灭绝的不能飞的鸟。它产出了已知最大的鸟蛋。有些蛋长达13.5英寸(34厘米),直径9.5英寸(24厘米)。现在能产出最大蛋的鸟是北非鸵鸟，其蛋平均长 6~8 英寸（15~20.5 厘米），直径 4~6 英寸（5~15 厘米）。

最小的鸟蛋出自牙买加的小吸蜜蜂鸟，长不超过 0.39 英寸（1 厘米）。

🦁 候鸟为什么每年要迁徙？

鸟类的迁徙行为是遗传的。然而，没有生理和环境的刺激，鸟类是不会迁徙的。夏末阳光的减少刺激候鸟的脑垂体和肾上腺，促使它们分别分泌催乳素和皮质酮。这些激素使鸟在皮肤下面储存了大量的脂肪，为长途的迁徙路程提供充足的能量。另外，这些激素也使得鸟在迁徙前变得焦躁不安。然而具体迁徙的时间并不是由阳光减少和激素的变化决定的，而是由食物的获取和天气变冷等条件决定的。

北美候鸟过冬的主要地区是美国南方和中美洲。野鸭遵循 4 条主要的南迁航线：大西洋航线、密西西比航线、中部航线和太平洋航线。一些鸟类专家提出，候鸟返回北方繁殖出于以下几个原因：（1）候鸟返回老巢是因为那里有大量可供幼鸟食用的昆虫；（2）北半球夏季纬度越高，母鸟为幼鸟觅食的白昼时间就越长；（3）北方寻找食物和筑巢地点的竞争者较少；（4）在北方，哺乳动物的捕食者较少，对筑巢鸟类（在筑巢阶段特别脆弱）的威胁较小；（5）鸟类向南方迁徙是为了躲避寒冷天气，当天气转暖时，它们就返回北方。

🦁 哪种鸟迁徙的距离最远？

北极燕鸥是迁徙距离最远的鸟。它们从近北极地区繁殖到北美和欧亚大陆的北极区的陆地边缘。北方夏末，北极燕鸥开始向南极迁徙，行程超过 1.1 万英里（17 699 千米）。7 月，一只在俄罗斯北极海岸被标记的燕鸥，于次年 5 月在澳大利亚弗里曼特尔被找到，它已经飞越了 1.4 万英里（22 526 千米）。

🦁 燕子什么时候返回到加利福尼亚州的卡皮斯特拉诺？

传说每年燕子都会在 3 月 19 日的"圣约瑟夫节"回到加利福尼亚州圣胡安卡皮斯特拉诺教堂，并于 10 月 23 日离开，向南半球迁徙。实际上，燕子可以在 3 月的任何一天到达，也可以在 10 月的任何一天离开。随着小镇的发展和游客的增多，返回的燕子的数量逐年降低。这一传说源于当地的一个小旅馆老板，他讨厌燕子，于是摧毁它们的巢，企图将它们赶走。一个教区的神父让所有的燕子都到他的教堂避难，从那以后，燕子每年都回到那里。

所有的鸟都会飞吗?

不是。在不会飞的鸟类中，企鹅和平胸鸟是人们最为熟悉的。平胸鸟包括鸸鹋、鹬鸵、鸵鸟、三趾鸵鸟和食火鸡。它们胸骨中都没有龙骨，所以被称为平胸鸟。这些鸟都有翅膀，但几百万年前就失去了飞行能力。许多鸟生活在大洋中的孤岛上（如大海雀），由于失去了天敌，用来逃脱的双翅逐渐退化，失去了飞翔能力。

什么鸟的翼展最长?

漂泊信天翁、皇家信天翁和阿姆斯特丹岛信天翁这 3 个信天翁家族成员拥有鸟类最长的翼展，长度达 8~11 英尺（2.5~3.3 米）。

为什么大雁排队飞行?

空气动力学认为长距离迁徙的候鸟，如大雁和天鹅，采用"V"形队形是为了减少长时间飞行所耗费的能量。根据理论计算，排成"V"形队伍飞行的鸟类，可比单独飞行的鸟类多飞约 10% 的距离。排队飞行减少了空气阻力（两翼承受的气压）。这种情形与在上升的热气流中飞行类似，此时需要的总升力最小。此外，每只鸟飞行时都为身后的同伴创造了一点气流波动区域，后面的鸟被这种气流所影响。加拿大大雁在"V"形队伍中飞行时，每只大雁都不是紧跟在前一只正后方的，而是在前一只大雁的一侧或上方。

雪雁迁徙中常见的"V"形队列利用空气动力学原理来提高飞行效率。

蜂鸟能飞多快？它们迁徙的路程有多远？

蜂鸟的飞行速度可达 71 英里 / 时（80 千米 / 时）。这种体型微小的鸟每秒振翅 50～80 次，在求偶时速度更快。下表列出了与之进行对比的其他鸟的飞行速度：

鸟类名称	速度（英里 / 时）	速度（千米 / 时）
游隼	168～217	270.3～349.1
褐雨燕	105.6	169.9
秋沙鸭	65	104.6
金斑鸻	50～70	80.5～112.6
野鸭	40.6	65.3
漂泊信天翁	33.6	54.1
小嘴乌鸦	31.3	50.4
银鸥	22.3～24.6	35.9～39.6
家麻雀	17.9～31.3	28.8～50.4
丘鹬	5	8

至今有记载的蜂鸟最长的迁徙距离是一只红褐色的蜂鸟从亚利桑那拉姆齐峡谷飞到华盛顿圣海伦斯山附近，行程为 1 414 英里（2 277 千米）。正在进行鸟类环志研究，以验证红褐色蜂鸟是否沿着大盆地路线飞行了 1.1 万～1.15 万英里（17 699～18 503 千米），往返一次需用时一年。然而，研究蜂鸟十分困难，因为带环志的蜂鸟很少能被再次找到。

劳动节后是停止喂食蜂鸟的最佳时机吗？

对于这个问题存在不同的看法。有的专家认为，蜂鸟会变得过于依赖喂食槽，如果不经受食物减少的威胁，它们就不会迁徙。然而，其他专家坚信，迁徙时节喂食对蜂鸟离开特定地区的影响很少或几乎没有。有人认为，食物供应不是鸟类迁徙的原因。相反，阳光的减少激活了鸟类必要的生化信息。还有人认为，另一种主要的食物——昆虫的减少也是鸟类南迁的重要原因。此外，有的鸟类学家在鸟类迁徙时仍然使用喂食槽帮助那些掉队的鸟类。然而，对鸟类开展进一步研究后，专家建议加拿大和美国最北的几个州在迁徙时节撤掉喂食槽，10月中旬前撤下美国最南部的地区的喂食槽，以防止鸟类被寒冷的天气困住。

蜂鸟翅膀振动的速度有多快？

蜂鸟是唯一一种能够长时间在静止的空气中盘旋的鸟。为了悬停在花的前面完成精细的工作——将细长锋利的喙插入到花的深处吸食花蜜，它必须这样做。它薄薄的翅膀轮廓并不是翼形，不能产生升力。它的翅膀呈桨状，实际上就像能够在肩膀上旋转的"手"。它拍动翅膀的方式使翅尖划出了一个侧躺的数字"8"。翅膀前移然后再向后，划出数字"8"的前半部，产生升力。当它飞起来，翅膀翻转180°，又产生向下的推力。蜂鸟的飞行方式有一个最大的缺陷：翅膀太小，为产生足够的向下推力，翅膀必须以更快的速度振动。中等大小的蜂鸟每秒翅膀振动25次。古

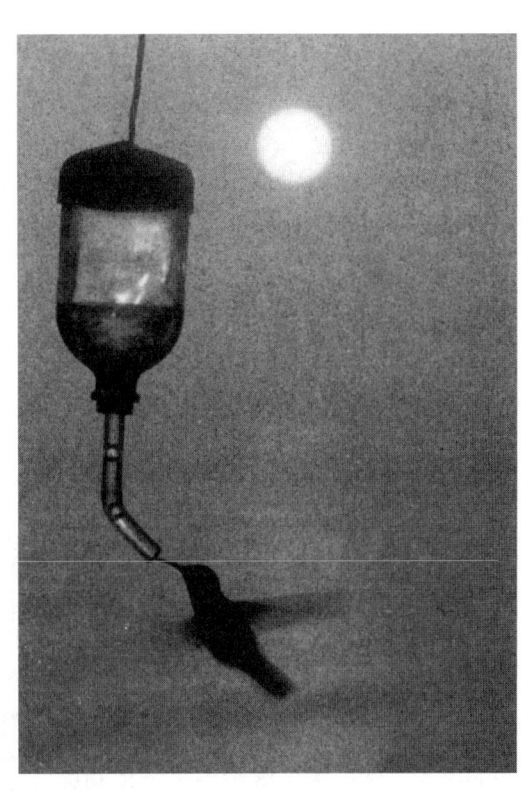

多红喉蜂鸟是北美东部唯一的本土蜂鸟。

巴特有的吸蜜蜂鸟只有2英寸（5厘米）长，每秒翅膀振动达惊人的200次。

帝企鹅的孵卵方法有什么特别之处？

每只雌帝企鹅产一枚大型蛋。起初雌雄企鹅共同孵这个蛋，用双脚抱着，用皮肤的褶盖在上面。来回传递几天后，雌企鹅离开到北冰洋开阔的水域中觅食。雄企鹅将蛋平稳地放在脚上，拖着脚在群栖的企鹅中行走，在暴风雪和严寒中它们不时地挤作一团取暖。如果蛋无意中丢失了，没有蛋的雄企鹅就会迅速认领它。雌企鹅离开两个月后，小企鹅出壳了。雄企鹅吐出乳汁样的物质喂小企鹅，直到雌企鹅回来。现在肥胖臃肿的雌企鹅接管了喂养小企鹅的任务，它用自己捕获的鱼来喂养小企鹅。然而，有的雌企鹅不

再回到配偶那里，而是徘徊在其他的雄企鹅之间，直到有企鹅让她照顾自己的幼企鹅。然后雄企鹅到开阔水域中去觅食，恢复它们在孵卵中失去的脂肪层。

🦁 企鹅的天敌是什么？

豹海豹是成年企鹅和幼年企鹅的主要天敌。在开阔的海域中，企鹅也会被虎鲸捕获。没有受到成年企鹅妥善保护的企鹅蛋和小企鹅经常被贼鸥和鞘嘴鸥吞噬。

🦁 什么动物与加那利群岛有着密切的联系？

古代的探险家将加那利群岛命名为加那利亚（Canaria），源于拉丁文 *Canis*（狗），因为他们发现这些岛上生活着体形较大、性情凶猛的狗。加那利还是这些群岛上原生的金丝雀（canary birds）的名字的来源。

🦁 秃头鹰什么时候被确定为美国的国鸟？

1782 年 6 月 20 日，刚刚取得独立的美利坚合众国采纳秃头鹰即"美国鹰"作为他们的国徽图案。起初，纹章艺术家描绘了一种更大种属的鹰，但是 1902 年美国国玺上描绘的鸟的头部和尾部有白色的羽毛。选择秃头鹰也不是一致同意通过的。本杰明·富兰克林（Benjamin Franklin）倾向于采用吐绶鸡。富兰克林是个以讽刺幽默著称的人，他认为吐绶鸡虽狡猾，但勇敢、聪明、谨慎。另一方面，他认为秃头鹰"道德败坏""虚伪狡

1782 年，秃头鹰成为美国国徽图案。

诈"，经常从勤劳的鱼鹰那里偷鱼吃。他还发现秃头鹰是个懦夫，一遭到体形小得多的王霸鹟的进攻就逃跑。

🦁 信鸽怎样找到回家的路？

科学家现在有两种假设来解释信鸽的归巢飞行，但没有一种能令所有的专家满意。

第一个假设是"气味地图"。这一理论认为，幼鸽学会通过闻空气中不同方位的不同气味返回到原出发点。例如，它们会掌握空气中的某些气味是从东方吹来的。如果信鸽被运到东方，气味会告诉它向西可以飞回家。第二个假设认为，鸟可以从地球的磁场中提取家的经度和纬度。也许将来可以证明，两个假设中哪个理论都不足以解释信鸽的导航能力，或者两个理论的某些综合还是有些道理的。

🦁 栖息在黑犀牛背上的鸟叫什么名字？

这种鸟叫牛椋鸟（椋鸟科的一员），是椋鸟的近亲。这种鸟仅见于非洲，黄嘴牛椋鸟在西非和中非的大部分地区都有分布，而红嘴牛椋鸟则生活在非洲东部和南部地区。牛椋鸟身体为暗褐色，长7～8英寸（17～20厘米），靠捕获寄生在黑犀牛（又称钩唇犀）背上的20余种扁虱为生。它大部分时间都待在犀牛或其他动物（如羚羊、斑马、长颈鹿或水牛等）的背上，甚至还栖息在它们身上。

牛椋鸟和犀牛的这种关系是一种协同共生关系（两个生物体之间的一种紧密的联系，其中至少一方受益）。犀牛去除了身体上的扁虱，而牛椋鸟觅到了食物，这清楚地展示了互惠共生关系（两个生物体都获益）。此外，牛椋鸟比近视的犀牛拥有更好的视力，当危险接近时可以用尖利的叫声和迅速飞离来向它们的"主人"发出预警。

🦁 哪一年欧洲椋鸟被引进到了美国？

尤金·希弗林（Eugene Schieffelin）于1890年将欧洲椋鸟引进到了美国。希弗林希望将莎士比亚作品中出现的每一种鸟都引进到美国。1860年，他还将麻雀引入到纽约市。

🦁 野鸟会抛弃被人类触摸过的幼鸟吗？

不会。与人们的预料相反，鸟类通常不会抛弃被人手触摸过的幼雏。对于坠巢或被挤出巢的雏鸟来说，最好的办法就是帮它们尽快找到鸟巢，并轻轻地将它们放回巢内。

为什么啄木鸟啄木时不会头疼？

啄木鸟的头骨十分坚硬，足以承受嘴敲击木桩时受到的冲击力。此外，它们还有强壮的颈肌来支撑头部。

为什么鸟类停在电线上不会触电死亡？

通常鸟类踩在输电线上不会触电死亡。当鸟类张开两翼，在两根火线之间或一根火线和一根地线，或其他部分（如变压器和接地金属横臂）间形成一个回路时，会发生触电死亡事故。

失去父母的小野鸟能吃什么？

一只失去父母的鸣禽在白天需要每 20 分钟被喂食一次，连续几周。食物应置入其喉咙深处。一只软喙鸟（如莺或猫鹊）可以吃磨碎的胡萝卜、剁碎的熟鸡蛋、农家鲜干酪、新鲜水果或蛋奶沙司。一只幼小的硬喙鸟（如麻雀或燕雀）可以吃食同样的食物，但当鸟发育健全后，饮食中应添加油菜、小米、葵花籽等。还可以将婴儿米粉和熟鸡蛋黄用牛奶混合喂给它们。

哪些鸟会在鸟巢里筑巢？

通常，只有那些能够凿洞筑巢或利用现成的洞穴（如树洞）作为巢穴的鸟类才会占用鸟巢。不同种类的鸟需要不同大小的鸟巢，尤其是入口洞的直径。可在鸟巢中筑巢的鸟类有：蓝鸲、山雀、燕雀、鹟、北美燕、鸲、麻雀、椋鸟、黑额冠山雀、啄木鸟和鹪鹩。此外，鸟巢也会吸引较大的鸟类如野鸭和猫头鹰来筑巢。

怎样能让蓝鸲在特定的位置筑巢？

选择植被低矮稀疏，周围有树木、萝藤或灌木（如蓝莓、金银花和酸苹果树）的地方设置筑巢箱和栖息地，可能会吸引蓝鸲。蓝鸲喜欢开阔的乡间下层丛林。公园、高尔夫球场和开阔的草坪是它们最喜欢的栖息地。随着耕地的消失、杀虫剂的普及和筑巢竞争者的增加（家麻雀和欧椋），美国东部蓝鸲的数量减少了九成以上。人造的筑巢箱有时比天然筑巢地更安全，因为人造的结构可以抵抗天敌。蓝鸲筑巢箱的入口洞很小（直径 1.5 英寸，即 4 厘米），椋鸟无法进去，支架杆上还设有专门的浣熊防护装置。为阻止天敌，筑巢箱位于距地面 3～6 英尺（1～2 米）处，且彼此之间的距离不少于 100 英尺（30 米）。筑巢箱周围 50 英尺（15 米）之内应有一棵树，以便让刚会飞的小鸟有个憩息之所。筑巢箱的底 4 英寸见方（10.6 厘米 ×10.6 厘米），四壁高 8～12 英寸（20～30.5

厘米），底部上方 6～10 英寸（15～25.5 厘米）处应设一入口洞。

哺 乳 动 物

🐒 妊娠期最短或最长的哺乳动物是什么？

妊娠期是卵生动物从受精到出生经历的一段时间。已知哺乳动物最短的妊娠期是 12～13 天。典型的 3 种动物是：美国负鼠，或称弗吉尼亚负鼠；稀有的水负鼠，或称蹼足负鼠，分布于中美洲和南美洲北部；澳大利亚东部袋鼬。这些有袋类动物的幼体出生时发育未完全，在母体的腹囊中继续发育。12～13 天是平均值，有时妊娠期仅为 8 天。哺乳动物妊娠期最长的是非洲象，平均 660 天，最长可达 760 天。

🐒 有会飞的哺乳动物吗？

蝙蝠（翼手目）是唯一真正会飞的哺乳动物，尽管有些能滑翔的哺乳动物也被视作"飞行"动物（如北美鼯鼠和飞狐猴）。蝙蝠的"翅膀"是从体侧伸展到后腿和尾巴的双层皮肤膜，实际上就是后背和腹部皮肤的延伸。翼膜由细长的上肢（或前臂）手指支撑。蝙蝠是夜行动物（晚上活动），身长 1.5 英寸（25 毫米）到 1.3 英尺（40.6 厘米）不等，生活在山洞或裂隙中，在大部分温带和热带地区均有分布。大部分种属以昆虫和水果为食，有的热带种属以花粉、花蜜和昆虫为食。中等大小的蝙蝠通常捕食小型哺乳动物、鸟类、蜥蜴和青蛙。有的蝙蝠还吃鱼。真正的吸血蝙蝠（3 种）会割开动物皮肤吸食血液。这些蝙蝠可以使动物患上狂犬病。大多数蝙蝠不靠视力辨别方向，而是进化出了"回声定位"的声呐系统来确定物体的位置。蝙蝠飞行时鼻口发出声音，这些通常超过了人类听力范围的声音会以回声的方式反射回来。这种方法使得蝙蝠在黑暗中飞行时可以避开物体并确定飞行昆虫的位置。蝙蝠的听觉非常敏锐，能听到的频率高达 120～210 千赫，而人类能听到的最高频率是 20 千赫。

🐒 世界上有哪些哺乳动物不会跳？

对于犀牛和大象不会跳，人们毫不奇怪，因为体重使它们很难做到这一点。然而，还有一种不会跳的哺乳动物叫叉角羚，在一首著名歌曲《牧场是我家》中，它们被叫作

"羚羊"。在叉角羚北美的家园中，不会跳成了一大弊端，因为栅栏阻挡了它们的迁徙，并削弱了它们的求偶和繁殖能力。

和其他哺乳动物比较，人类屏住呼吸的能力如何？

动 物 名 称	平均时间（分钟）	动 物 名 称	平均时间（分钟）
人类	1	海牛	16
北极熊	1.5	海狸	20
潜水采珠人	2.5	鼠海豚	6
海獭	5	海豹	15～28
鸭嘴兽	10	格陵兰鲸	60
麝鼠	12	抹香鲸	90
河马	15	瓶鼻鲸	120

人类与其他哺乳动物的心率相比如何？

动 物 名 称	静息心率（次/分钟）	动 物 名 称	静息心率（次/分钟）
人类	75	猫	110～140
马	48	老鼠	360
牛	45～60	田鼠	498
狗	90～100		

俗语"和蝙蝠一样瞎"有何依据吗？

俗语"和蝙蝠一样瞎"（有眼无珠）没有任何依据。尽管蝙蝠依靠声音辨别方向和寻找食物，但它们有普通哺乳动物的眼睛的所有组成部分，并且它们也能看见。

蝙蝠怎样在黑暗中捕捉飞虫？

蝙蝠用声波来通信和导航。它们发出的超声波频率介于 200～30 000 赫兹之间。声音由鼻孔发出，并由一个复杂的皮瓣结构辅助，为辐射提供精确的指向性。超声波的回声使蝙蝠可以识别前方远处的小飞虫。极其敏感的耳朵和出色的敏捷性使蝙蝠能够在漆黑的山洞中飞来飞去，捕捉昆虫，而不必担心碰撞他物。

哪些动物有育儿袋？

有袋目动物（意为"有育儿袋"的动物）在结构和生理特征上都不同于其他现存的哺乳动物。大部分雌性有袋动物，如袋鼠、袋狸、袋熊、袋食蚁兽、考拉、负鼠、沙袋鼠、袋獾等都有一个背负幼崽的腹袋（育儿袋）。然而，一些体形较小的陆上有袋动物的育儿袋并不是真的育儿袋，而是乳房（乳头）周围的皮肤褶。

有袋动物较短的妊娠期（相对于其他体形相似的哺乳动物来说）使得它们的幼崽出生时还没有发育完全。因此，这些动物被视为"早产儿"或"二等品"。但现在有人认为，有袋动物的繁殖过程比胎生动物更有优势。雌性有袋动物在较短的妊娠期内投入相对较少的资源，当幼崽在哺乳期育儿袋中时再投入更多的资源。如果在相似的情况下，雌性有袋动物失去了幼崽，它还可以比胎生动物更快地再次怀孕。

袋熊的寿命有多长？它们的食物是什么？

普通袋熊或粗毛袋熊原产于澳大利亚塔斯马尼亚，寿命在 5 到 26 年（在动物园中可活 26 年）之间，主要食物是青草、植根、蘑菇、鲜嫩芽和草本植物。袋熊看上去像一头小熊，身体笨重，高 2.3～4 英尺（70～120 厘米），重 33～77 磅（15～35 千克）。它的粗糙皮毛颜色从淡黄色到灰色，再到深棕色或黑色不等。这种有袋动物进食的方式和牙齿的结构（所有的牙齿都是无根牙，一直生长以弥补磨损）与啮齿目动物极为相似。袋熊胆小，居地洞，喜好挖掘。

哪些淡水哺乳动物是有毒的？

雄性鸭嘴兽的后腿上有毒刺。当受到威胁，鸭嘴兽就会将毒液注入潜在敌人体内，这一叮会使敌人产生痛觉。这一动作产生的毒液的毒性比较温和，一般不会对人体造成伤害。

哪些哺乳动物产蛋并哺育它们的幼崽？

澳大利亚塔斯马尼亚和新几内亚固有的鸭嘴兽、短吻针鼹和长吻针鼹是仅有的 3 种产蛋（非哺乳动物特征）但却哺育幼崽（哺乳动物特征）的哺乳动物。这些哺乳动物（单孔目）与爬行动物相似，因为它们能产下坚韧的有壳蛋，而且蛋是在母体外孵出幼崽的。此外，它们的消化系统、生殖系统和排泄系统都与爬行动物类似。许多构造细节（眼睛、头骨、胸带、肋骨和椎骨结构）也都与爬行动物相似。然而，它们被分到哺乳动物一类，因为它们有皮毛和四室心脏，以乳腺的乳汁养育幼崽，是温血动物，此外还有一些哺乳动物的骨骼特征。

鼠海豚和海豚有何区别？

海豚（海豚科）和鼠海豚（鼠海豚科）共有约40个品种。两者的主要区别在于口鼻部和牙齿。海豚的口鼻部呈鸟喙状，牙齿呈圆锥形。鼠海豚的口鼻部呈圆形，牙齿扁平或呈铲状。

海生哺乳动物潜水的深度是多少？

下表列出了多种水生哺乳动物的最大潜水深度和水下的最长滞留时间：

动 物 名 称	最大潜水深度		水下停留最长时间
	英尺	米	
威德尔海豹	1 968	600	70分钟
鼠海豚	984	300	15分钟
瓶鼻鲸	1 476	450	120分钟
长须鲸	1 148	350	20分钟
抹香鲸	超过6 562	超过2 000	90分钟

一些著名大鲸在体重和长度上有何区别？

鲸鱼名称	平 均 重 量		最 大 长 度	
	吨	千克	英尺	米
抹香鲸	35	31 752	59	18
蓝鲸	84	76 204	98.4	30

鲸鱼名称	平 均 重 量		最 大 长 度	
	吨	千克	英尺	米
长须鲸	50	45 360	82	25
座头鲸	33	29 937	49.2	15
露脊鲸	50（估值）	45 360（估值）	55.7	17
鳁鲸	17	15 422	49.2	15
灰鲸	20	18 144	39.3	12
弓头鲸	50	45 360	59	18
布氏鲸	17	15 422	49.2	15
小须鲸	10	9 072	29.5	9

佛罗里达有种酷似海豹的动物叫什么名字？

冬季，西印度海牛向佛罗里达中部克里斯特尔河和霍莫萨萨河温暖的源头，或南佛罗里达的热带水域等更温暖的地方迁移。当气温达到 50 ℉（10℃）时，它们会沿着墨西哥湾海岸向北迁移到弗吉尼亚的大西洋海岸。有文献记载，它们曾进行过远程的海上迁徙，抵达圭亚那和南美海岸。这种大型草食水生哺乳动物是美人鱼传说的灵感来源。1893 年，佛罗里达海牛的数量锐减到几千，州政府给予法律保护，禁止捕猎和商业开发。然而，由于人类的侵犯，许多动物仍然被猎杀和伤害。误入水闸和水坝、撞击驳船和动力船桨等造成的海牛死亡总数每年可达 125 至 130 头。

世界上唯一长 4 个角的动物是什么？

四角羚羊原产于印度中部。雄性拥有 4 个短角，其中一对位于两耳之间，通常长 4 英寸（10 厘米），还有一对更短的角，位于眼睛上方的眉脊之间，长 1~2 英寸（2.5~5 厘米）。并不是所有的雄性都有 4 个角，有些四角羚羊的第二对角最终会脱落。雌性根本

长颈鹿有多少块颈椎骨？

长颈鹿同其他哺乳动物一样有 7 块颈椎骨，但它的每块颈椎骨都是超长的。

就没有角。

什么是普氏野马？

普氏野马是蒙古和中国东北部的原生物种，也是世界上最后一批纯正的野马。沙俄上校尼古拉·普热瓦尔斯基（Nikolai Przewalski）于 1870 年报告了这种马的存在，普氏野马因此得名。普氏野马身材矮壮，腿短，体毛为暗褐色，鼻口和腹部为暗灰色，腿、鬃和尾皆为黑色，鬃毛短硬直立。这种马与众不同的是有 66 条染色体，而家马正常拥有 64 条染色体。1968 年，野外生存的普氏野马被认为已经全部灭绝。然而，还有 1 000 余匹普氏野马生活在动物园或野生动物园中。

1994 年 6 月，一小群圈养的普氏野马重新回到了蒙古的野外环境中。它们被置于大的围场圈养两年以适应恶劣的气候。这群野马正逐渐壮大，能够适应野外生存。

家马的祖先普氏野马在野外已经绝迹。

为什么克莱兹代尔马可用作战马？

克莱兹代尔马属于一种被称为"骏马"的欧洲马种，中世纪人们专门饲养这种马来驮载全副武装的骑士。这些马必须足够强壮才可以承载自身 80 磅（36 千克）的护甲和身着 100 磅（45 千克）铠甲的骑士。然而，火枪的发明迅速结束了克莱兹代尔马和其他骏马征战沙场的使命，因为速度和机动灵活性变得比力量更加重要。

赛马的名字最多可以使用多少个字母?

在美国、加拿大和波多黎各，赛马取得正式的名字前必须递交赛马总会审批。根据要求，赛马的名字不能超过 3 个可发音的单词，并且最多 18 个字母。

非洲象和印度象有什么区别?

非洲象是陆地上最大的活体动物，重 8.25 吨（7 500 千克），站立肩高 10～13 英尺（3～4 米）。印度象重约 6 吨（5 500 千克），肩高 10 英尺（3 米）。其他的差异如下:

非 洲 象	印 度 象
耳较大	耳较小
妊娠期约670天	妊娠期约610天
耳顶端向后	耳顶端向前
背凹	背凸
后足三趾甲	后足四趾甲
象牙较大	象牙较小
鼻端有两个指状的唇瓣	鼻端有一个指状的唇瓣

为什么牛有 4 个胃?

牛和所有反刍动物的胃分成 4 部分——瘤胃、网胃、瓣胃和皱胃。反刍动物进食快，没有经过充分咀嚼就将食物吞下。食物中的液体部分先进入网胃，固体部分进入瘤胃软化。瘤胃中的细菌开始分解食物，这是消化的第一步。随后，反刍动物将食物逆呕到口中再次咀嚼。牛每天反刍 6～8 次，总的反刍时间达 5～7 小时。经过咀嚼的食糜直接进入胃的其他腔室，在微生物的作用下进一步消化。

猪和豬有何区别?

在美国，“猪”（pig）是指月龄小的、体重不超过 120 磅（50 千克）的家猪，而“豬”（hog）是指月龄大的且超过 120 磅（50 千克）的猪。

🦁 家兔和野兔有何区别？

家兔一般比野兔小，后腿和耳朵也短一些。野兔出生时全身有毛且双眼睁开，母兔将幼崽生在光秃的地面上或者地面的凹陷处。家兔出生时全身裸露无毛，双眼闭合；兔窝衬有草叶、树皮和软梗，并覆有一层兔毛。家兔常群居，而野兔多独自生活。

🦁 沙漠中有猫科动物生存吗？

沙猫是唯一与沙漠有直接关系的猫科动物，北非、阿拉伯半岛、乌兹别克斯坦的土库曼斯坦沙漠和巴基斯坦西部都可以发现它们的踪迹，沙猫已经适应了极其干旱的沙漠地区。它脚上的肉垫非常适合疏松的沙质土壤，它可以不喝"天然水"。毛色为浅茶色或黄褐色，长17.5～22英寸（45～57厘米）。它主要在夜间活动，以啮齿动物、野兔和爬行动物为食。

沙猫并不像它的名字所暗示的那样生活在沙漠中，而是栖息在草原草甸和高山灌丛中。同样，亚洲野猫栖息在印度、巴基斯坦、伊朗和俄罗斯的广阔草原上。

为什么大麦町犬成了"消防犬"？

在汽车出现前，大马车和四轮马车经常由狗陪伴着，以防止马匹被窃。大麦町犬由于同马形成了紧密的联系而广为人知。拥有当地最强、最快的马的消防员通常在消防队养一条狗以防盗马贼。尽管消防车已经取代了马车，但大麦町犬作为消防队生活的一部分却被保留了下来，因为它既有漂亮的外表，又能唤起人们对过去的回忆。

🦁 美洲狮还有别的名字吗？

美洲狮又称美洲豹、山狮、佛罗里达狮、银虎、美洲野猫。

🦁 美国唯一能爬树的犬科动物是什么？

灰狐是美国唯一会爬树的犬科动物。

🦁 灰狼的寿命是多长?

灰狼又称森林狼，是体形最大、分布最广的犬科动物。它在自然界中最长可以活10年，在人类的照料下，可以活20年。然而在许多地方，由于灰狼对于人类和家畜（牛、羊和驯鹿）有很大的威胁而遭到猎杀。不久之后，它将遭遇与红狼同样的命运，红狼曾在美国东南部和中南部兴旺一时。红狼已经被宣布在自然界中灭绝了，现仅见于圈养区。北卡罗来纳重新引入了一批人工饲养红狼。如今濒危的灰狼数量的下降速度比过去快得多。灰狼喜欢群居，具有社群结构，重75～175磅（43～80千克），外形酷似大型家犬，如阿拉斯加雪橇犬。

🦁 什么熊生活在热带雨林中?

马来熊是热带雨林地区最珍稀的动物之一，分布在苏门答腊、马来半岛、婆罗洲、缅甸、泰国和中国南部的热带雨林中。马来熊是体形最小的熊，长3.3～4.6英尺（1～1.4米），重60～143磅（27～65千克），身体矮胖结实，全身黑色，有力的脚上长有长长的弯爪，有利于在茂密的森林中爬树，它是一流的爬树专家。马来熊撕裂树皮找出昆虫、幼虫、蜂巢和白蚁窝。它的食物还包括水果、椰子树苗和小型啮齿动物。它白天睡觉和晒太阳，晚上出来活动。马来熊通常胆小羞怯，谨慎机灵。随着森林遭到破坏，马来熊的数量在日益减少。

🦁 骆驼的驼峰能储存水吗?

驼峰并不能储存水，而是用来储存脂肪的。这种长时间不喝水的能力——如果有足够的绿色植被和露水为食，它们甚至可坚持10个月——源自骆驼的生理适应能力。一个主要的因素是骆驼可以失去40%的体重而没有任何不适反应。骆驼还可以承受巨大的体温变化，最高可达14 ℉（−10℃）。10分钟内骆驼可以喝掉30加仑（113.6升）的水，几个小时后可以增加到50加仑（189.3升）。独峰驼又叫单峰驼或阿拉伯驼；双峰驼有两个驼峰，生活在荒芜的戈壁沙漠中。如今，双峰驼仅现身于亚洲，而阿拉伯驼则行走在非洲大漠中。

🦁 豪猪有多少棘刺?

作为防御性武器，豪猪一般有大约3万根棘刺或专用刚毛，在硬度和柔韧性上可以堪比赛璐珞片，其锋利的尖端可以穿透几乎所有皮肤。最具杀伤力的棘刺分布在豪猪肌肉发达的尾巴上。只需几下抽动，豪猪就能将密密麻麻、带有小倒钩的棘刺扎到对方皮肤内。由于倒刺的存在和受害方本能的反应动作，棘刺会径直刺入对方体内。有时棘刺无关痛痒，但有时棘刺会刺中要害，受害者就会死亡。

行动缓慢、身体敦实的豪猪大部分时间都待在树上，用它们强大的门齿剥掉树皮和叶子作为食物。水果和青草是它们食物的补充。豪猪贪吃盐，作为草食动物，它的食物中没有充足的盐。因此，天然盐碱地、肉食动物吃剩的动物骨头、黄睡莲以及其他含盐量高的食物（包括颜料、胶合板黏合剂和沾有汗渍的衣服）对豪猪都有很大的吸引力。

▌九带犰狳通常一次会产下同性的四胞胎。

🐾 为什么九带犰狳总是生同性的四胞胎？

九带犰狳的一个独特之处就是雌性犰狳几乎每胎都会生出 4 个同性的幼崽。这种一致性是由于一个受精卵分裂成 4 部分，形成四胞胎。

🐾 水豚是什么？

水豚又称水猪，是现存啮齿动物中体形最大的。它外表像一只大豚鼠，体长可达 3.25～4.5 英尺（1～1.3 米），一般重 120～130 磅（54～59 千克）或更多。这种动物原产于南美北部，半水生，以水生植物和青草为食。一种原产于巴拿马的亚种体形较小，重 60~75 磅（27~34 千克）。

🦁 岩羚羊是什么？

岩羚羊（牛科）貌似山羊，生活在西班牙、中欧（阿尔卑斯山脉和亚平宁山脉）、南中欧、巴尔干半岛、小亚细亚和高加索的山区。岩羚羊动作灵巧，步态稳健，反应敏捷，能跳 6.5 英尺（2 米）高，19.5 英尺（6 米）远，奔跑速度可达 31 英里/时（50 千米/时）。它的皮可制成油鞣革，可用来擦玻璃和擦车，但是今天常见的是经过特殊处理的羊皮被当作岩羚羊皮售卖。

🦁 美国有多少种不同种类的松鼠？

北美松鼠科的动物可分成 6 种不同的种类：土拨鼠、场拨鼠、地松鼠、金花鼠、树松鼠和北美鼯鼠。除了北美鼯鼠，所有的美国松鼠都在白天活动。土拨鼠是体形最大的美洲松鼠之一。

🦁 臭鼬喷射的臭液的化学成分是什么？

臭鼬喷液中主要的有味成分是比例为 4：4：3 的丁烯基硫醇、异戊基硫醇和甲基-丁烯基二硫化物。这种液体是一种浅黄色、油性喷液，其味恶臭，会造成眼睛严重发炎。这种防御性武器由肛门内部两个小乳头射出——仿佛细密的喷雾或一串雨珠。尽管液体的射程是 6.5~10 英尺（2~3 米），但其气味在下风处 1.5 英里（2.5 千米）外都可以闻到。

宠　　物

🦁 哪种狗是最古老的狗？

狗是人类最早的家畜，早在 1.2 万~1.4 万年前就已经出现了。它们由野生犬科动物（很可能是狼）演变而来，其祖先经常光顾人类聚居地以寻找食物。凶残的狼可能被赶走或杀死，性情较温顺的就被留下来看门、打猎，后来帮助照看其他的家畜（如绵羊）。很快人类就会有选择地驯化它们，尝试对理想特征进行选择性培育。

狼被认为是所有家犬的祖先。

萨路基猎犬是最古老的纯种狗之一。公元前7000年两河流域的苏美尔岩刻上描画的狗与萨路基猎犬极为相似。这些狗高23~28英寸（58~71厘米），头窄长，毛发光滑柔软，皮毛有白色、乳白色、浅黄色、金色、红色、灰色（蓝灰色）和黄褐色、黑色和棕褐色，或三色（白色、黑色和褐色）。尾长，呈羽状。萨路基猎犬视力极佳，速度极快，是个出色的猎手。

美国最古老的纯种狗是美国猎狐犬，是1650年定居于马里兰的英国人罗伯特·布鲁克（Robet Brooke）的一群猎狐犬的后裔。这些狗同英格兰、爱尔兰和法国引进的其他品种杂交，繁育出了美国猎狐犬。该狗站高22~25英寸（56~63.5厘米），头长，略呈半球形，鼻口直挺突出。体毛中长，可以是任何颜色。它们主要用来打猎。

哪种狗适合有孩子的家庭?

研究表明，金毛寻回犬、拉布拉多寻回犬、比格犬、苏格兰牧羊犬、比熊犬、石冢犬（凯恩梗）、哈巴狗、猎浣熊犬、拳狮犬、巴吉度猎犬或上述这些犬种的杂交犬都适合有小孩的家庭豢养。

成人骨骼和成体狗的骨骼有何区别?

	成 人 骨 骼	成体狗骨骼
骨骼数量	206	321
椎骨数量	33	50
关节数量	200多	300多
成熟年龄	18岁	2岁
最长骨	股骨(大腿骨)	尺骨(前肢)
最小骨	听小骨(耳骨)	听小骨(耳骨)
肋骨数量	24	36

狗的不同分类标准有哪些?

根据它们被培育出来的用途可以将狗分成不同的种类。

种 类	用 途	代 表 犬 种
运动犬	找回飞鸟猎物和水禽猎物	可卡犬,英国赛特犬,英国史宾格犬,金毛寻回犬,爱尔兰赛特犬,拉布拉多犬,指示犬。
猎犬	打猎	巴辛吉犬,比格犬,腊肠犬,猎狐犬,灵缇,萨路基猎犬,罗得西亚脊背犬。
梗类犬	猎捕老鼠、狐狸等小动物	万能梗,贝灵顿梗,牛头梗,猎狐梗,迷你雪纳瑞,苏格兰梗,斯凯梗,西高地白梗。
玩赏犬	陪伴	吉娃娃,马尔济斯犬,北京犬,博美犬,哈巴狗,西施犬,约克夏小猎犬。
牧羊犬	保护羊群和其他家畜	澳洲牧牛犬,法兰德斯畜牧犬,苏格兰牧羊犬,德国牧羊犬,匈牙利波利犬,古代英国牧羊犬,威尔士柯基犬。
工作犬	驱赶牲畜,救援和拉雪橇	阿拉斯加雪橇犬,拳狮犬,杜宾犬,大丹犬,獒犬,圣伯纳犬,哈士奇。
家庭犬	无具体用途,非玩赏犬	波士顿犬,斗牛狗,大麦町犬,日本秋田犬,荷兰毛狮犬,拉萨阿普索犬,贵宾犬。

最危险的狗是哪一种？

根据研究，能对人造成致命伤害的狗是：

品　种	重大伤人次数	品　种	重大伤人次数
比特犬	57	杜宾犬	8
罗威纳犬	19	松狮犬	6
德国牧羊犬	17	大丹犬	5
哈士奇	12	圣伯纳犬	4
阿拉斯加雪橇犬	12	秋田犬	4

最容易训练的狗是哪种？

在对 56 种受人欢迎的狗的研究中发现，最容易训练的狗是喜乐蒂牧羊犬、西施犬、迷你贵宾犬和标准贵宾犬、比熊犬、英国史宾格犬、威尔士柯基犬。

为什么狗的听力比人类灵敏？

狗的耳朵非常灵活，可以捕捉周围环境中的每一个微小声响。狗耳捕获到声音并将声音传送到鼓膜。狗能听到的最远距离是人类的 4 倍。

为什么狗会对警报器号叫？

警报器的高音与狗的号叫声很相似。号叫是狗与其他狗的交流方式——要么是为了表明它的位置，要么是为了界定它的地盘。当狗对救护车或消防车的警报器作出反应时，它其实是在"回应野性的呼唤"。

哪种狗不掉毛？

贵宾犬、凯利蓝梗和雪纳瑞犬不掉毛。

哪种狗被称作不吠之犬？

巴辛吉犬不会吠叫。高兴时它会发出一种吸引人的声音，被描述为介于咯咯笑和约德尔调之间的声音。它偶尔也会号叫。巴辛吉犬是最古老的犬种之一，源于中非，经常被作为礼物送给古埃及的法老。埃及文明衰落后，巴辛吉犬由于打猎本领强和安静的性格在中非仍然受到重视。19世纪英国探险家再次发现了这种狗，但直到20世纪40年代，巴辛吉犬才开始广泛繁殖。

巴辛吉犬体形小巧，头扁平，口鼻长而圆。肩高16~17英寸（40~43厘米），重22~24磅（10~11千克）。它的体毛短，质地柔软光滑。脚、胸部和尾端是白色的；身体其他部位为栗色、黑色或褐色。

狗最喜欢的食物是什么？

专家对不同的食物进行研究，结果发现狗对肝脏和鸡肉的喜欢程度远胜于其他食物（如汉堡、鱼肉、蔬菜和新鲜水果等）。

巴哥犬（哈巴狗）起源于哪里？

巴哥犬的真正起源不为人知，但它在中国已经存在了1 800多年，这是已知最早的起源。它起初是中国西藏寺院中广受欢迎的宠物，后来先后现身于日本和欧洲。可能是荷兰东印度公司的商人将它引入荷兰。

巴哥犬身材矮小，呈方形，体格紧凑结实，皮毛为银色或杏黄色。口鼻部为黑色，短、钝、宽；平均重14~18磅（6.4~8.2千克）。人们经常用俗语"小身材，大容量"（Multum in Parvo）来描述巴哥犬。

如何计算猫和狗的年龄（换算成人类年龄）？

猫1岁时，相当于人的20岁。之后每增加1岁，则相当于增加4岁人类年龄。另外一种计算猫的年龄的说法略有不同。1岁时，相当于人的16岁。2岁时，相当于人的24岁。之后每增加1岁，则相当于增加4岁人类年龄。

狗1岁时，相当于人的15岁。2岁时，相当于人的24岁；2岁后，每增加1岁，则相当于增加4岁人类年龄。

🦁 玛乔里为医学作出了哪些贡献？

玛乔里（Marjorie）是一只患糖尿病的黑白色混血狗，它是第一只靠注射胰岛素（控制血糖含量的物质）而存活的动物。

🦁 最新的给狗戴标签的方法是什么？

现在有一种信息时代的狗标签。一个集成芯片被无痛植入狗的肩胛骨。这个半导体芯片有个可扫描读取的 10 位编码。当宠物狗被发现，编码被传到国家数据库就能找到它的主人。这个芯片可以储存养犬许可证号、狗的医疗状况和犬主人的地址、电话。

🦁 狗和猫的记忆力好吗？

狗有长期记忆，尤其是对它们喜欢的人。猫能记住对它们有重要意义的事物。有些猫好像在寻找某些地点方面有超乎寻常的记忆力。当被带离家园，它们能够记住它们的住处。这种"认家"的能力的关键可能是一种与有些鸟类类似的内在天文导航系统，或者猫的导航能力可能源于对地球磁场的敏感性。当磁铁被系在猫身上，它们的导航能力就会受到干扰。

🦁 美国最早的家猫是什么品种？

一些博物学家认为，美国最早的家猫是美国短毛猫，是从欧洲到新大陆的拓荒者带来的猫的后代。这些猫很容易适应它们的新环境。20 世纪初有选择地繁殖加强了家猫的优良性状。

美国短毛猫是非常健壮的猫，它们灵活有力，有出色的跟踪和猎杀能力。它们的腿又粗又长，肌肉发达，适于跳跃和应对各种地势。有多种颜色和花纹的皮毛足以抵挡潮湿和寒冷，但同时又不易缠结和剐绊。

尽管这种猫可以成为不错的家庭宠物和伴侣，但却保存着自给自足的生活习惯。它们捕猎的本性很强，甚至食物充足时也不忘操练捕猎技艺。在美国，该短毛猫是唯一纯粹的"工作猫"。

🦁 什么是虎斑猫?

"虎斑"是猫科动物的基本皮毛图案,可追溯到野猫被驯化之前。虎斑是十分有效的保护色。每根毛都有两三圈黑色和浅色条纹,尖端总是黑色的。基本的虎斑花纹有 4 种变体。

鲭鱼纹(又叫条纹或虎纹)虎斑猫从头沿着后背一直到尾部有一条黑线,几条条纹沿体侧伸展。腿有条纹,尾有环状斑纹,尾端为黑色。腹部有两排豹点斑纹。眼上方有"M"状斑纹,且黑线纹直通两耳。胸口有两道黑色项链状斑纹。

墨渍斑或古典斑与野生虎斑猫的斑纹最为接近。头部、腿部、尾部和腹部都与鲭鱼纹一样。主要差别在于墨渍斑在肩肋处有黑色斑块,周围有一或几圈线条斑纹。

圆点斑虎斑猫的全身和腿部全是形状均匀的圆形或椭圆形斑点。额头上有"M"斑纹,后背上有一条黑色细线斑纹。

阿比西尼亚虎斑猫的身上几乎没有黑色斑点;斑点仅出现在前腿、两肋和尾部。除腹部外,皮毛有浅色或单一颜色的条纹。

怎样去除宠物身上的臭味?

从宠物店购买专门用于抑制臭味的产品。许多除味产品含有各种酶或细菌酶,使用时不必事先给宠物洗澡。也可以用番茄汁、稀释醋、中性油-α 给它洗澡,或者试一试薄荷漱口剂、剃须香水或肥皂水。

🦁 决定暹罗猫色斑点形成的因素是什么?

色斑点是由于一种隐性基因的存在,这个基因在较低的温度下起作用,将颜色局限于界限分明的特定区域——面部、耳朵、尾巴、小腿和爪子。这些地方是猫的心血管系统的远端部位。

暹罗猫有 4 种。海豹色斑点猫为浅黄色或乳白色的皮毛上有深褐色的斑点。蓝斑点猫是蓝白色皮毛上有石蓝色斑点。巧克力色斑点猫是象牙色皮毛上有巧克力色斑点。紫丁香色斑点猫是白色皮毛上有粉灰色斑点。此外还有新的种类，如红色斑点、乳白色斑点和虎纹斑点。

暹罗猫起源于泰国（过去称暹罗），19世纪80年代被引入到英国。它们中等体形，身体细长，柔软灵活，头长，尾细长。暹罗猫刚烈好动，情感丰富，以叫声响亮、声音独特而闻名，这种声音是不能被忽视的。

为什么猫的眼睛在黑暗中会发光？

猫的眼睛具有一种特别的储光机制，叫反光膜，它可以反射经过视网膜时没被吸收的光线。可以这么说，视网膜还有一次机会接收光线，帮助猫的视力变得更强。在昏暗的光线中，猫眼的瞳孔睁得最大，当光线以一定角度进入瞳孔，就会出现发光现象。位于视网膜后的反光膜是由15层特殊的发光细胞组成的膜。这些发光细胞合在一起相当于一面镜子。发光的颜色通常是绿色或金色，但是暹罗猫眼睛反射的都是明亮的红宝石色光。

为什么猫会发出咕噜声以及它们是如何发出这种声音的？

专家对这一问题和这种声音源自何处有不同的看法。有人认为，咕噜声是胸腔中较大静脉中血液的振动产生的。静脉经过膈膜时，静脉周围的肌肉收缩，阻碍血液流动，引起振动。这些声音被支气管和气管中的气流扩大。其他人认为，咕噜声是位于声带附近的假声带膜的振动造成的。没有人清楚猫发出咕噜声的原因，但许多人将这种声音视为一种心满意足和舒适的表现。

哪些植物会使猫中毒？

有些常见的室内盆栽植物会使猫中毒，人们不能让猫吃以下植物：

盂芋（象耳芋）；花叶万年青（黛粉叶）；一品红（猩猩木）；爬山虎（常春藤）；槲寄生；夹竹桃；喜林芋；欧洲桂樱（普通桂树或樱桂）；杜鹃花（映山红）；玛瑙珠（玉珊瑚或冬珊瑚）。

哪种鸟最适宜做宠物？

下面列出了可做家庭宠物的几种鸟和它们的预期寿命：

鸟 名	预期寿命(年)	考 虑 因 素
燕雀	2~3	易照顾
金丝雀	8~10	易照顾；雄鸟会鸣唱
虎皮鹦鹉（长尾鹦鹉）	8~15	易照顾
澳洲鹦鹉	15~20	易照顾；易训练
多情鹦鹉	15~20	可爱迷人，但不易照顾和训练
亚马孙鹦鹉	50~60	爱说话，但有时尖叫
非洲灰鹦鹉	50~60	会说话，从不尖叫

怎样照顾蝌蚪？它们吃什么？

将蛙卵和孵出的蝌蚪一直放在水中，一周只换一次水，每次只换水量的一半。最好的食物是高蛋白的婴儿麦片、新鲜蔬菜和一点蛋黄。蝌蚪的腿长出后，可在水中放入一块岩石做成一个小岛。5加仑（19升）的鱼缸足够6只蝌蚪活动。它们发育成熟后（尾巴消失，腿长成），应被放回水塘中或湖边。

寄居蟹应喂什么食物？

寄居蟹不挑食，许多食物都吃，包括藻类、牛心、鳃足虫、蚯蚓、鱼类、薄片食物、鲜虾、扇贝、管状食物和几乎所有市场上出售的饵料。无论是鲜活的、冷冻的，还是干燥的，都无所谓。寄居蟹需每周单独喂食两三次，但注意不能过多也不能太少。片状肉，如解冻虾、扇贝或牛心等可浸泡在复合维生素液中，然后用牙签喂食。藻类是寄居蟹天然食物的一部分，可以单独养在别的容器中，容器底部放几块珊瑚或普通贝壳。几周之后，贝壳上就覆满了藻类，可将贝壳放入鱼缸中让寄居蟹啄净。新鲜的菠菜和生菜可以用来替代藻类。

白宫养过哪些不寻常的宠物？

有些不寻常的动物在白宫居住过。1825年，拉斐德侯爵（Marquis de Lafayette）游历美国，一个美国居民为表感激送给他一只短吻鳄。当拉斐德成为约翰·昆西·亚当斯总统（John Quincy Adams）的座上客时，这只短吻鳄在白宫的东厅住了几个月。拉斐德离开时，他带走了这只短吻鳄。亚当斯夫人也养一些不同寻常的宠物：以桑叶为食的桑蚕。其他的房客还分别养过角蟾、青蛇、袋鼠。西奥多·罗斯福（Theodore Roosevelt）在堪萨斯参加活动时，曾带回别人送给他的狗獾。亚伯拉罕·林肯（Abraham Lincoln）家里有一群兔子和一对名为南尼（Nanny）和南科（Nanko）的山羊。柯立芝总统（President Calvin Coolidge）将本应作为感恩节大餐的浣熊当作宠物饲养，这是密西西比州捐赠者的意愿。这只浣熊被取名为丽贝卡（Rebecca），养在总统办公室旁边的大围栏里。

其他入住过白宫的不同寻常的宠物有：

马丁·范·布伦（Martin Van Buren）的两只幼虎。

威廉·亨利·哈里森（William Henry Harrison）的公羊和达勒姆奶牛。

安德鲁·约翰逊（Andrew Johnson）的小老鼠。

西奥多·罗斯福的狮子、鬣狗、猞猁、郊狼、熊、斑马、草鸮、蛇、蜥蜴、公鸡、浣熊。

威廉·霍华德·塔夫脱（William Howard Taft）的奶牛。

卡尔文·柯立芝的浣熊、驴、山猫、幼狮、沙袋鼠、矮黑河马、熊。